Steffen Grziwa

DAS ABC DER ROLLENSPIELE

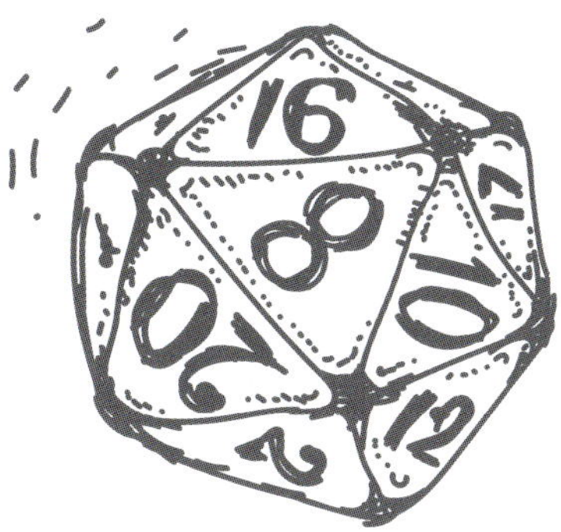

LAPPAN

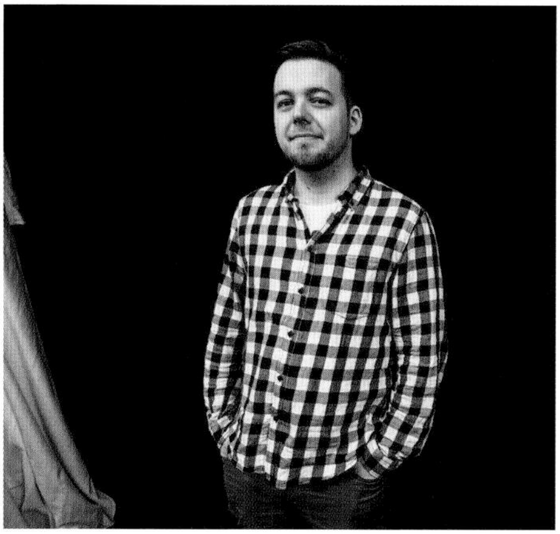

Steffen Grziwa, 1989 in Braunschweig geboren, spielt seit seinem 15. Lebensjahr Pen & Paper-Rollenspiele. Er arbeitet bei Rocket Beans TV, wo er als einer von drei Spielleitern und Autoren die Erfolgssendung »Pen & Paper« moderiert. Privat sammelt der erfahrene Spielleiter unterschiedliche Regelwerke und produziert den Pen & Paper-Podcast »Am Tavernentresen«.

Wir produzieren nachhaltig

- Klimaneutrales Produkt
- Papiere aus nachhaltigen und kontrollierten Quellen
- Hergestellt in Europa

FSC MIX Papier FSC® C002795

1. Auflage 2023

– Originalausgabe –

ISBN 978-3-8303-3668-6

Text: Steffen Grziwa
Lektorat: Jessica Link
Layout: Christina Hucke
Herstellung: Monika Swirski

FOLGT UNS! facebook.com/lappanverlag
Instagram.com/lappanverlag
www.lappan.de

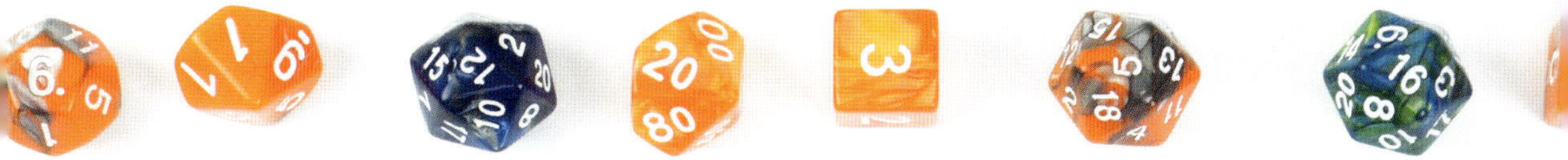

Inhaltsverzeichnis

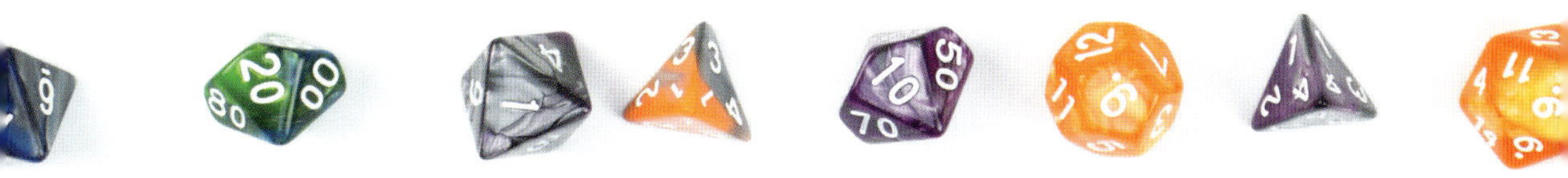

Das Abenteuer beginnt ...

Als ich 2003, vor nun 20 Jahren, das erste Mal die Grundbox von **Das Schwarze Auge** in den Händen hielt, konnte ich noch nicht ahnen, was diese Box für einen Einfluss auf mein Leben haben würde. Ich war wie viele andere Jugendliche tief in **Magic: The Gathering** versunken und lernte gerade **Warhammer 40.000** kennen. Doch von Rollenspielen hatte ich bis dahin nur in Form von Videospielen gehört. Als mir dann mein guter Freund Lukas von den Abenteuern erzählte, die er mit seinem Onkel und Cousinen mit Pen & Paper-Rollenspielen erlebte, war mir klar: Das müssen wir auch ausprobieren. 20 Jahre später sitze ich hier und Pen & Paper-Rollenspiele sind ein fester Bestandteil meines Lebens und meines Jobs geworden.

Damals hätte ich mir sehr etwas gewünscht, was mir einen Überblick über die Welt der Pen & Paper-Rollenspiele gibt. Das Einfuchsen in die Regeln war schwierig und außer **Das Schwarze Auge** kannten wir nichts, das man sonst noch spielen konnte. Dieses Buch hier soll für euch nun die Hilfestellung sein, die ich damals gerne gehabt hätte. Hier möchte ich euch Tipps zu Themen rund um das Rollenspiel geben, euch die größten Regelwerke und ihre Geschichte vorstellen und vielleicht etwas geben, was ihr Freunden schenken könnt, um ihnen den Einstieg ins Hobby zu erleichtern. Natürlich ist das Thema Pen & Paper-Rollenspiele so groß, dass man es nie komplett abbilden könnte. Seid mir also nicht böse, wenn euer Lieblingsspiel bisher noch nicht dabei ist.

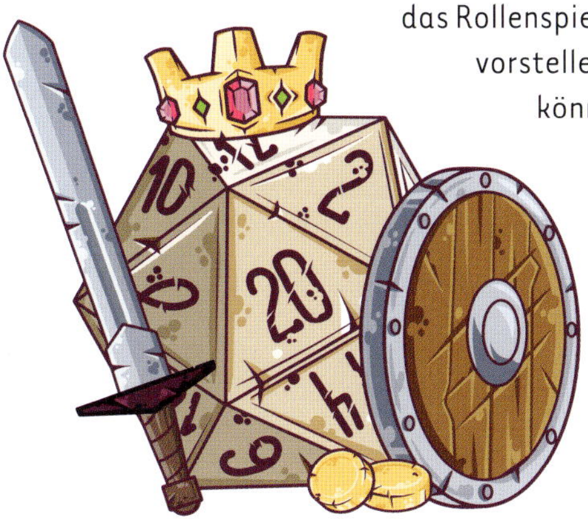

A Anfangen

So, ihr habt euch also entschieden, mit Pen & Paper-Rollenspielen anzufangen und habt keine Ahnung, wie, wo und mit wem? Vielleicht habt ihr gerade eine Online-Suche offen und werdet mit tausenden Regelwerken, Begriffen und Meinungen erschlagen? Dann lasst mich mit zwei Worten aus dem legendären und absolut wundervollen Buch »Per Anhalter durch die Galaxis« anfangen: **KEINE PANIK!** Denn wenn man das Rollenspiel mal auf das Nötigste runterbricht, braucht ihr eigentlich nur **Stift und Papier** (in digitaler oder analoger Form), einen **Würfel** beliebiger Größe und einige **Personen**, mit denen ihr spielen könnt. Schon stehen euch unendliche Welten und Geschichten offen, denn das meiste entsteht dann in eurer **Fantasie**. Zugegeben, in dieser rohen Form spielen wahrscheinlich die wenigsten heutzutage. Viele besorgen sich eines der vielen erhältlichen Regelwerke und spielen los. Aber das ist manchmal gar nicht so einfach.

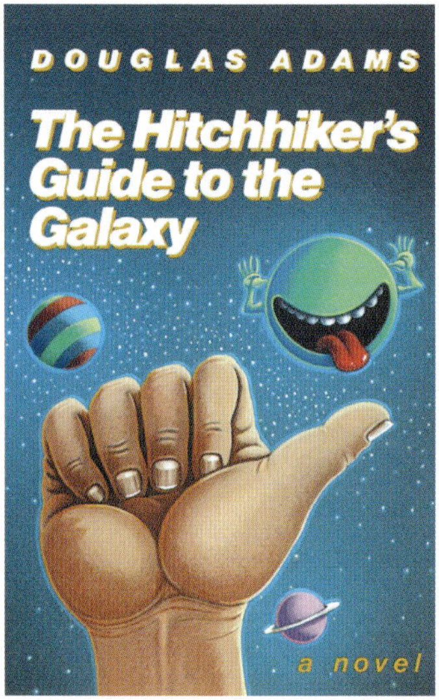

Cover von »Per Anhalter durch die Galaxis«

Eins der größten Hindernisse ist es, geeignete Menschen zu finden, mit denen man spielen kann. Dabei ist es für viele wahrscheinlich am einfachsten, erstmal im eigenen Freundeskreis oder in der Familie zu fragen. Doch wie soll man andere Personen an das Hobby heranführen? Dafür gibt es letztendlich natürlich kein Patentrezept, aber immerhin ein paar Tipps, die ich euch geben kann. Eine Möglichkeit, jemanden für das Hobby zu begeistern, oder ihnen zumindest zu zeigen, wie das Ganze funktioniert, ist, ihnen eine Folge der zahlreichen Pen & Paper-Formate auf YouTube zu zeigen. So könnt ihr zumindest schon einmal prüfen, ob jemand eher verwirrt oder begeistert auf das Ganze reagiert. Allerdings solltet ihr dabei immer eins im Hinterkopf haben: Gerade die teuer produzierten Serien, wie zum Beispiel die von **Critical Role**, sind Shows und euer **eigenes Erlebnis** am Spieltisch wird sich mit ziemlicher Sicherheit von den Profirunden unterscheiden. Nur ein Hinweis, damit ihr nicht aus Versehen falsche Erwartungen hervorruft. Habt ihr ein gewisses

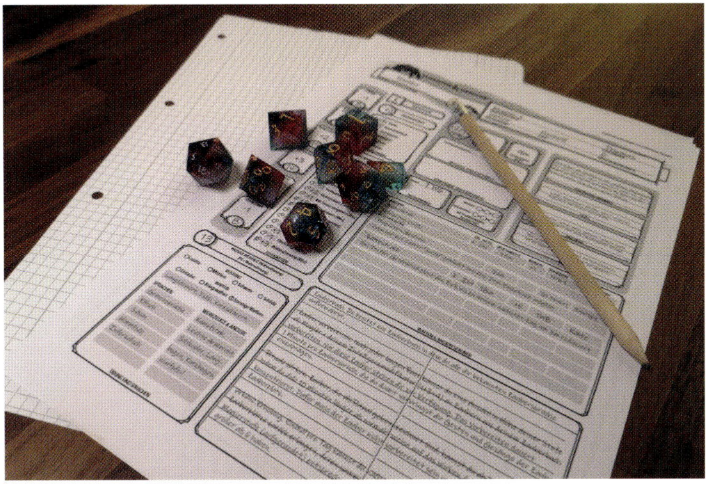

Foto der Standardausrüstung für Rollenspieler*innen

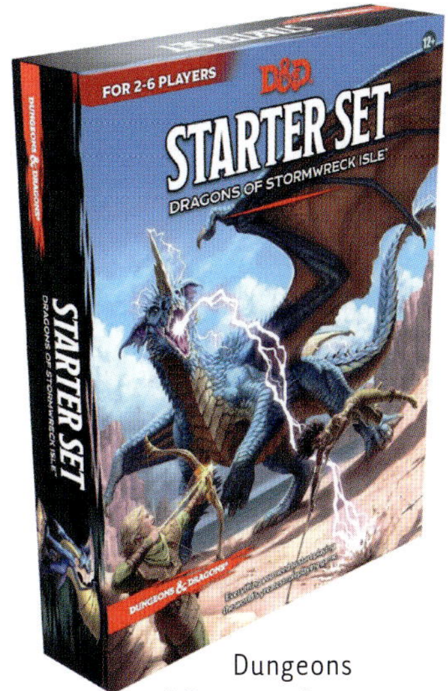

Dungeons & Dragons-Starterset

Grundinteresse geweckt, dann setzt euch einfach zusammen und probiert eine kleine Runde aus. Ihr solltet also vielleicht erstmal klein anfangen und nicht direkt ein großes Regelwerk kaufen. Viele Rollenspiele bieten zum kleinen Preis **Einstiegsboxen** an, mit denen man das jeweilige Spiel ausprobieren kann, ohne zu tief in die Tasche greifen zu müssen. Oder ihr schnappt euch eines der vielen kostenlosen Rollenspiele, die im Internet verfügbar sind und legt damit los. Habt ihr eure Freunde oder Familie überzeugen können? Sehr gut! Dann könnt ihr den nächsten Absatz überspringen.

Ihr habt niemanden gefunden? Keine Sorge. Im heutigen Zeitalter gibt es glücklicherweise viele Möglichkeiten, Gleichgesinnte zu finden oder das Hobby einmal auszuprobieren. Rollenspiele werden auf kleineren und größeren **Conventions** gespielt, wo man sich für ein paar Stunden einer Gruppe anschließen kann. Auf **Online-Plattformen** wie Reddit, Discord oder in Foren werden Mitspieler für kleinere oder größere Abenteuer gesucht und durch **Online-Tools** wie Roll20 oder Foundry kann man quasi mit Menschen auf der ganzen Welt Rollenspiele spielen. Für einige ist es zwar nicht dasselbe, wie mit Freunden am Spieltisch zu sitzen und gemeinsam Abenteuer zu erleben, während man Snacks vernichtet, aber es ist zumindest eine gute Möglichkeit, um Dinge auszuprobieren. Und aus eigener Erfahrung kann ich sagen, dass sich auch aus Online-Runden wunderbare lange Kampagnen und Freundschaften entwickeln können. Auch in **Schulen**, **Universitäten** oder in lokalen **Nerd-Läden**

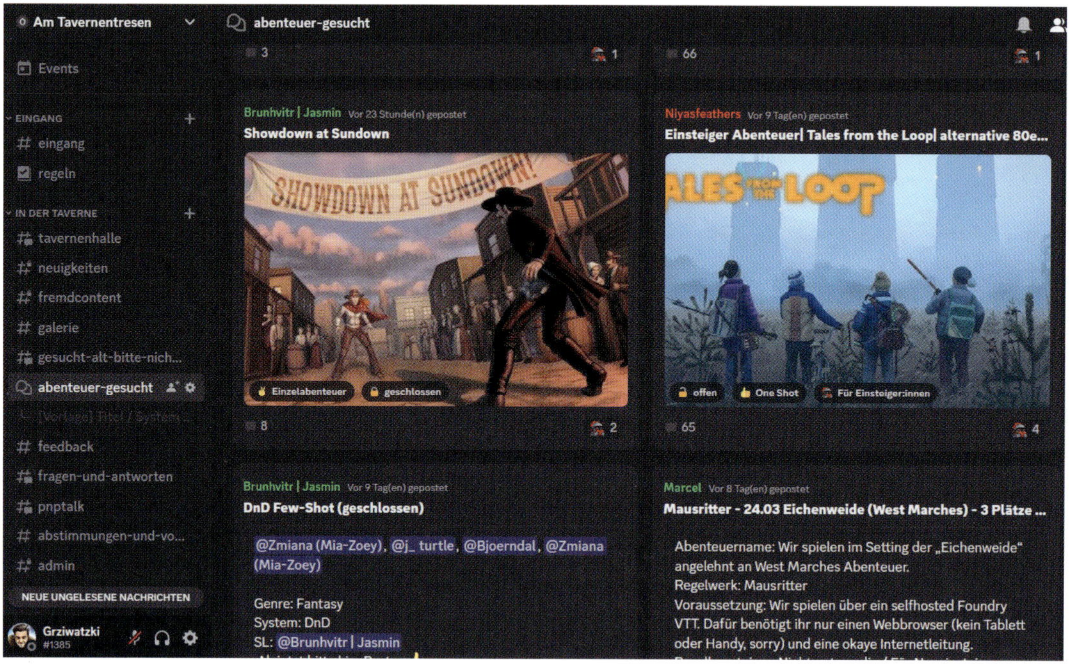

Screenshot eines Discord-Servers mit Spielangeboten

finden sich oft Gruppen zusammen, die man eigentlich nur aufspüren und fragen muss, ob man mal mitspielen kann. Das kostet sicherlich einiges an Überwindung, aber ihr schafft das schon, ich glaube an euch! Falls das alles nicht geholfen hat, könnt ihr immer noch auf eines der mittlerweile vielen Solo-Rollenspiele wie **Ironsworn** zurückgreifen, um eure anfängliche Lust zu stillen. Früher oder später findet ihr aber sicherlich eine Spielgruppe!

Dann stellt sich auch noch die Frage nach dem **Regelwerk** und dem **Setting**, in dem gespielt werden soll. Dafür solltet ihr euch einen groben Überblick über eure Möglichkeiten verschaffen und euch überlegen, worauf ihr denn überhaupt Lust habt. Habt ihr zum Beispiel einen **Lieblingsfilm** oder eine **Serie**, die ihr gerade feiert? Vielleicht gibt es ein Rollenspiel dazu oder zumindest etwas, was in dieselbe Richtung geht. Die Möglichkeiten sind schier endlos und einige populäre Rollenspiele stelle ich euch auch in diesem Buch vor. Gleichzeitig solltet ihr euch aber mit eurer Gruppe verständigen, was ihr denn gemeinsam erleben wollt. Ein Rollenspiel ist eine sehr **soziale Aktivität**, was bedeutet, dass Kommunikation zwischen den Spielenden extrem wichtig ist. Sprecht möglichst ausführlich darüber, welche Erwartungen ihr jeweils habt, was ihr spannend oder vielleicht nicht so spannend findet und wo ihr Grenzen setzen wollt. Zögert auch nicht, eine Gruppe wieder zu verlassen, solltet ihr merken, dass ihr unterschiedliche Vorstellungen zum Rollenspiel habt, die sich nicht zusammenbringen lassen. Später im Buch stelle ich euch auch noch **Safety Tools** vor, die dabei helfen, eine angenehme Atmosphäre für alle zu schaffen. Letztendlich sollen alle am Spieltisch Spaß haben und dazu zählt auch die Spielleitung.

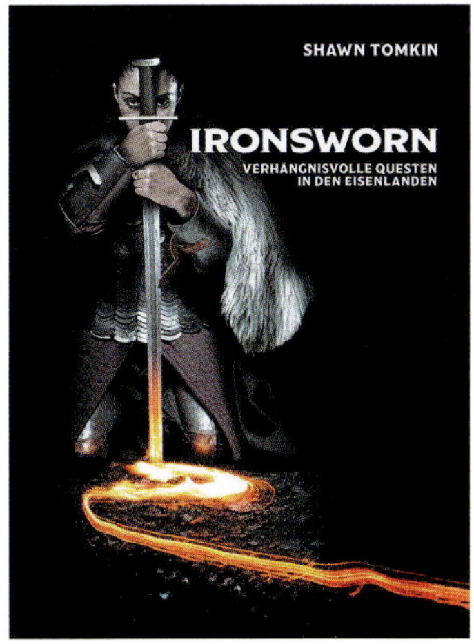

Cover des Rollenspiels »Ironsworn«

Habt ihr eines der vielen Rollenspiele ausgewählt, ist die Chance relativ hoch, dass eine Person von euch die Spielleitung übernehmen soll. Die Spielleitung ist dafür verantwortlich, die **Geschichte** und die **Szenen** zu beschreiben und in den meisten Fällen auch auf die Spielregeln zu achten. Es ist übrigens nicht eure Aufgabe, die anderen Spielenden zu bespaßen und sämtliche Regelwerke von eurem eigenen Geld zu kaufen. Achtet gemeinsam darauf, dass eure Spielleitung ebenfalls Spaß hat und ihr sie nicht ausnutzt, um einen Abend in der Woche unterhaltsamer zu gestalten. Als Spielleitung solltet ihr dies beherzigen und Probleme frühzeitig in der Gruppe ansprechen. Es ist schließlich nicht gesund, wenn eine Person sich den Arsch aufreißt, während die anderen einfach nur herumsitzen. Die Spielleitung sollte sich die Regeln vor dem Spiel durchlesen oder zumindest eine Anleitung haben, wie man in das Spiel einsteigt. Ihr müsst auch nicht direkt damit anfangen, ein eigenes Abenteuer zu schreiben. Viele Einstiegsboxen der größeren Rollenspiele beinhalten bereits vorgefertigte Abenteuer oder ihr sucht eins der vielen Abenteuer, die es kostenlos im Internet gibt. Achtet nur darauf, dass ihr ein Abenteuer nehmt, das **für Anfänger** geeignet ist.

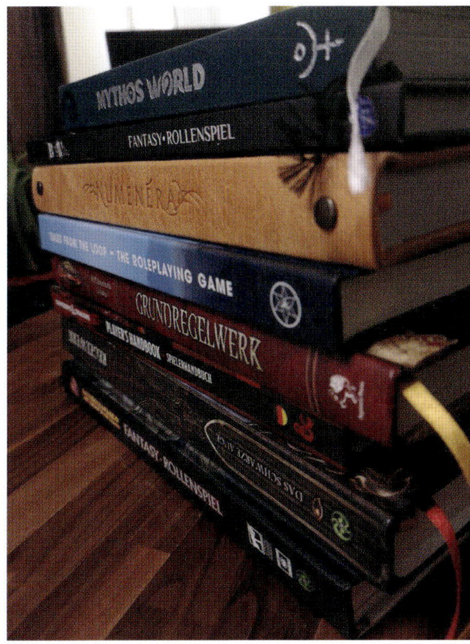

Verschiedene Regelwerke

Nun solltet ihr alles haben, um euer erstes Rollenspiel zu spielen. Denkt nur immer daran, es ist noch kein Meister vom Himmel

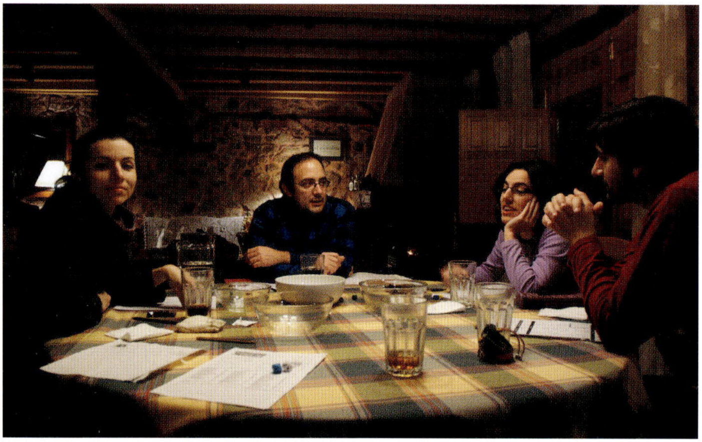

Foto einer typischen Rollenspiel-Runde

gefallen! Weder die Spielleitung noch die Spieler*innen müssen bereits von Beginn an alle Regeln beherrschen. Es ist vollkommen okay, wenn man nicht während der gesamten Spielsitzung in der Rolle ist und man sollte sich auch darauf einstellen, dass das Rollenspiel vielleicht einigen Personen nicht so viel Spaß macht. Wichtig ist nur, dass ihr Probleme ansprecht, ihr schaut, ob ihr Lösungen finden könnt und euch gegenseitig zuhört. Schließlich wollt ihr ja alle gemeinsam Spaß haben. Und falls euch irgendwelche Leute im Internet erklären wollen, wie man »richtig Pen & Paper-Rollenspiele spielt«, dann könnt ihr das getrost ignorieren. Denn letztendlich bestimmt nur ihr als Spielgruppe, wie ihr spielt und was euch Spaß macht.

Abenteuer

So, ihr habt eure Spielrunde versammelt, ein Regelwerk und Setting, habt Charaktere erstellt, Snacks und Würfel bereitgelegt und seid bereit für das Abenteuer? Fantastisch! Ah, aber ihr habt keine Ahnung, wie das mit dem Abenteuererleben funktioniert? Kein Problem, auch dafür habe ich einige Tipps für euch.

Wenn ihr erst neu in das Hobby einsteigt, dann solltet ihr euch erstmal eines der vielen vorgefertigten Abenteuer zulegen. Viele Rollenspiele bieten **Abenteuerbücher** an, die quasi schon spielfertig sind und nur von der Spielleitung aufgearbeitet werden müssen. Achtet hier aber dennoch darauf, dass das Abenteuer als Einstieg geeignet ist und zu eurer Gruppe passt. Glücklicherweise findet ihr in

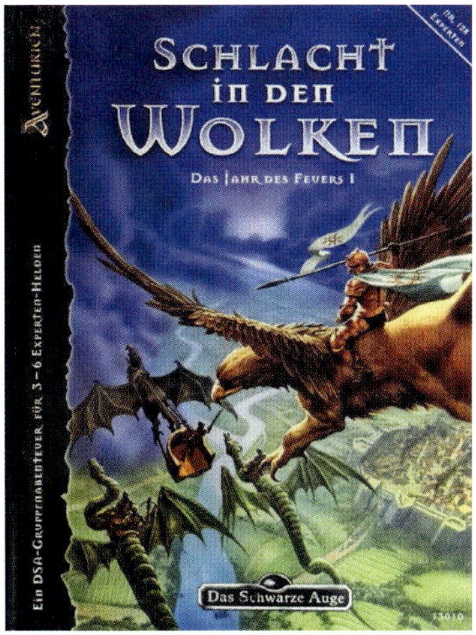

Cover eines Abenteuerbuches von »Das Schwarze Auge«

vielen Abenteuern diese Informationen im Klappentext. Von Abenteuern für »3–6 erfahrene Helden und eine sehr erfahrene Spielleitung« solltet ihr aber vielleicht erstmal die Finger lassen. Außerdem muss der Inhalt des Abenteuers zu den Dingen passen, die ihr als Gruppe gern erleben wollt. Spielende unter euch, die sich gern auf **Maskenbällen** herumtreiben und **Intrigen** spinnen, werden vielleicht nicht unbedingt Spaß an einem Abenteuer haben, das nur aus der Erkundung einer Höhle und der **Bekämpfung der monströsen Bewohner** besteht.

Weiterhin solltet ihr euch überlegen, welchen **Spielstil** ihr mit eurer Gruppe ausprobieren wollt. Manchen Gruppen ist es wichtig, dass die Spielenden möglichst große Freiheit haben. Es gibt aber auch Gruppen, die mehr durch eine interaktive, aber lineare Geschichte geleitet werden wollen. Man unterscheidet hier im Rollenspiel grob zwischen linearen (**Railroad**-) und **Sandbox**-Abenteuern. Allerdings gibt es zwischen den beiden Extremen sehr viele Abstufungen und die meisten Gruppen würden sich sicherlich irgendwo in der Mitte dieser Extreme platzieren.

Sehr offene Abenteuer werden oft als **Sandbox** (Sandkasten) bezeichnet. Hier steht die maximale Freiheit der Spielenden im Mittelpunkt. Bei diesen Spielen liegt also ein **stärkerer Fokus** auf der Beschreibung der Umgebung und der Grenzen des Abenteuers und die Spielenden in diesem Abenteuer können innerhalb dieser Grenzen nahezu frei agieren. Dies erfordert mehr Eigeninitiative der Spielenden und ein bisschen mehr **Improvisationskunst** von euch als Spielleitende. Gute Sandbox-Abenteuer geben euch aber genug Hilfsmittel an die Hand, um das Abenteuer spannend zu halten.

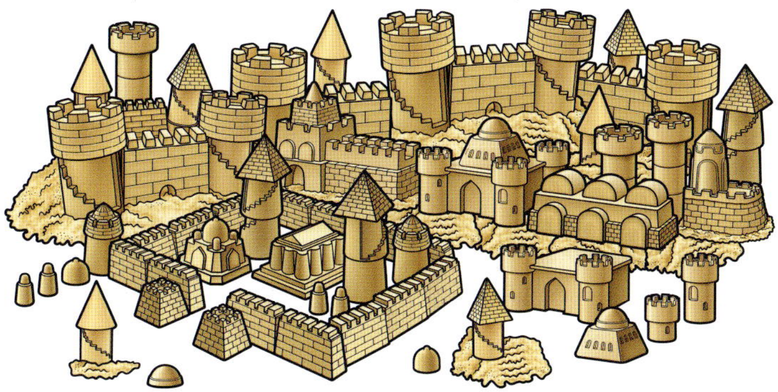

Lineare Abenteuer sind klarer strukturiert und haben meist einen **klaren Spannungsbogen** und eine **festgelegte Abfolge** der Ereignisse. Diese Art von Abenteuer wird oft auch als

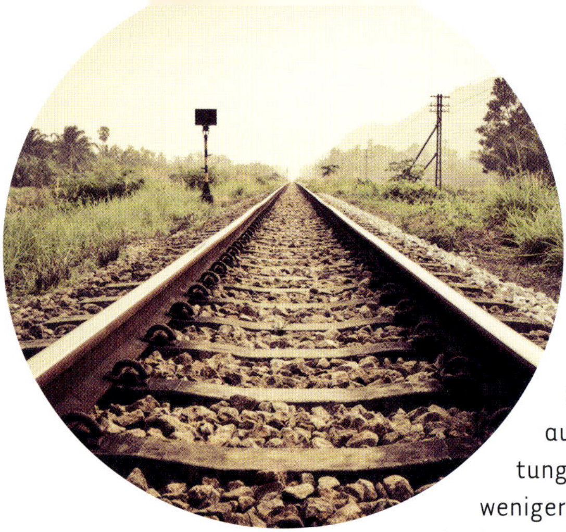

Railroad (Eisenbahn) bezeichnet, weil das Abenteuer auf festen Schienen verläuft und es wenig Möglichkeiten gibt, von dieser Route abzuweichen. Heutzutage wird der Begriff »Railroading« eher negativ verwendet und auf den ersten Blick scheint das auch logisch zu sein. Warum spiele ich überhaupt Pen & Paper-Rollenspiele, wenn ich gar nicht die Freiheit genießen kann? Da ist natürlich etwas dran. Lineare Abenteuer haben aber auch ihre Vorteile. Meist ist es für Spielende und Spielleitung einfacher, ein lineares Abenteuer zu bewältigen, da es weniger Eigeninitiative und damit auch weniger Arbeit erfordert. Gleichzeitig lässt sich bei linearen Abenteuern ein gewisser Spannungsbogen viel einfacher aufrechterhalten und es ist meist klarer, wo die Reise am Ende hingeht. Bei gut geschriebenen linearen Abenteuern haben die Spielenden am Ende nicht das Gefühl, dass das Spiel nur auf einer Schiene abgelaufen ist.

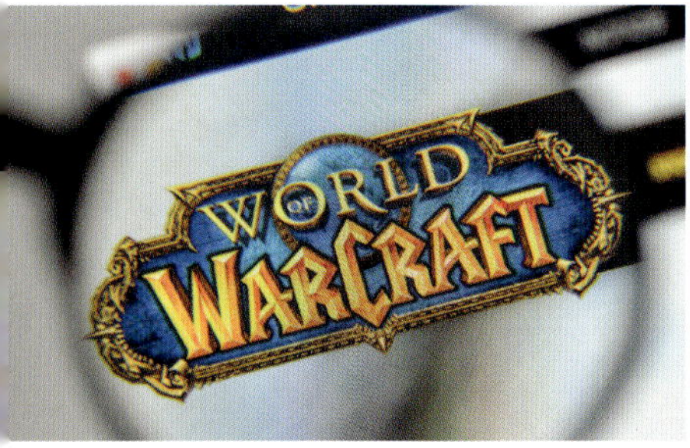

Grundsätzlich gibt es **kein Patentrezept** für ein gutes Abenteuer. Um mal mit Beispielen aus Videospielen zu sprechen: Manche ballern sich lieber durch Schlauchlevel in **Call of Duty** und wieder andere reisen durch die Welt von **World of Warcraft** und suchen sich eigene Beschäftigungen. Sicherlich fragt ihr euch jetzt, wie ihr euch für ein Abenteuer entscheiden sollt, wenn ihr noch nie gespielt habt. Ganz einfach: Ausprobieren! Alle Tipps in diesem Buch sollen euch den Einstieg erleichtern. Doch wirklich herausfinden, was ihr wollt, könnt ihr meist nur, indem ihr Dinge austestet. Dafür müsst ihr keine Unsummen in Abenteuerbände investieren. Zu vielen Regelwerken gibt es mittlerweile kostenlose Abenteuer im Internet, mit denen man gut austesten kann, auf was man eigentlich Lust hat. Außerdem findet ihr wahrscheinlich zu vielen großen Abenteuerbüchern Rezensionen im Internet, die euch eure Auswahl erleichtern.

Natürlich habt ihr aber auch die Möglichkeit, selbst ein Abenteuer zu schreiben. Wenn ihr das machen möchtet, solltet ihr euch zu Beginn eins klarmachen: Niemand erwartet, dass ihr das Rad neu erfindet und es ist noch kein Meister vom Himmel gefallen. Fangt deshalb lieber erstmal klein an und versucht nicht direkt eine epische Kampagne zu schreiben, bei der euch auf halbem Weg die

Ideen ausgehen. Keine Sorge, an diesem Punkt waren wir alle einmal. Auch hier gibt es keine garantierte Methode, wie man ein gutes Abenteuer schreibt. Wenn es um Kreativität geht, sind Menschen extrem individuell und bevorzugen andere Arbeitsmethoden. Deshalb gilt auch hier: **Probiert aus** und tastet euch langsam heran.

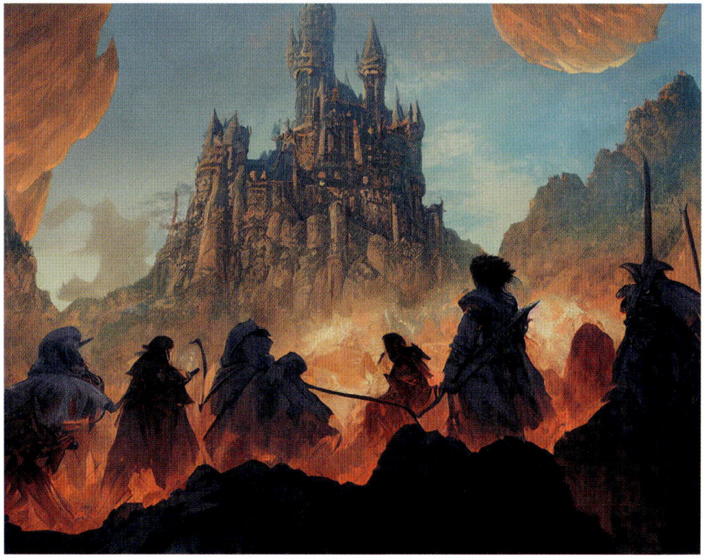

Eine Abenteuergruppe vor einem Schloss

Wo ihr **Inspiration** für euer Abenteuer hernehmt, ist dabei erstmal komplett euch überlassen. Habt ihr vielleicht einen **Lieblingsfilm**, den ihr gern zu einem Abenteuer umbauen wollt? Gibt es in eurer Umgebung einen interessanten **Ort** oder spannende **Geschichten**, die man nutzen könnte? Hat es euch die **Abbildung eines Monsters** im Monsterhandbuch besonders angetan und ihr wollt daraus etwas machen? All das können Inspirationsquellen für euch sein, aber auch hier gibt es individuelle Vorlieben. Schaut einfach, was für euch funktioniert, und nutzt die Quellen, die euch zur Verfügung stehen.

In meiner Zeit als Spielleiter und Autor von Abenteuern habe ich ein paar Sachen für mich gelernt, die euch vielleicht helfen. Zunächst solltet ihr euch den **Kern eures Abenteuers** überlegen. Das ist eine Kurzbeschreibung mit dem wichtigsten Merkmal eures Abenteuers in einem Satz. Ein Beispiel wäre: »Die Spieler*innen erforschen eine Höhle und stoßen dabei auf ein uraltes Familiengeheimnis« oder »Die Spielenden finden ein magisches Artefakt und versuchen die mysteriöse Geschichte dieses Gegenstandes zu ergründen«. Diese Kurzbeschreibung soll euch dabei helfen, euch während des Schreibens immer wieder auf den Kern des Abenteuers zu besinnen. So könnt ihr einfach überprüfen, ob von euch ausgedachte Szenen zum Kern des Abenteuers passen oder nicht. Natürlich könnt ihr von eurer Kurzbeschreibung abweichen, um zum Beispiel **Nebengeschichten** in eurem Abenteuer zu erzählen. Versucht aber irgendwann wieder zum Kern eures Abenteuers zurückzukehren.

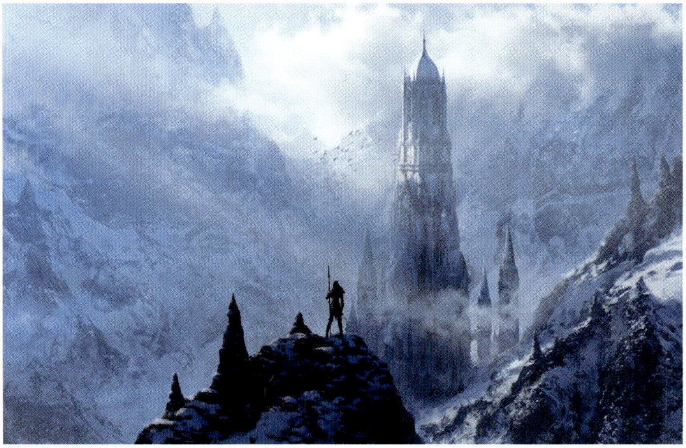

Abenteuer*in vor einer Schneelandschaft

Denkt außerdem daran, dass ihr das Abenteuer nicht schreibt, um euch selbstzuverwirklichen, sondern um es mit eurer Spielrunde zu spielen. Im Idealfall habt ihr euch bereits schon in einer kurzen **Vorbesprechung** mit euren Spieler*innen besprochen, auf was ihr denn überhaupt Bock habt. Vielleicht habt ihr schon gemeinsam **Ideen für Abenteuer** gesammelt oder es gibt interessante Ansatzpunkte in der Hintergrundgeschichte der Charaktere, die sich gut für Abenteuer eignen. Je mehr ihr eure Spielenden in das Abenteuer einbezieht, desto mehr Motivation werden sie am Spieltisch haben. Das heißt aber natürlich nicht, dass ihr auf Biegen und Brechen sämtliche Hintergrundgeschichten und Ideen in ein einziges Abenteuer quetschen müsst. Konzentriert euch lieber erstmal auf eine **Grundidee** und versucht ein paar Vorschläge eurer Spielgruppe zu integrieren.

Als Nächstes solltet ihr euch eine **grobe Struktur** für das Abenteuer überlegen. Dabei ist es erstmal völlig euch überlassen, ob ihr stichpunktartige Notizen aufschreibt oder Fließtexte aneinanderhängt. Haltet eure Notizen nur so übersichtlich, dass ihr während des Spiels schnell wichtige Informationen findet und selbst wisst, was als Nächstes auf dem Programm steht. Um eine weitere Struktur festzulegen, könnt ihr den klassischen Spannungsbogen aus Film und Theater verwenden. Dieser teilt eine Geschichte in **fünf Teile** ein, auch Akte genannt.

- **Exposition**: Die wichtigsten Charaktere und die Spielwelt werden vorgestellt. Es wird das Grundproblem des Abenteuers etabliert, welches die Charaktere im Laufe der Geschichte lösen sollen.
- **Erregendes Moment**: Die Spannung steigt an, die Spielenden finden immer mehr Hinweise darauf, wie sie das Problem lösen können. Die Gefahr für die Spielenden wird größer.

- **Peripetie**: Der Spannungshöhepunkt, die Charaktere wissen, wie man das Problem löst, werden aber von dem Bösewicht von der Lösung abgehalten. Es kommt zum Zusammenstoß der Charaktere mit den Antagonisten.
- **Retardierendes Moment**: Die Spannung nimmt langsam ab, das Böse ist besiegt und die Charaktere können nun endlich das Problem lösen.
- **Katastrophe** oder **Auflösung**: Die Charaktere lösen das Kernproblem. Allerdings geht etwas schief: Der Bösewicht kehrt zurück oder die Spielenden müssen ein Opfer für die Lösung des Problems bringen. Die Spannung steigt noch einmal an, bevor das Abenteuer endgültig beendet ist.

Denkt immer daran, den Spielenden genug Freiheiten zu lassen, wenn ihr euch an einer solchen etablierten Struktur orientiert. So können sie den Ausgang des Abenteuers beeinflussen und selbst Teil der Geschichte werden. Wenn euch das schwerfällt, versucht weniger konkrete Szenen zu beschreiben, die nach und nach in eurem Abenteuer stattfinden, sondern versetzt euch in die Rolle der Spielenden und beschreibt Orte und Personen, die Charaktere besuchen könnten. Auf diese Weise überlasst ihr die Entscheidung den Spielenden, wisst aber zumindest selbst ungefähr, was auf euch zukommen wird, und müsst nicht komplett improvisieren.

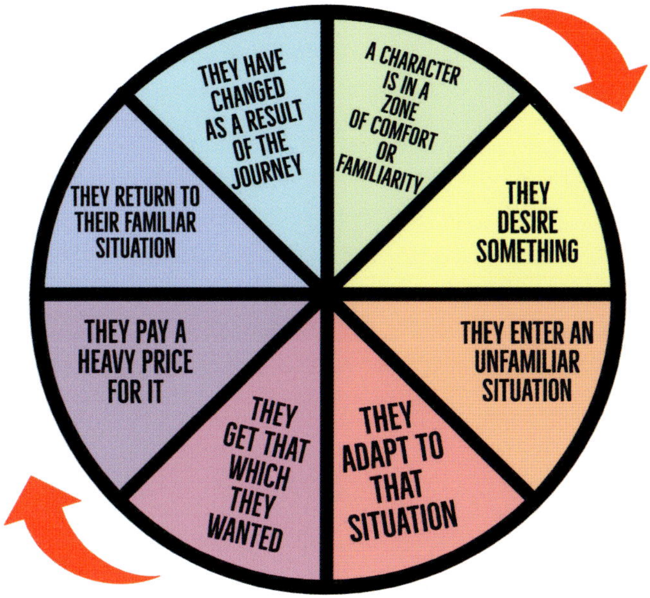

Dan Harmon's Story Circle Structure

Alternativ könnt ihr den sogenannten »Story Circle« vom US-amerikanischen Drehbuchautor **Dan Harmon** für euer Abenteuer übernehmen. Er beschreibt ebenfalls die Struktur einer Geschichte, stellt aber stark die Charaktere in den Mittelpunkt der Erzählung. Obwohl Dan Harmon als Person sicherlich problematisch ist, mit seiner **Arbeit**

an Serien wie **Community** und **Rick & Morty** hat er bewiesen, dass diese Struktur durchaus funktioniert. Er teilt eine Geschichte ebenfalls in verschiedene Teile ein, wenn auch nicht in die klassischen fünf Akte, sondern in **acht**. Sie werden in einem sich wiederholenden Kreis angeordnet und lauten wie folgt:

- **You**: Die Charaktere und die Spielwelt werden vorgestellt und die Charaktere befinden sich in ihrer Komfortzone. Es gibt keine Probleme und alles ist gut.
- **Need**: Die Charaktere werden mit einem Problem konfrontiert und motiviert, eine Lösung für das Problem zu finden.
- **Go**: Die Charaktere machen sich auf den Weg, um das Problem zu lösen, müssen sich aber aus ihrer Komfortzone in unentdecktes Gebiet vorwagen.
- **Search**: Die Charaktere suchen nach einer Lösung für das Problem und überwinden dabei Hindernisse, die ihnen in den Weg gestellt werden.
- **Find**: Die Charaktere finden die Lösung für ihr Problem.
- **Take**: Die Charaktere verschaffen sich Zugang zu der Lösung, müssen aber einen Preis für ihr Handeln bezahlen.
- **Return**: Die Charaktere kehren in ihre Komfortzone zurück, indem sie das Problem nachhaltig lösen.

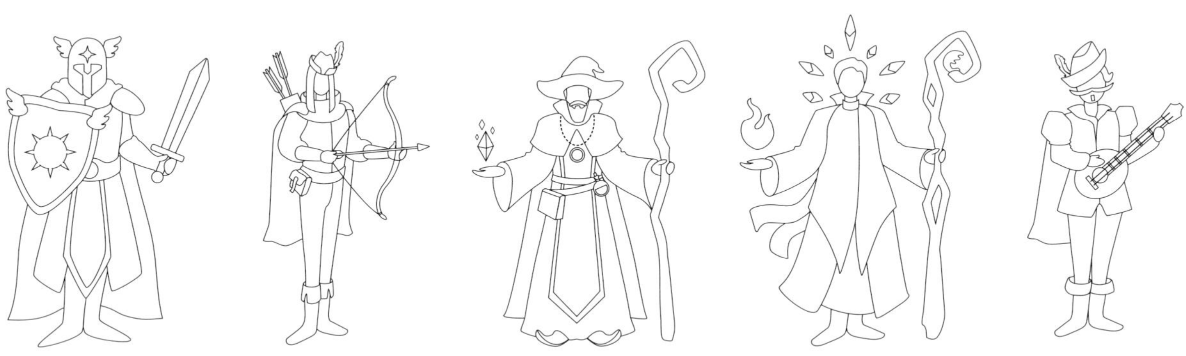

- **Change**: Die Charaktere sind am Ausgangspunkt angekommen und befinden sich wieder in ihrer Komfortzone. Sie haben aber etwas gelernt, sich verändert oder mussten etwas zurücklassen.

Nun habt ihr hoffentlich schon einmal einen groben Überblick darüber, wie so ein Abenteuer strukturiert werden kann. Zu weiteren **Elementen** eines Abenteuers wie **Bösewichten** oder **NSCs** findet ihr Tipps in diesem Buch in den entsprechenden Kapiteln.

Natürlich gibt es da draußen noch viele weitere Möglichkeiten zur Strukturierung von Abenteuern. Letztendlich müsst ihr herausfinden, was für euch am besten funktioniert. Wenn ihr das Abenteuer fertig geplant habt, ist es Zeit zu spielen! Seid dabei aber nicht zu hart zu euch selbst. Wenn ihr merkt, dass etwas während des Abenteuers nicht so funktioniert wie ihr es geplant habt, dann ändert es währenddessen. Fragt eure Spielenden nach der Session nach **Feedback** und wendet es für euer nächstes Abenteuer an. Übung macht den Meister und wahrscheinlich haben alle großen Rollenspielautoren mal klein angefangen. Lasst euch nicht entmutigen, sondern behaltet immer das Wichtigste im Hinterkopf: Habt Spaß als Spielgruppe, der Rest ist nebensächlich.

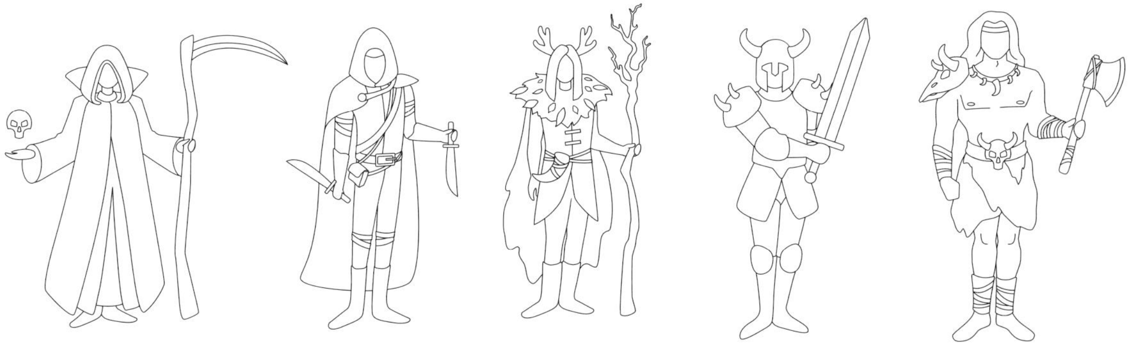

Bösewichte

Gute Bösewichte sind das Salz in der Suppe jeder Heldengruppe und der Pfeffer in jedem Abenteuer. Ohne sie würden viele Charaktere einfach zu Hause bleiben und Abenteuer wären nicht mehr als langweilige Botengänge ohne Gefahren. Doch wie schreibt man **gute Bösewichte** und was gibt es zu beachten?

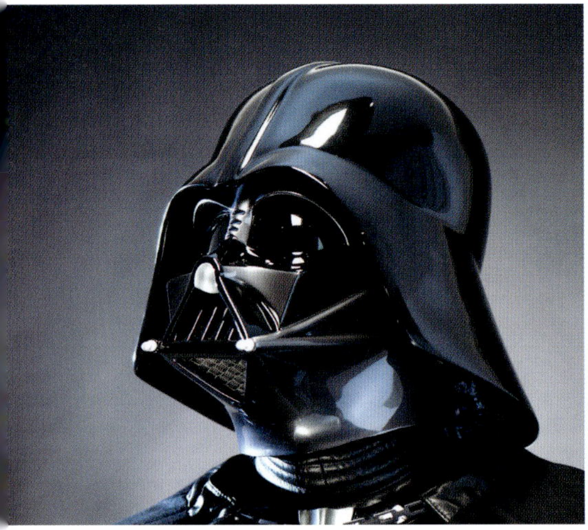

Vielleicht sollten wir erstmal die Frage klären, warum gute Bösewichte überhaupt wichtig für ein Abenteuer sind. Vorweg: Bösewichte müssen nicht unbedingt einzelne **Personen**, sondern können auch **Organisationen** oder **Gefühle** wie Angst sein. Wichtig ist nur, dass sie letztendlich der Grund dafür sind, weshalb sich die Charaktere überhaupt in das Abenteuer aufmachen. Gute Bösewichte vereinen die Helden und schweißen sie zusammen, um ein gemeinsames Ziel zu erfüllen, nämlich das Böse aufzuhalten. Bösewichte müssen also überwunden werden, damit das Abenteuer abgeschlossen werden kann. Ohne das Galaktische Imperium und ikonische Figuren wie **Darth Vader** wäre **Star Wars** zum Beispiel nicht zu so einem Erfolg geworden.

Zunächst solltet ihr euch überlegen, wie ihr bei euren Charakteren **Emotionen** gegenüber den Bösewichten schüren könnt. Je größer die Emotionen, umso stärker ist die Bindung zwischen den Charakteren und die Ablehnung gegenüber ihrem Gegenspieler und umso befriedigender ist es am Ende, wenn die Held*innen es schaffen, das Böse zu überwinden. Falls ihr längere Kampagnen plant, könnt ihr die Bösewichte direkt mit der Vergangenheit eurer Charaktere verknüpfen. Ist eine Heldin vielleicht eine Waise, weil in ihrem Heimatdorf ein Feuer gewütet hat? Vielleicht steckt ja der Bösewicht eurer Kampagne dahinter. Sucht ein Held nach seinem lang vermissten Bruder? Was ist, wenn dieser plötzlich in der Armee des Bösewichts auftaucht? Geben die Hintergrundgeschichten eurer Spielenden das nicht her, so könnt ihr die Bösewichte auch direkt am Anfang auftauchen lassen und durch

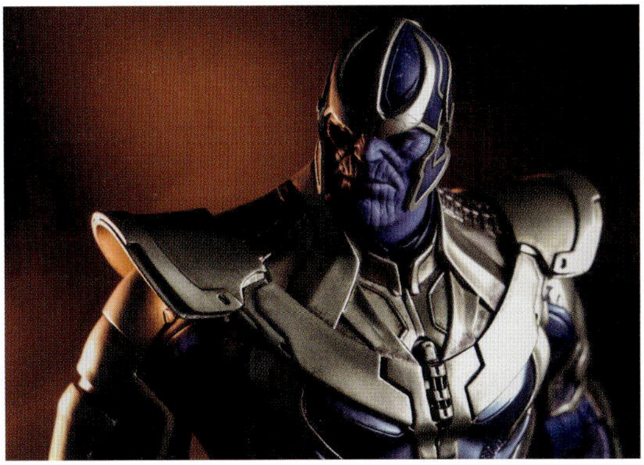

Thanos aus dem Marvel-Universum

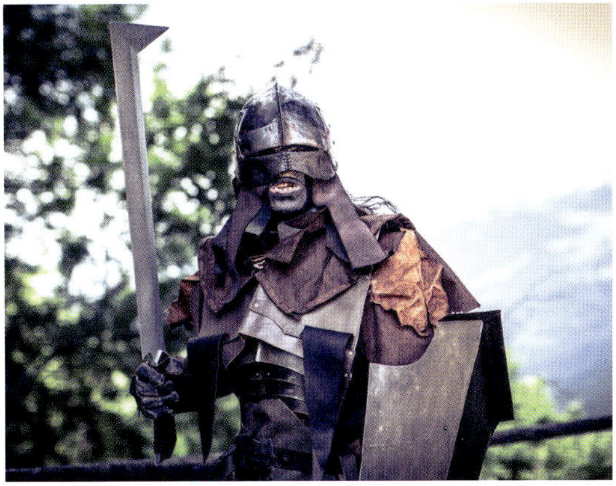

Ein Urukhai von »Herr der Ringe«

ihre Taten den Spielenden klarmachen, dass dies jemand ist, den sie aufhalten sollten. Wie genau ihr das macht, müsst ihr selbst entscheiden, versucht nur die Bindung und die Gefühle zwischen den Charakteren und euren Bösewichten so stark wie möglich zu machen.

Außerdem sollten eure Bösewichte nachvollziehbar handeln. Letztendlich haben die Antagonisten ja einen **Plan**, den die Held*innen verhindern müssen. Dazu gehört, dass ihr für die Bösewichte ein klares Ziel formuliert. Natürlich kann dieses Ziel auch einfach »Chaos stiften« sein. Das wird aber wahrscheinlich zu einem recht **eindimensionalen** Charakter eures Antagonisten führen. Viel spannender ist es vielleicht, wenn die Bösewichte eigentlich ein positives Ziel verfolgen, aber dabei die falschen Mittel einsetzen. Ein gutes Beispiel dafür ist **Thanos** aus dem **Marvel Cinematic Universe**, der zwar verständliche Ziele verfolgt, aber dennoch aufgehalten werden muss, weil er bereit ist, für diese Ziele unzählige Leben zu opfern. Meiner Meinung nach sind die besten Bösewichte die, mit denen man am Ende vielleicht sogar etwas Mitleid hat, weil man ihren Standpunkt versteht.

Als Nächstes solltet ihr euch überlegen, welchen **Plan** euer Bösewicht verfolgt, um das Ziel zu erreichen. Daraus könnte sich direkt das Abenteuer ableiten, indem ihr euch überlegt, an welchen Punkten eure Held*innen den Plan durchkreuzen könnten. Habt ihr sowohl den Plan als auch das Ziel eures Bösewichts aufgestellt, könnt ihr viel flexibler auf die Aktionen der Spielenden reagieren, indem ihr euch die nächsten Schritte eures Antagonisten überlegt. Wie würden eure Bösewichte weitermachen, wenn die Charaktere zum Beispiel ein wichtiges Ritual überraschend aufgehalten haben? Außerdem könnt ihr den Spielenden so viel besser Hinweise auf den Plan des Bösewichts geben und sie damit eher dazu bringen, sich selbstständig zu überlegen, wie sie ihn aufhalten können. Außerdem entwickeln sich eure Bösewichte so selbstständig weiter und werden zu interessanteren Charakteren.

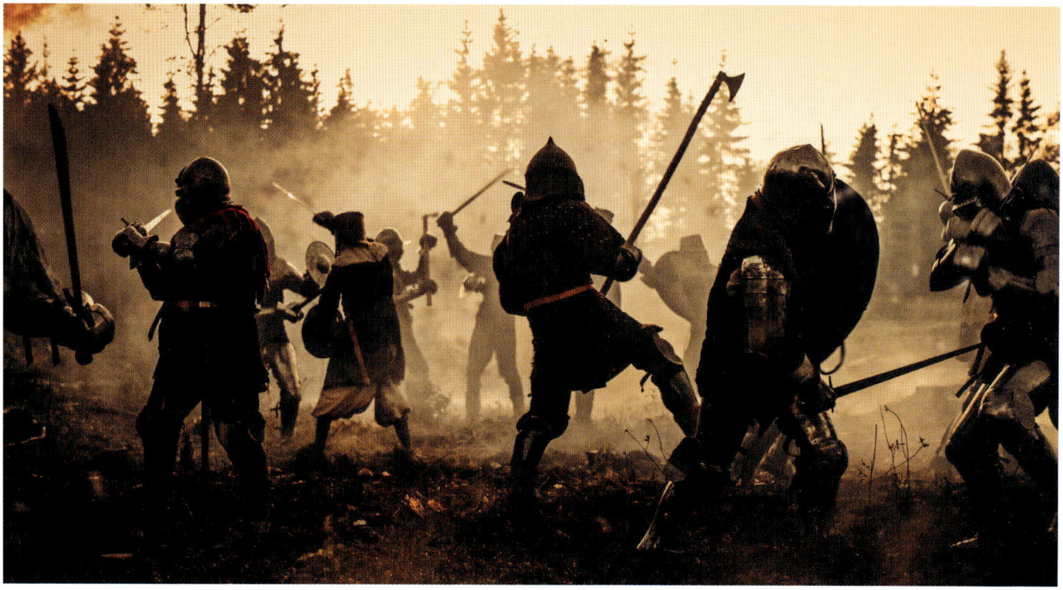

Was gibt es sonst noch zu beachten? Nun, ihr solltet eure Bösewichte nicht nervig werden lassen. Wenn sie ständig auftauchen und so unabhängig von den Handlungen eurer Charaktere durch physikalisch mindestens fragwürdige Aktionen entkommen können, wird das irgendwann für die Spielenden frustrierend. Sie sollten ein klares Gefühl dafür haben, wie stark ihre Gegenspieler sind. Allerdings sollten sie nicht denken, sie niemals besiegen zu können. Außerdem muss euer Bösewicht auch nicht immer direkt selbst den Charakteren entgegenstehen. Vielleicht werden erstmal Handlanger vorgeschickt und der Antagonist bzw. die Antagonistin stellt sich den Helden erst in den Weg, sobald diese bewiesen haben, dass sie eine Gefahr darstellen. So könnt ihr die wahren Bösewichte im Hintergrund lassen, bis die Charaktere bereit sind, sich ihnen zu stellen. Achtet aber darauf, dass sich trotzdem eine **emotionale Verbindung** mit den Held*innen aufbaut.

Battlemaps

Wenn man in einem Abenteuer das erste Mal »Würfelt Initiative« hört, ist das für einige Menschen ein absolutes Highlight und ein Adrenalinkick. Endlich steht man dem großen Bösewicht gegenüber und man weiß, dass man entweder siegt oder der eigene Charakter ein schlimmes Schicksal erleidet. Genau deshalb sind für viele Rollenspieler*innen Kämpfe ein wichtiges dramatisches Mittel, die fest zur Spielrunde dazugehören. Dabei können Kämpfe im Grunde auf zwei Arten dargestellt werden: Man stellt sich – wie bei dem Rest des Rollenspiels auch – alles vor oder man nutzt Karten, Spielfelder und Miniaturen. Letzteres sind die sogenannten **Battlemaps**. Doch wo bekomme ich diese Karten?

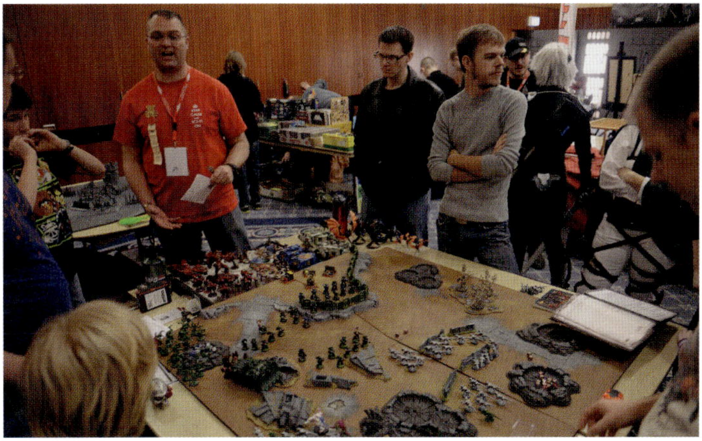

Bild eines Tabletop Wargame der Operation Sci Fi Con 2015

Pen & Paper-Rollenspiele sind eng mit dem Genre der **Tabletop-Wargames** verwandt. Das sind rundenbasierte Schlachten zwischen mehreren Armeen auf extra angefertigten Schlachtfeldern. In den frühesten Rollenspielen, vor allem in Dungeons & Dragons, wurde dieses Spielprinzip weiterentwickelt und es ist auf dem US-amerikanischen Markt und bei den Rollenspielen des Genres **Old School Revival** weiterhin präsent. Hier in Deutschland, wo man oft mit »Das Schwarze Auge« in das Hobby einstieg, war das Spiel mit Miniaturen eher verpönt. Allerdings ändert sich das zum Glück mittlerweile auch wieder.

Doch welche Vorteile haben Battlemaps? Zum einen sind sie sehr hilfreich, um **Positionen** von Kampfteilnehmer*innen und die **Umgebung** zu visualisieren. Das schafft Missverständnisse aus dem Weg und hilft den Spielenden gute taktische Entscheidungen in ihrer Kampfrunde zu treffen. Bei einigen Rollenspielsystemen, wie zum Beispiel bei »Dungeons & Dragons«, haben Zauber, Angriffe und Bewegungen festgelegte **Reichweiten**, die sich mit einer Battlemap viel einfacher abschätzen lassen. Gerade Zauber, die mehrere Gegner betreffen könnten, werden so für ein maximales Ergebnis genauer platziert. Ohne Battlemap müsste man immer die Spielleitung fragen, welche Kampfteilnehmer*innen in Reichweite sind und welche nicht. Zum anderen beklagen aber viele Rollenspiel-Puristen bei der Verwendung von Battlemaps den zu großen Fokus, den die Kämpfe in dieser Form im Bezug zum eigentlichen Rollenspiel einnehmen. Kämpfe werden so relativ schnell zu brettspielartigen Würfelorgien: Das Rollenspiel rückt in den Hintergrund, denn alle Spielenden sind vor allem damit beschäftigt, die Felder zwischen dem eigenen Charakter und dem nächsten Bösewicht genau zu zählen. Doch wie immer liegt die Wahrheit sicherlich irgendwo dazwischen. Möchte man in der eigenen Spielgruppe möglichst taktische Kämpfe ausfechten, sind Battlemaps extrem hilfreich. Bei Gruppen, die stärker auf das Rollenspiel setzen, kann man dagegen vielleicht darauf verzichten, zumal die Erstellung der Karten zusätzliche Arbeit macht.

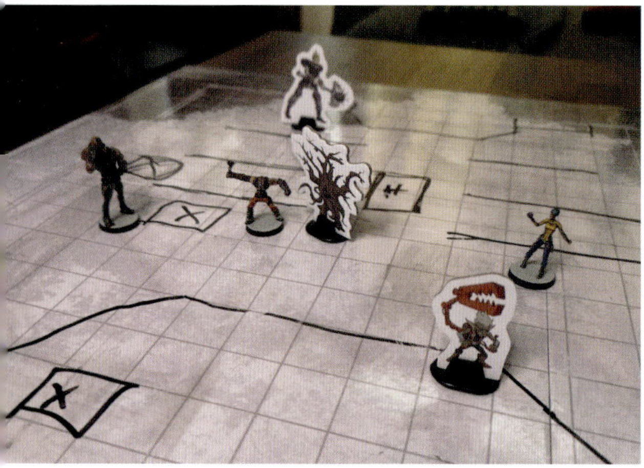

Simple Battlemap mit Pappfiguren

Und wie entwirft man jetzt eine Battlemap? Mein Tipp: Fangt klein an und macht erstmal einfache Zeichnungen mit Stift und Papier. Für manche Spielgruppen reichen diese einfachen Karten, die Standorte nur grob skizzieren, völlig aus. Als Spielfiguren könnt ihr **Material aus Brettspielen**, **Würfeln** oder **Münzen** nutzen. Schaut in jedem Fall, dass alle wichtigen Spielelemente klar erkennbar und wichtige Merkmale der Umgebung wie Höhenunterschiede klar markiert sind. Letztendlich soll die Battlemap möglichst allen Teilnehmer*innen die **taktischen Aspekte des Kampfes** verdeutlichen. Alternativ könnt ihr weiße Tafeln oder Spielbretter nehmen, die sich mit abwischbaren Stiften beschreiben lassen. Dann könnt ihr Elemente ändern, wenn sich das Spielfeld verändert und ihr müsst nicht immer wieder neues Papier kaufen. Achtet nur darauf, dass ihr während des Spiels nicht alle Sachen plötzlich von der Tafel wischt.

Euch ist das alles nicht schick genug und ihr könnt auch nicht zeichnen? Dann bietet vielleicht das **Internet** Möglichkeiten für eure Battlemaps. Mittlerweile gibt es unzählige Karten im Internet zu finden und viele Künstler*innen bieten ihre Fähigkeiten auf Plattformen wie **Etsy** oder **Patreon** gegen kleines Geld an. Hier findet ihr möglicherweise nicht immer genau das, was ihr sucht, aber einige Künstler*innen gestalten auf Kommission und gegen das entsprechende Kleingeld auch eine Karte nach euren Vorlieben. Alternativ gibt es viele **Online-Tools**, mit denen ihr selbst Karten aus vorgefertigten Elementen zusammensetzen könnt. Tools wie **Inkarnate** oder **Dungeon Fog** vereinfachen das Entwerfen von eigenen Karten, indem sie vorgefertigte Hintergründe und Elemente wie Straßen, Häuser und andere Dinge bereitstellen. So lassen sich Karten per Mausklick bearbeiten und anpassen. Bei vielen Diensten könnt ihr euch zudem aus einer Vielzahl von der Community erstellten Karten inspirieren lassen und meist gibt es auch kostenlose Varianten, bei denen man das Ganze erstmal testen kann.

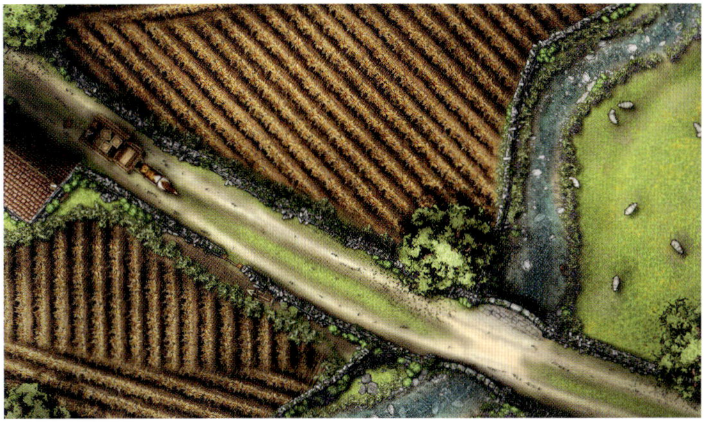

Screenshot einer Karte von Inkarnate

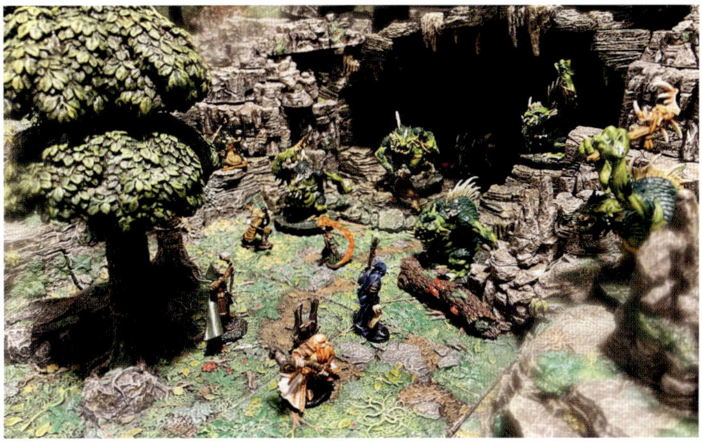

Foto einer Battlemap mit 3D-Gelände

Ihr seid immer noch nicht zufrieden und wollt eure Battlemap in die dritte Dimension heben? Auch das ist kein Problem! Mittlerweile gibt es viele Anbieter für **hochwertige 3D-Gelände**, die man entweder für Tabletop- oder eben auch Rollenspiele nutzen kann. Man sollte sich allerdings im Klaren sein, dass dies sicherlich die teuerste und aufwendigste Art Battlemap ist. Doch wenn ihr nur in einem Genre spielt, lassen sich Elemente auch wiederverwenden. Größere Objekte wie ganze Häuser werden mittlerweile mithilfe von MDF (mitteldichte Holzfaserplatten) hergestellt und müssen in der Regel zusammengebaut und bemalt werden. Man kann aber auf günstigeres Pappgelände zurückgreifen. Sie sind zwar nicht so langlebig, aber wahrscheinlich deutlich günstiger. Kleinere Deko-Gegenstände können mit 3D-Druck hergestellt werden, entweder fertig gedruckt oder als Datei für den heimischen Drucker. Als Unterlagen gibt es ausrollbare Neopren-Matten. In den einschlägigen Shops für Tabletop-Zubehör findet ihr oft riesige Spielmatten oder Zubehör. Wenn euch der ganze Kram zu teuer ist, könnt ihr nach Brettspielen wie **Heroquest** oder **Gloomhaven** suchen und die enthaltenen Spielmaterialien einfach für eure eigenen Dungeons nutzen.

Bleiben noch die Spielfiguren. Natürlich kann man mit ausgedruckten und laminierten Charakterportraits des eigenen Charakters arbeiten. Mittlerweile gibt es aber auch einige Online-Dienste wie **Heroforge**, bei denen man die eigenen Held*innen aus einer Auswahl an Teilen zusammenklicken und in 3D ausdrucken lassen kann. Doch auch hier solltet ihr zuerst schauen, ob ihr nicht Figuren aus

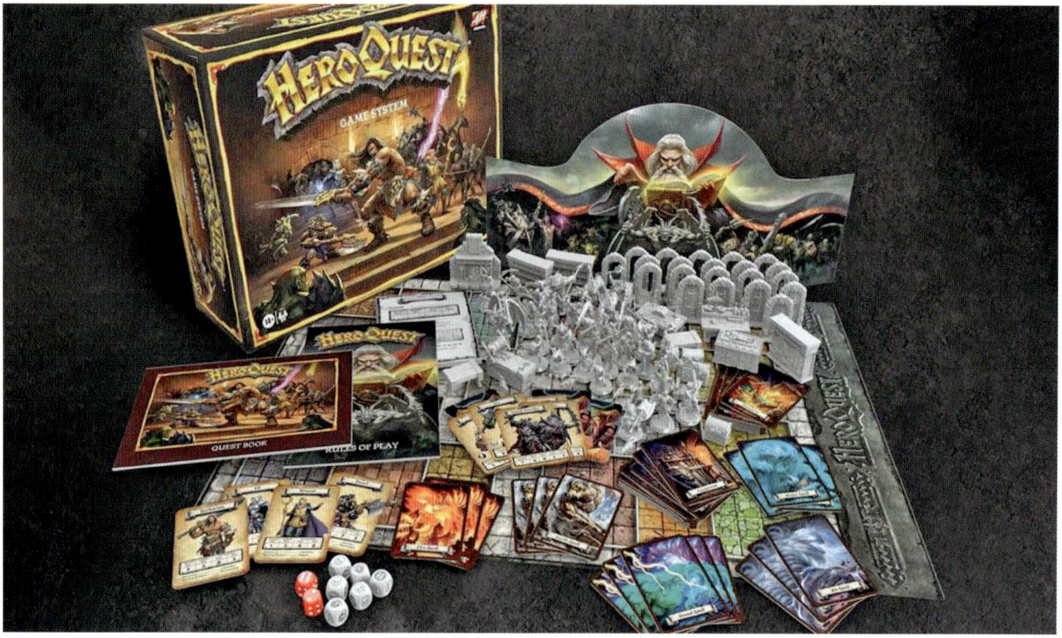

Das Brettspiel Heroquest

Brett- oder Tabletop-Spielen zweckentfremden könnt. Und überlegt euch schon einmal, wie ihr den ganzen Kram bei euch zu Hause lagern wollt. Ein kleiner Tipp aus eigener Erfahrung: Die Fensterbank ist kein guter Ort für MDF-Gebäude.

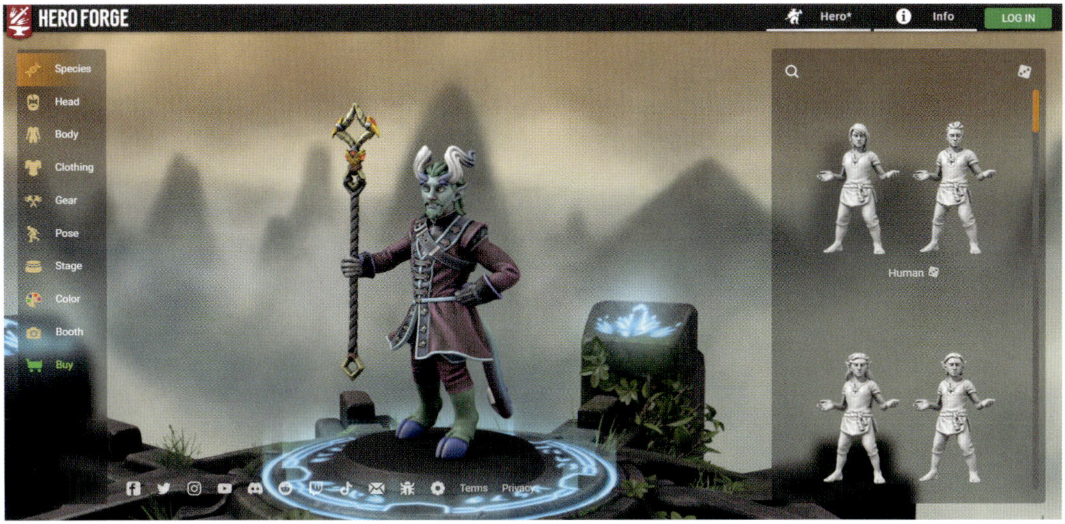

Screenshot aus Heroforge

Charaktere

Jetzt habt ihr also Mitspielende und die Spielleitung digital oder analog versammelt, ihr habt einen gemeinsamen Termin gefunden, Snacks und Würfel bereitgelegt und seid bereit zu spielen? Dann braucht ihr nur noch die **Protagonisten eures Abenteuers**: eure Charaktere. Für die Erstellung von Charakteren gibt es unzählige Möglichkeiten und wahrscheinlich hunderte Videos im Internet, die euch erklären, wie ihr den perfekten Helden baut. Deshalb vorweg: Macht, was euch gefällt! Ihr sollt mit dem Charakter Spaß haben. Schließlich müsst ihr mindestens eine Session in seine oder ihre Haut schlüpfen. Allerdings seid ihr nicht die einzige Person am Spieltisch und deshalb müsst ihr ein paar Grundregeln beachten. Vielleicht sollten wir aber vorher einmal klären, was eure Charaktere denn so ausmacht.

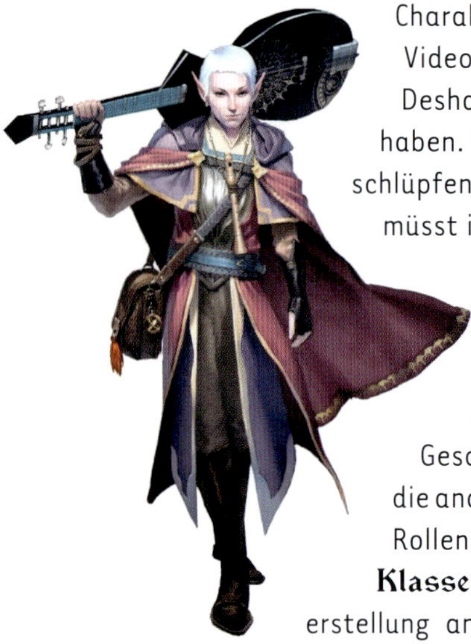

Auch wenn nahezu jedes Rollenspiel eigene Regeln für den Prozess der Charaktererstellung hat, müsst ihr euch zunächst überlegen, was euren Charakter zu einem der Protagonisten eurer gemeinsamen Geschichten macht. Ist die Person besonders schlagfertig, unterstützt sie die anderen Held*innen oder ist sie vielleicht eine gute Kämpferin? Wenn das Rollenspiel **Berufe** oder **Klassen** zur Charaktererstellung anbietet, wählt ihr euch einen Beruf oder eine Klasse aus, die euch besonders interessiert, und probiert sie aus. Gibt das Spiel keine Berufe oder Klassen vor, dann überlegt ihr, welche Fähigkeiten euer Charakter besonders gut können soll. Konzentriert euch dabei zunächst auf **ein bis zwei Kernfähigkeiten**. Vorgefertigte Charaktere helfen euch, wenn ihr noch nicht wisst, was ihr spielen wollt. So habt ihr Zeit herauszufinden,

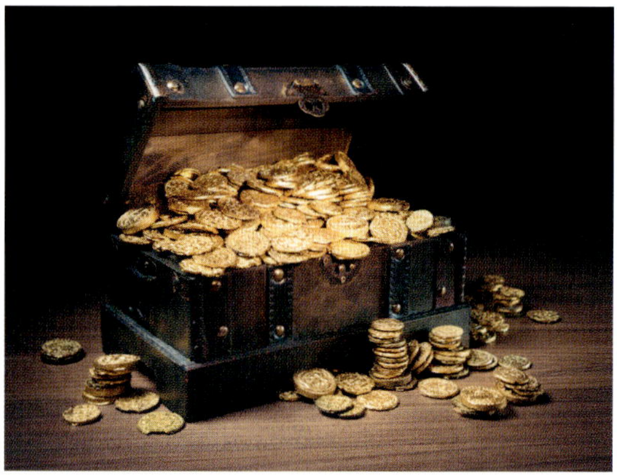

was in eurer Spielgruppe noch gebraucht wird. Gerade bei kürzeren Abenteuern solltet ihr euch nicht zu viel Druck bei der Charaktererstellung machen, wechseln könnt ihr immer noch.

Glaubwürdig wird euer Charakter allerdings erst mit **Schwächen**. Welche Fähigkeiten hat euer Charakter überhaupt nicht? Welche anderen Nachteile hat er oder sie noch? Einige Systeme bieten die Möglichkeit, Vor- und Nachteile wie einen besonderen Ehrencodex oder hohe Schulden bei der Charaktererstellung zu wählen. Denkt aber immer daran, dass ihr Nachteile auswählt, um euren Charakter interessanter zu gestalten und nicht, um Bonuspunkte zu bekommen.

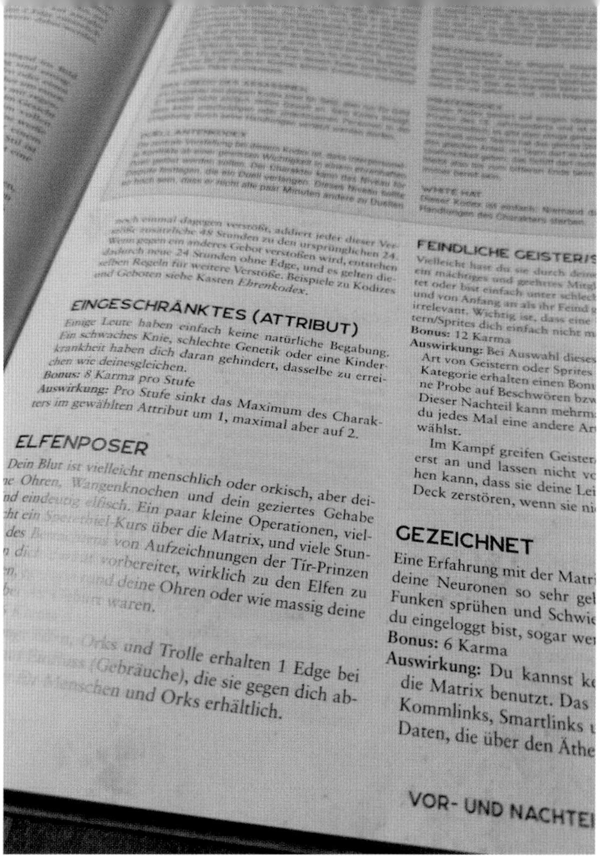

Foto einer Buchseite mit Nachteilen aus Shadowrun

Nach der Definition eurer Stärken und Schwächen müsst ihr überlegen, warum euer Charakter überhaupt auf Abenteuersuche ist. Die einfachste Möglichkeit lautet: die **Suche nach Ruhm und Geld**. Doch vielleicht habt ihr weitere Ideen, weshalb euer Charakter das sichere Heim verlassen hat, um sich in die gefährliche Welt eines Abenteurers zu begeben. Das soll euch nicht nur helfen, euch in euren Charakter hineinzuversetzen, sondern bietet auch der Spielleitung interessante Möglichkeiten, die **Motivation** und **Hintergrundgeschichte** eures Charakters ins Abenteuer einfließen zu lassen. Gerade bei längeren Kampagnen gibt es immer wieder Abschnitte, in denen die Charakterhintergründe stärker in den Fokus der Geschichte geraten können. Das kann für alle Beteiligten sehr spannend sein. Ihr solltet euch in dem Zuge auch überlegen, wie euer Charakter ins Team passt. Als Spielgruppe solltet ihr euch schon einmal über die grundsätzliche Richtung des Abenteuers Gedanken gemacht haben. Schaut also, ob euer Konzept dazu passt. Darüber hinaus müssen wichtige Personen für die Charaktere definiert werden. Was ist zum Beispiel mit den Eltern oder Geschwistern passiert? Gibt

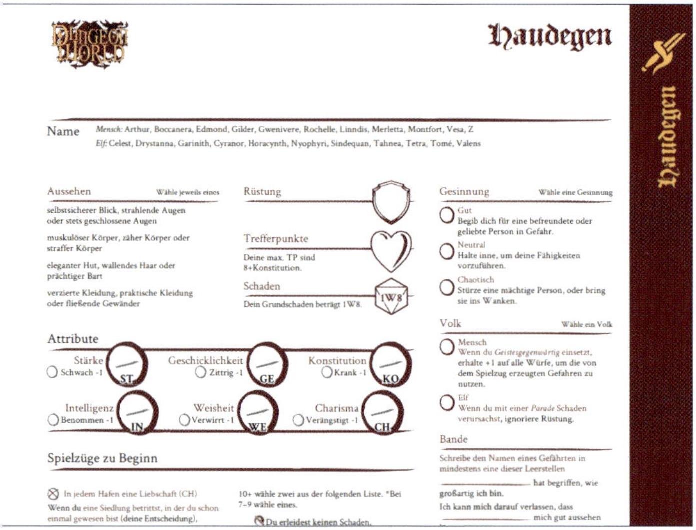

Charakterbogen von »Dungeon World«

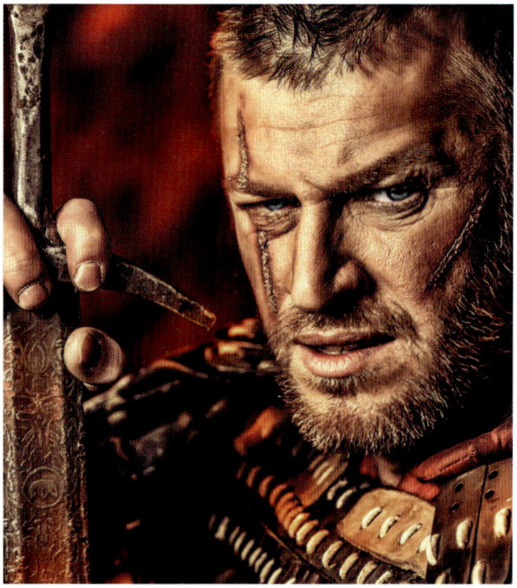

Krieger mit markanter Narbe im Gesicht

es vielleicht Lehrmeister oder Mentoren, zu dem er oder sie noch Kontakt hat? Auch hier gilt: Je mehr Informationen ihr der Spielleitung liefert, desto eher kann sie für euch wichtige Personen in die Handlung des Abenteuers einbauen.

Jetzt habt ihr einen groben Überblick über euren Charakter, aber vielleicht könnt ihr noch etwas Würze hinzufügen. Neben dem Aussehen solltet ihr euch eine Besonderheit mit Wiedererkennungswert für euren Charakter überlegen. Das könnte eine **besondere Art zu sprechen** sein, **Narben** von vorherigen Abenteuern oder besondere **Ausrüstungsgegenstände**. Auch das wird euch das Gefühl geben, nicht irgendeinen beliebigen Abenteurer zu spielen, sondern einen Charakter, mit dem ihr im Laufe der Spielrunde verschmelzen könnt.

Nach dem Charakterkonzept könnt ihr euch an die eigentliche Charaktererstellung machen. Viele Rollenspiele gehen ihre eigenen Wege und einige Informationen dazu findet ihr in den jeweiligen Kapiteln, in denen ich euch Rollenspiele vorstelle. Bei **klassischeren Rollenspielen**, wie Dungeons & Dragons oder Das Schwarze Auge, durchlauft ihr einen **mehrstufigen Prozess**, bei dem ihr zunächst eure Grundwerte auswürfelt oder Punkte auf diese verteilt. Anschließend wählt ihr Berufe, Völker oder Klassen aus, anhand derer sich weitere Fähigkeiten oder Boni für euren Charakter

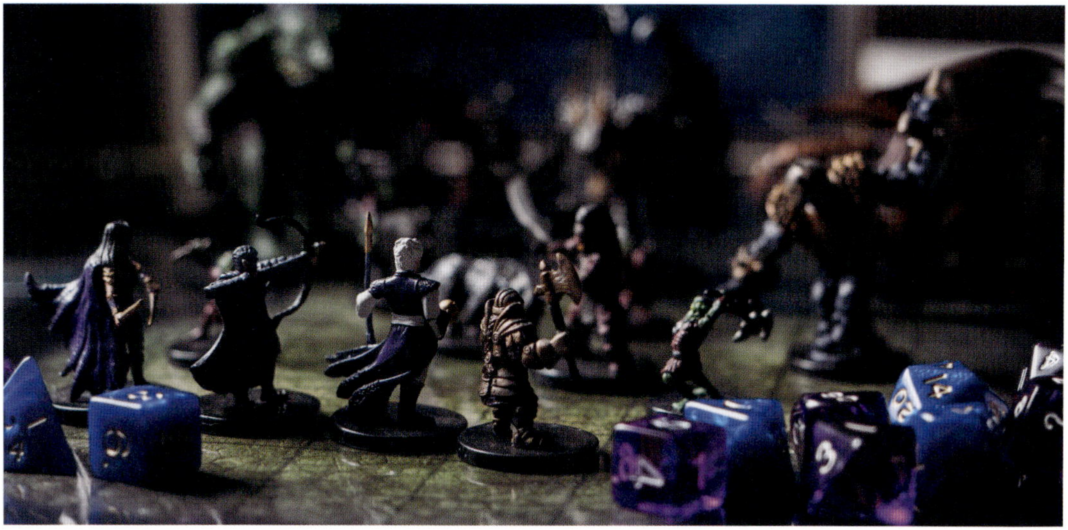

Bild einiger Figuren die sich dem Bösen entgegenstellen

definieren. Manche Systeme setzen hier auch verstärkt auf den Einsatz von Würfeln, um beispielsweise die Stärke eines Charakters zu definieren. Hier stimmt ihr euch aber besser vorher in der Gruppe ab, da manche Spieler*innen lieber die volle Kontrolle behalten möchten. Anschließend werden Ausrüstungsgegenstände und Sonderfertigkeiten ausgewählt oder mit Geld oder Erfahrungspunkten, je nach Rollenspiel, gekauft. In **moderneren Rollenspielen** und vor allem bei Erzählspielen ist der Prozess der Charaktererstellung meist **viel offener**. Viele Rollenspiele greifen auf Fragebögen zurück, die man für die Charaktererstellung ausfüllen kann. So funktionieren zum Beispiel Powered by the Apocalypse-Rollenspiele wie Dungeon World.

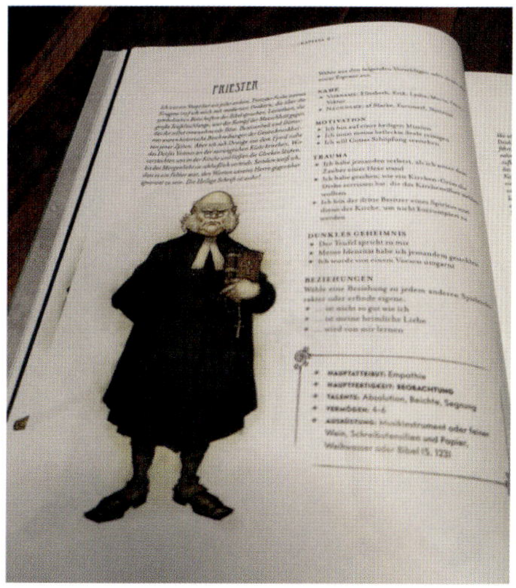

Foto einer Buchseite
mit Charakterklassen aus »Vaesen«

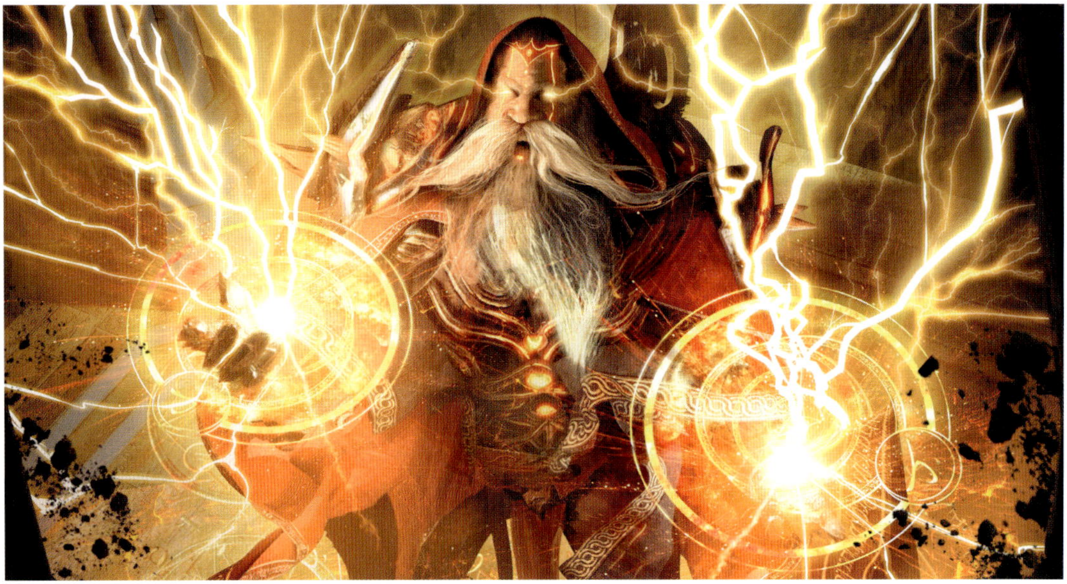

Bild eines überpowerten Magiers

Zuletzt noch ein Wort zum Thema **Powergaming**. Gerade im Videospielbereich ist es heutzutage üblich, dass man sich mithilfe von Guides Charaktere erschafft, die möglichst optimal für entsprechende Herausforderungen im Spiel sind. Das gibt es natürlich auch für Rollenspiele. Wenn ihr Spaß daran habt, Regeln und die Charaktererstellung für einen richtig starken Charakter möglichst auszureizen, könnt ihr das natürlich machen. Sprecht nur vorher in der Gruppe darüber. Speziell hochgezüchtete Charaktere können manchmal anderen Spieler*innen den Spaß verderben, vor allem, wenn es sich anfühlt, als würde dieser eine Charakter alle anderen in der Gruppe obsolet machen. Gleichzeitig solltet ihr euch aber nicht gezwungen fühlen, Charaktere zu spielen, auf die ihr keine Lust habt, nur weil euch jemand überzeugen will, dass man »das halt so spielt«. Rollenspiel ist individuell. Es liegt ganz an euch, was ihr spielen wollt und was nicht.

Choose your own Adventure

Wenn euch Sätze wie »Willst du versuchen, die Schlange mit dem Eimer zu fangen? Dann geht es auf Seite 14 weiter« bekannt vorkommen, dann seid ihr wahrscheinlich wie viele junge Menschen in den 90ern mit Spielbüchern – zum Beispiel den »Choose your own Adventure«-Büchern – in Berührung gekommen. Alle anderen werden sich sicherlich jetzt fragen, was diese Bücher mit Rollenspielen zu tun haben. Erlaubt mir das kurz zu erklären.

Rollenspiele und Spielbücher sind sehr eng miteinander verbunden und beide Genres haben in der Vergangenheit voneinander abgeschrieben. Das, was in beiden Fällen die Menschen fasziniert, ist die Möglichkeit, auf eine Geschichte Einfluss zu nehmen. Schließlich war man es gewohnt, Bücher und Geschichten zu lesen, konnte aber nicht wirklich mitbestimmen, wie eine Geschichte ausgeht oder wie sich ein Charakter verhält. Wütende Briefe an den Verlag waren (in der Zeit vor Twitter) natürlich eine Möglichkeit, aber dann musste man sich doch mit der Geschichte – so wie sie war – zufriedengeben. Doch es gab schon früh Beispiele, bei denen wichtige Entscheidungen in der Geschichte den Lesenden überlassen wurden.

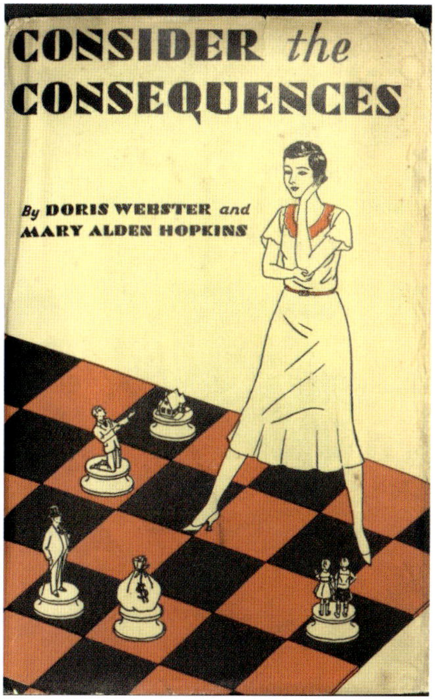

Cover von »Consider the Consequences«

Das erste populäre Spielbuch namens **Consider the Consequences** kam 1930 auf den Markt und beleuchtete eine romantische Geschichte zwischen einer Frau und zwei Männern. Neu war, dass man bereits am Anfang entscheiden musste, aus wessen Perspektive man die Geschichte erlebt. Das Buch enthielt ganze 43 verschiedene Enden und war so verrückt, dass es sogar im Radio vorgelesen und mit den Zuhörenden gespielt wurde. Doch »Consider the Consequences« war etwas zu experimentell für seine Zeit und nichts weiter als eine Spielerei auf dem Markt. Der eigentliche Durchbruch für diese interaktiven Bücher sollte erst in den 1970ern folgen.

Ian Livingstone

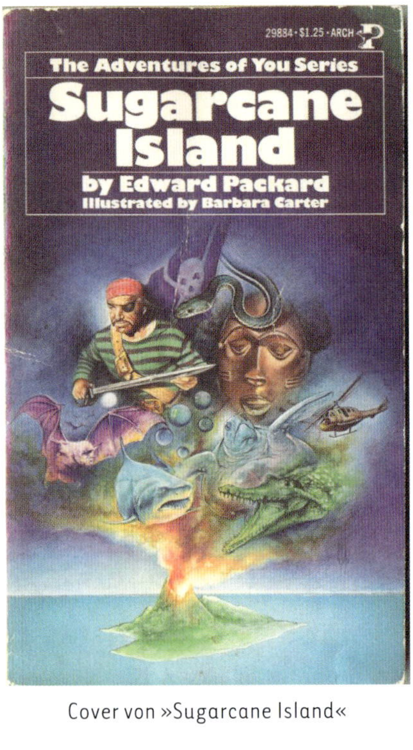

Cover von »Sugarcane Island«

Mit der Veröffentlichung der ersten Rollenspiele und von Dungeons & Dragons in den 70ern erfreuten sich auch die Spielbücher neuer Aufmerksamkeit. Denn wenn man gerade seine Freunde für eine Rollenspiel-Runde nicht zusammenbekam, konnte man sich mit den Spielbüchern auch allein die Zeit vertreiben. Dabei stachen besonders zwei Serien mit besonderem Erfolg heraus: **The Adventures of You** in den USA und **Fighting Fantasy** aus Großbritannien, die sich stark am Erfolg von Dungeons & Dragons orientierten. Allerdings versuchten die Briten **Ian Livingstone** und **Steve Jackson** mehr, tatsächlich Rollenspiele zu emulieren, während die US-Amerikaner eher weniger auf Regeln und Rollenspielelemente gaben. Fighting Fantasy-Bücher gibt es übrigens bis heute, während die Autoren von »The Adventures of You« die Bücher seit den 80ern unter dem allseits bekannten Titel »Choose your own Adventure« herausbrachten. Beide Serien wurden bis zu den 90ern immer populärer. Das Aufkommen von Computerspielen machte aber den beliebten Spielbüchern schnell Konkurrenz in den Kinderzimmern.

Natürlich bedienten sich nicht nur die Spielbücher an Elementen aus den Rollenspielen, sondern man hat sich auch umgekehrt stark inspirieren lassen. Viele der großen Rollenspiele brachten im Laufe ihrer Entwicklung sogenannte **Solo-Abenteuer** heraus, die im Endeffekt genauso funktionierten wie die beliebten Spielbücher. Dabei konnte man sich meist einen Helden erschaffen und ein eigenständiges Abenteuer erleben. Wie das funktioniert? Im Grunde beschreibt jede Passage eines Buches eine entsprechende Szene und liefert Dinge, die man als Charakter tun kann (ähnlich wie bei einem Point-and-Click-Adventure). Je nachdem, für was man sich entscheidet, liest man an einer

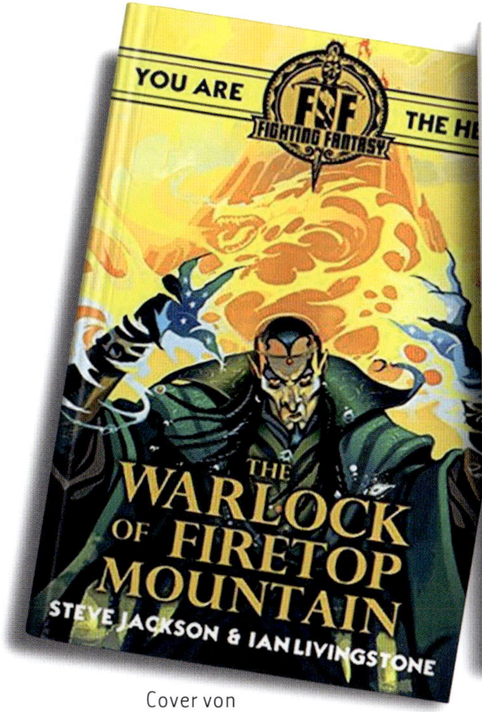

Cover von
»The Warlock of Firetop Mountain«

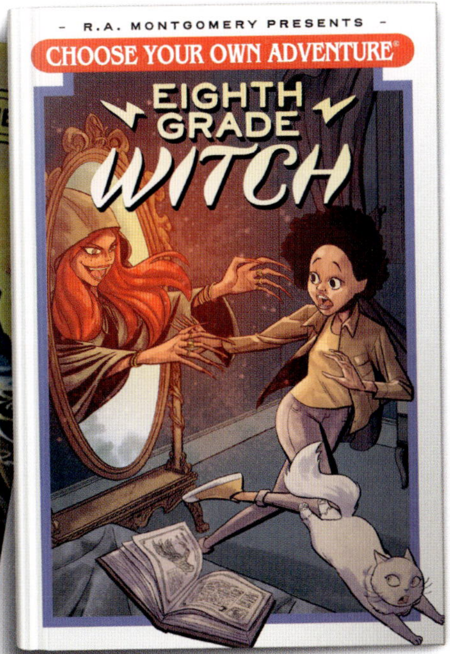

Cover von
»Eight Grade Witch«

anderen Stelle des Buches weiter. Das wiederholt sich, bis man bei einem Ende angekommen ist, was oft einfach den Tod des Charakters bedeutet hat. Gerade bei den Solo-Abenteuern wurden dann viele Mechaniken wie Würfelproben, Kämpfe oder Inventar aus den jeweiligen Rollenspielen übernommen, um einer echten Rollenspielerfahrung möglichst nahezukommen.

Auch heutzutage kann man immer noch Spielbücher und Solo-Abenteuer finden und spielen. Gerade digitale Möglichkeiten wie E-Books scheinen dem Genre aktuell neuen Aufwind zu geben, wobei bei den Rollenspielenden meist Solo-Rollenspiele wie zum Beispiel **Ironsworn** diesen Platz eingenommen haben. Dennoch gibt es heutzutage viele Personen im Hobby, die bei der Frage nach ihrer ersten Erfahrung mit Rollenspielen die »Choose your own Adventure«-Bücher nennen.

Call of Cthulhu

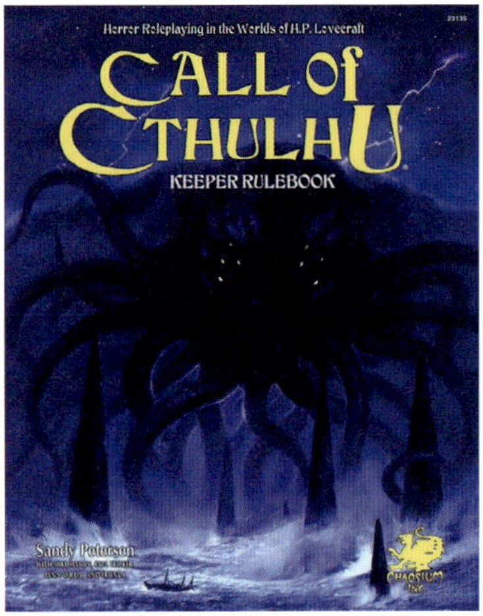

Call of Cthulhu Cover

Wenn man bei Google nach den erfolgreichsten und meistgespielten Rollenspielen der Welt sucht, trifft man in der Regel auf vier Namen. **Dungeons & Dragons**, **Pathfinder**, **Shadowrun** und **Call of Cthulhu**. Auf den Begriff Cthulhu könnte man allerdings auch schon auf anderen Wegen gestoßen sein, denn gerade seit den 90ern ist der grüne tentakelbewährte Gott nicht mehr aus der Popkultur wegzudenken. Und das hat auch mit dem Erfolg des Rollenspiels Call of Cthulhu zu tun, das mittlerweile zu einem meiner Lieblingsrollenspiele geworden ist. Aber vielleicht sollte ich erstmal erklären, wo der ganze Cthulhu-Mythos überhaupt entstanden ist.

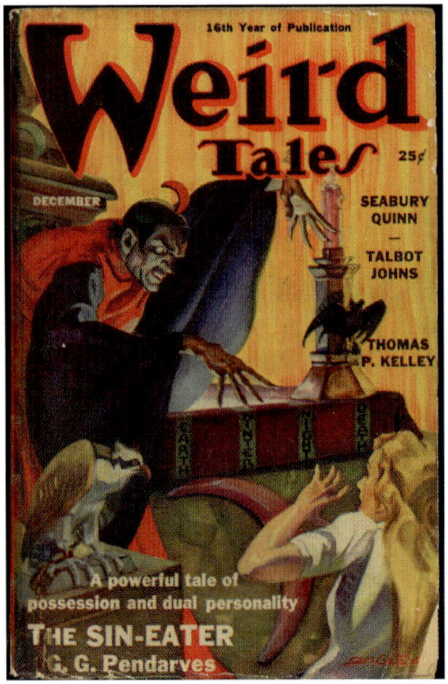

Weird Tales Magazin

1928 wurde im Magazin **Weird Tales** eine Geschichte vom Autor **Howard Philip Lovecraft** veröffentlicht. Mit der Kurzgeschichte **The Call of Cthulhu** legte Lovecraft den Grundstein für das, was wir heute als den **Cthulhu-Mythos** kennen. Lovecraft wuchs in Neuengland in schwierigen Familienverhältnissen auf und schrieb schon früh kurze Horrorgeschichten, die sich im Kern mit der marginalen Bedeutung der Menschheit im Blick auf den gesamten Kosmos beschäftigten. Er tauschte sich in Briefen mit anderen Autoren aus, die später dem Cthulhu-Mythos viele eigene Aspekte hinzufügen sollten. Außerdem kam er so in Kontakt mit dem Magazin Weird Tales, wo er seine erste Geschichte veröffentlichte. Diese Geschichte kam relativ gut an, sodass sich um die Geschichten von Lovecraft ein kleiner Hype bildete.

Doch was war an diesen Geschichten so besonders? Lovecraft und seine Brieffreunde erzählten düstere **Geschichten von finsteren Göttern**, die in der Unendlichkeit des Weltalls schlummerten und nur darauf warteten, die Erde und die gesamte Menschheit für immer zu verschlingen. Sie schrieben von seltsamen Ritualen, die von düsteren Kulten zu Ehren dieser Götter auf der Erde durchgeführt wurden, und faszinierten und verstörten so ihre Leserinnen und Leser. Viele der Geschichten waren von tief psychologischem Horror und Wahnsinn geprägt und die wenigsten endeten mit einem Happy End. Mit dieser **Mischung aus Science-Fiction und Horror** wurde Lovecraft berühmt und er zählt heute zu den einflussreichsten amerikanischen Schriftstellern der Neuzeit. Durch seine Geschichten wurde der Begriff **Cosmic Horror** geprägt.

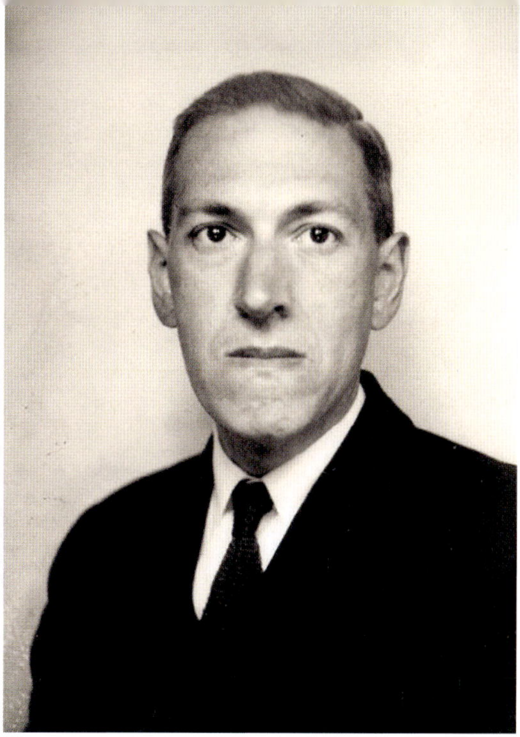

Portrait von H. P. Lovecraft

Persönlich hatte Lovecraft allerdings nicht viel von seinem Erfolg. Er war oft krank und nach seinem Umzug nach New York verschlechterte sich seine finanzielle Situation und mit ihr auch seine geistige Verfassung. Er kehrte nach Providence zurück, wo er bis zu seinem Tod im Alter von 46 Jahren weitere Geschichten schrieb. Seine wohl bekanntesten Kurzgeschichten **Berge des Wahnsinns** und **Schatten über Innsmouth** begeistern bis heute viele Horrorfans und werden in Film, Fernsehen, Büchern und eben auch Rollenspielen weiterverarbeitet. Berühmte Horrorfilme wie **The Thing** oder **Alien** sowie moderne TV-Serien wie **True Detective** oder **Lovecraft County** nehmen Bezug auf Geschichten von Lovecraft oder anderer Autoren aus dem kosmischen Horror. Allerdings blickt man heutzutage

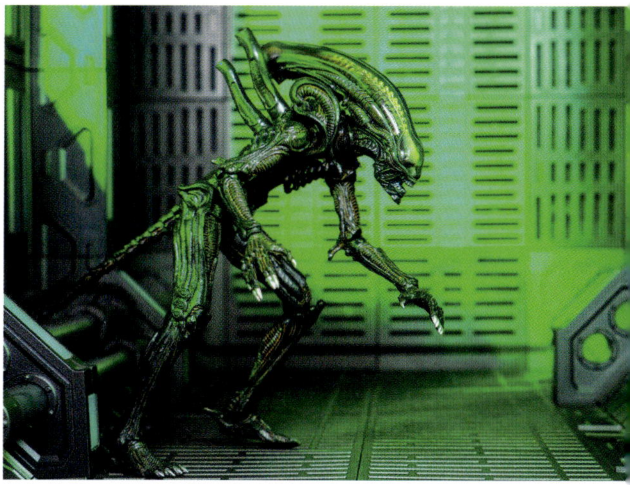

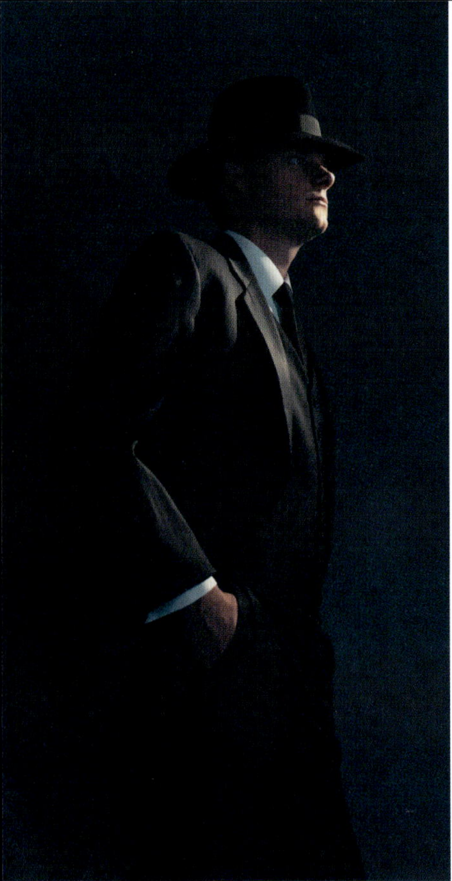

Ein typischer
»Call of Cthulhu«-Charakter

etwas differenzierter auf Lovecraft als Person. In vielen Briefen kommen Lovecrafts verquere Ansichten zum Vorschein. Der junge Lovecraft hatte zutiefst rassistische Ansichten über den »Wert« anderer Menschen und sah sich selbst als anderen überlegen. Dies kommt auch in vielen seiner Geschichten, besonders in »Schatten über Innsmouth«, zum Vorschein. Seit 2008 sind die Werke von Lovecraft gemeinfrei, was bedeutet, dass alle Urheberrechte an seinen Werken abgelaufen sind.

Seine große Bekanntheit hat Lovecraft allerdings nicht nur seinen Werken und der seiner Brieffreunde zu verdanken, sondern auch dem »Call of Cthulhu«-Rollenspiel, das 1981 das Licht der Welt erblickte. Es wurde vom US-amerikanischen Spieleentwickler **Sandy Petersen** geschrieben und vom Verlag **Chaosium** herausgebracht. Petersen kam zum ersten Mal mit den Werken von Lovecraft in Kontakt, als er in der Bibliothek seines Vaters das Buch **The Dunwich Horror: And Other Weird Tales** fand. Sein Interesse für Pen & Paper-Rollenspiele wurde in den 70ern von »Dungeons & Dragons« geweckt und es sollte nicht lange dauern, bis Petersen beides in »Call of Cthulhu« vereinen konnte. Dabei schnappte er sich das **Basic Role Playing**-Regelwerk, das Chaosium bereits erfolgreich für das Rollenspiel **Runequest** verwendete, und umgab es mit den klassischen Themen des kosmischen Horrors.

Abenteuer in Call of Cthulhu spielen klassischerweise in den 1920er-Jahren und vereinen Themen des kosmischen Horrors mit dem **Pulp- oder Noir-Genre**. Die Spieler*innen schlüpfen dabei in die Rolle von Ermittlern, die auf den Spuren dunkler Diener von düsteren Göttern langsam immer mehr über die Beschaffenheit der Welt herausfinden und dabei meistens ihr Leben oder ihren Verstand verlieren. Dabei grenzte sich Call of Cthulhu schon früh von klassischeren Rollenspielen wie Dungeons & Dragons ab, weil in ihm nicht **heroische Erzählungen und Kämpfe** im Mittelpunkt der Abenteuer standen, sondern das **Aufklären von Horrorgeschichten** und die Erkundung des menschlichen Geistes. Dadurch fühlte sich Call of Cthulhu für viele sofort viel erwachsener an als die doch eher bunten Fantasy-Welten. Außerdem war der Einstieg in die Spielwelt leichter, denn letztendlich handelte es sich um eine Version der 1920er-Jahre, und damit konnte man in jeder Bibliothek Informationen über dieses Zeitalter finden. Zudem standen die vielen Geschichten des kosmischen Horrors und von Lovecraft selbst für viele Abenteuer Pate. Nach und nach veröffentlichte Chaosium weitere Regelergänzungen, die Call of Cthulhu in andere Spielwelten transportierte. **Cthulhu by Gaslight** verfrachtete den kosmischen Horror ins Viktorianische England, mit **Cthulhu Now** und **Delta Green** wurde das Spiel in die 80er-Jahre bzw. die Neuzeit platziert, und heutzutage kann man mit **Cthulhu: Dark Ages** und **Cthulhu Invictus** ins Mittelalter bzw. ins antike Rom reisen. Mit **Achtung! Cthulhu** gibt es mittlerweile auch einen Ableger, der eher an **Indiana Jones-ähnliche Abenteuer** im Zweiten Weltkrieg erinnert. Seit einer sehr erfolgreichen Kickstarter-Kampagne 2013 ist Call of Cthulhu nun in der siebten Edition erhältlich. Auch wenn Chaosium zwischenzeitlich mit dem Bankrott kämpfte, sind sie heute auch dank Cthulhu wieder **einer der erfolgreichsten Rollenspiel-Verlage weltweit**. In Deutschland wird das Cthulhu-Rollenspiel von Pegasus Spiele betreut und vertrieben.

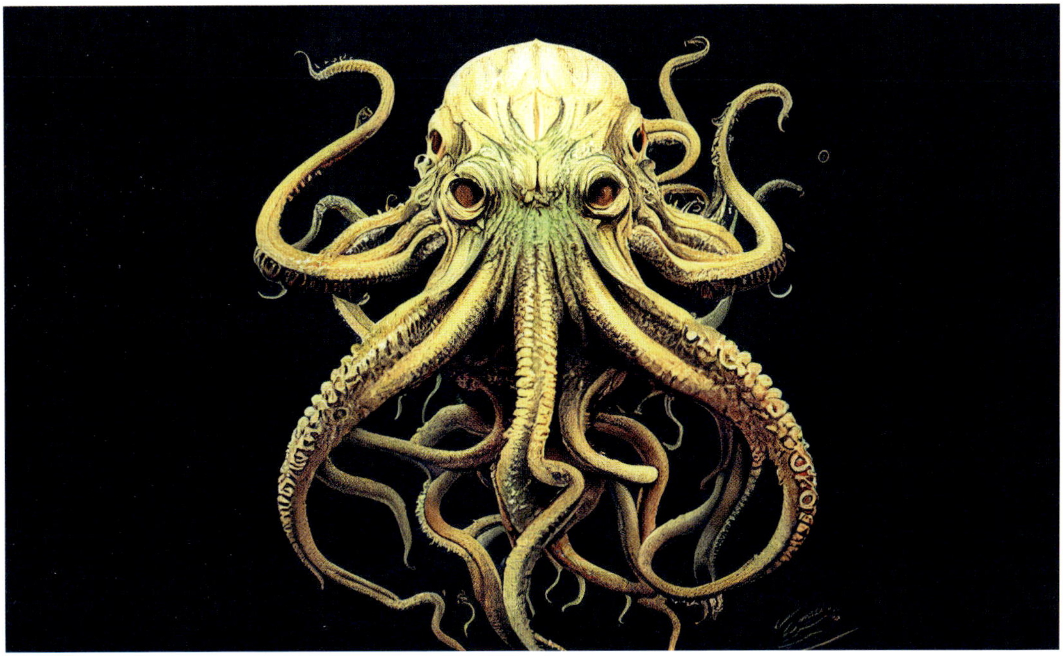

Cthulhu

Ich sehe euch jetzt schon den Kopf schütteln und denken »Steffen, genug Geschichtsstunde, wie funktioniert das Spiel denn jetzt?« Keine Sorge, ich komme jetzt dazu. Call of Cthulhu basiert auf einem simplen **Prozentsystem**. Das bedeutet, jedem Attribut und jeder Fähigkeit wird ein Wert zwischen 0 und 100 zugeordnet und man versucht den Wert zu unterwürfeln. Bevor ihr jetzt das Internet wild nach einem 100-seitigen Würfel durchforstet, meistens nimmt man einfach **zwei 10-seitige Würfel**, einen für die Zehnerstelle und einen für die Einerstelle. Je niedriger man gewürfelt hat, desto besser ist die entsprechende Probe gelungen. Schafft man es unter die Hälfte seines eigenen Werts zu würfeln, entspricht das einem schwierigen Erfolg. Bei einer Würfelprobe, die unter einem Fünftel der Fertigkeit liegt, bekommt man sogar einen extremen Erfolg. Immer wenn es darum geht, Würfelproben zu vergleichen, schaut man, welchen Erfolg die jeweiligen Kontrahenten gewürfelt haben.

Auf den Spielbögen wird bei jedem Charakter zwischen den Attributen und den Fertigkeiten unterschieden. Die acht Attribute **Stärke**, **Geschicklichkeit**, **Magie**, **Konstitution**, **Erscheinung**, **Bildung**, **Größe** und **Intelligenz** geben die allgemeinen Werte des Charakters an. Aus ihnen berechnen sich noch weitere wichtige Spielwerte, wie zum Beispiel die **Lebenspunkte** oder die **Bewegungsrate**. Eine Besonderheit sind bei Call of Cthulhu die sogenannten **Stabilitätspunkte**. Wie schon erwähnt, treffen bei Call of Cthulhu die Heldinnen und Helden auf düstere Geheimnisse und furchterregende Monster, die nach und nach am Verstand der Charaktere nagen. Dies wird über die Stabilitätspunkte dargestellt. Sehen die Charaktere z. B. eine Leiche oder werden sie Zeuge einer übernatürlichen Erscheinung, so kann es sein, dass sie Stabilitätspunkte verlieren. Verlieren sie zu viele auf einmal, können die Charaktere Phobien entwickeln oder einfach schreiend weglaufen.

Zusätzlich zu den Attributen hat jeder Charakter noch **Fertigkeiten**. Sie sind sehr vielseitig und umfassen z. B. auch Fähigkeiten wie »Bibliotheksnutzung« und »Buchhaltung«. Das mag auf den ersten Blick nicht gerade aufregend klingen. Bei Call of Cthulhu, wo es mehr um Ermittlungen geht, haben beide Fertigkeiten aber durchaus eine gewisse Daseinsberechtigung. Jede Fertigkeit besitzt außerdem einen **Grundwert**, den jeder Charakter unabhängig von seinem Hintergrund besitzt. So kann man grundsätzlich auf fast alles versuchen zu würfeln. Bei der Charaktererschaffung wählen die Spieler aus einer Liste an Berufen einen für ihren Charakter aus und anhand dieses Berufs können sie dann entsprechende Fähigkeiten steigern. Wenn einem die vorgegebenen Berufe nicht zusagen, kann man recht einfach neue Berufe erschaffen, was Call of Cthulhu sehr vielseitig macht.

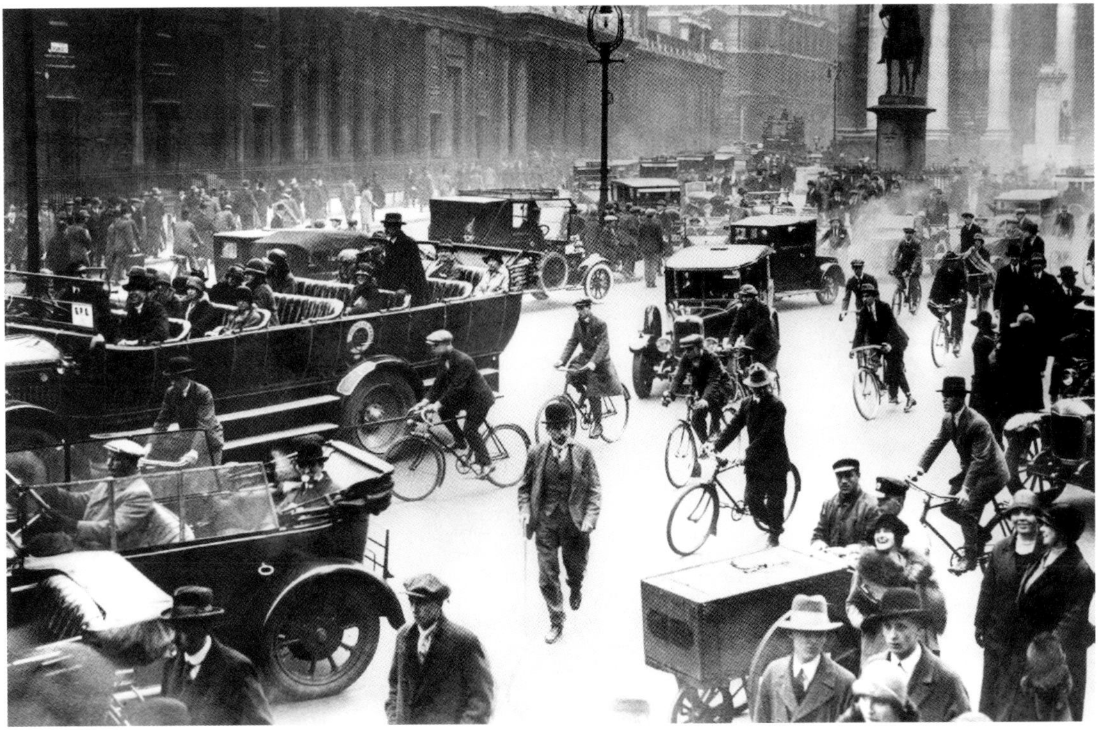

Ein Bild aus den 1920ern

Call of Cthulhu ist für mich und viele andere eines der besten Rollenspiele, die es aktuell gibt. Seine spannende Mischung aus historischer Spielwelt, gemischt mit dem kosmischen Horror der Autoren um »Lovecraft«, machen aus dem Rollenspiel eine besondere Erfahrung. Ich habe selten so immersive und grauenvolle Abenteuer erlebt wie in den fiktiven 1920er-Jahren. Und ich werde nie **mein erstes Cthulhu-Abenteuer** vergessen, in dem ich bei Kerzenlicht mit meinem Arzt einer Séance beigewohnt habe und mich am Ende gegen seltsame Wesen aus dem Wald verteidigen musste. Wer sich für die 1920er-Jahre interessiert und Fan von Horror-Abenteuern ist, sollte Call of Cthulhu auf keinen Fall verpassen. Und wer erst einmal in das Universum reinschnuppern möchte, dem stehen jede Menge Bücher, Filme oder Videospiele dafür zur Verfügung.

D Dungeons & Dragons

Natürlich kann man kein Buch schreiben, das sich das **ABC der Rollenspiele** nennt, ohne die Mutter aller Rollenspiele zu erwähnen: **Dungeons & Dragons**. In den USA und vielen Gegenden der Welt wird der Name »Dungeons & Dragons« immer noch als Synonym für sämtliche Rollenspiele verwendet und es ist weiterhin in der mittlerweile 5. Edition das erfolgreichste Rollenspiel der Welt. Doch eins nach dem anderen.

1974 erblickte Dungeons & Dragons das Licht der Welt. Sein Erfinder, der US-Amerikaner **Gary Gygax**, war großer Fan von mittelalterlichen Miniaturspielen und wollte aus dem Genre ein Spiel entwickeln, bei dem nicht große Armeeformationen im Fokus standen, sondern einzelne Heldinnen und Helden. So entwickelte er sein Regelsystem **Chainmail** weiter und veröffentlichte die erste Edition von Dungeons & Dragons. Da sich die Begeisterung der etablierten Verlage allerdings in Grenzen hielt, gründete Gygax zusammen mit seinem Freund Don Kaye die Firma **Tactical Studies Rules Inc.**, kurz TSR, und brachte darüber Dungeons & Dragons heraus. Aufgrund seiner Neuartigkeit fand Dungeons & Dragons schnell seine Fans in den USA und schon bald sollten weitere Editionen folgen.

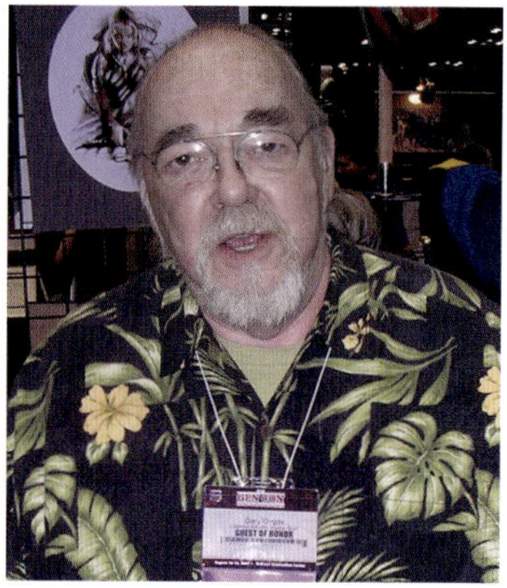

Foto von Gary Gygax
auf der Gen Con, 2007

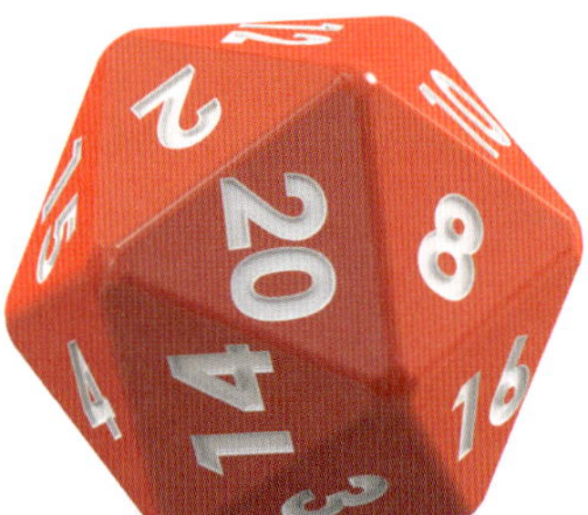

Ab 1977 spaltete sich die Dungeons & Dragons-Marke auf in das weiterhin recht einfach gehaltene Dungeons & Dragons und das etwas kompliziertere, dafür aber detailreichere **Advanced Dungeons & Dragons**. Mit dem Verkauf der dritten Edition von Dungeons & Dragons wurde dann das sogenannte d20-System eingeführt, bei dem ein **20-seitiger Würfel** im Zentrum der Würfelproben steht. Bis heute ist der Würfel ein fester Bestandteil von Dungeons & Dragons und weltweit ein beliebtes Symbol und Motiv der Rollenspielszene.

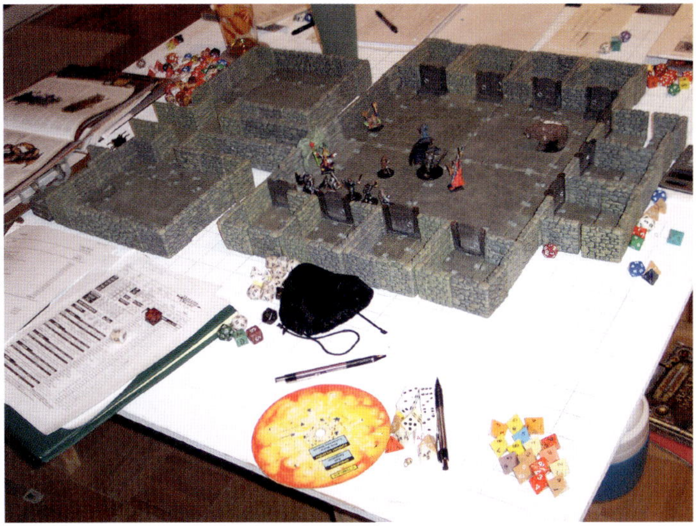

Ein laufendes Dungeons-and-Dragons-Spiels

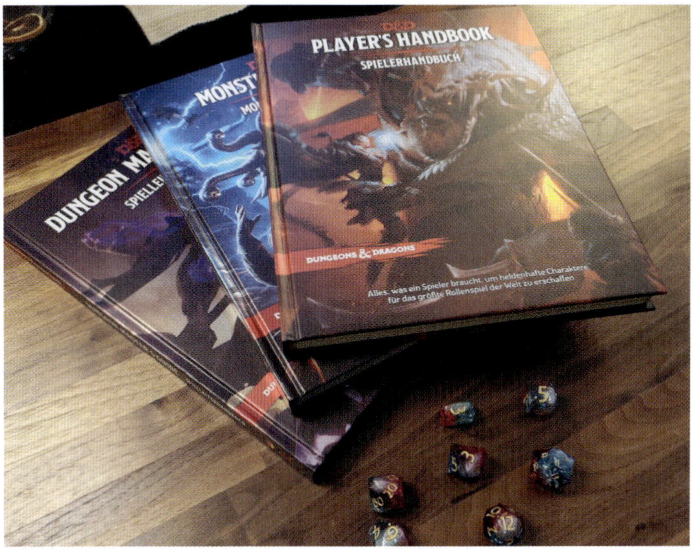

Dungeons & Dragons-Basisregelwerke und Würfel

Mit Beginn der 80er-Jahre beginnt die erste Hochzeit von Dungeons & Dragons. 1981 hatte Dungeons & Dragons mittlerweile über drei Millionen Spieler weltweit. Damit war es zwar bei Weitem kein Massenphänomen, aber beliebt bei genau den Kindern und Jugendlichen, die ihren Platz in der Welt noch finden mussten. Es war ein **Spiel für Nerds** in einer Zeit, als Nerd noch ein beliebtes Schimpfwort für all diejenigen war, die eher introvertiert und sozial nicht integriert waren. Es gab diesen Kindern und Jugendlichen die Möglichkeit, sich mit Gleichgesinnten zu treffen und gemeinsam Abenteuer zu erleben und so der echten Welt zumindest für ein paar Stunden zu entfliehen. So trafen sich viele Kinder und Jugendliche in den Kellern ihrer Häuser, um sich als Ritter und Magier durch finstere Verliese zu schleichen und böse Monster zu bekämpfen. Dies war einigen Eltern ein Dorn im Auge und schon bald wurde Dungeons & Dragons in den Medien heftig kritisiert. Mehr dazu erfahrt ihr im Kapitel **S wie Satanic Panic**.

Gleichzeitig war Dungeons & Dragons nicht nur der Startschuss für das Genre der **Pen & Paper-Rollenspiele**, sondern auch eine Revolution für Videospiele. Aus der analogen Variante wurden digitale Abwandlungen entwickelt und das Genre der Rollenspiele war spätestens mit dem Erfolg von Spielen wie **Ultima** und **Wizardry** auch auf den Videospielplattformen angekommen. Bis heute gehören Rollenspiele in vielen Variationen zu einem der beliebtesten Genres der Videospiele.

Mittlerweile befinden wir uns in der 5. Edition von Dungeons & Dragons und das Spiel ist populärer als jemals zuvor. **Wizards of the Coast**, die Dungeons & Dragons mittlerweile vertreiben, erklärte das Jahr 2020 zum bisher besten Jahr für das Spiel und laut der Firma haben mittlerweile über 50 Millionen Menschen weltweit Dungeons & Dragons schon einmal gespielt. Dies ist vor allem zurückzuführen auf den Einfluss des Spiels auf die heutige Popkultur und den Aufstieg von Video- und Streamingdiensten.

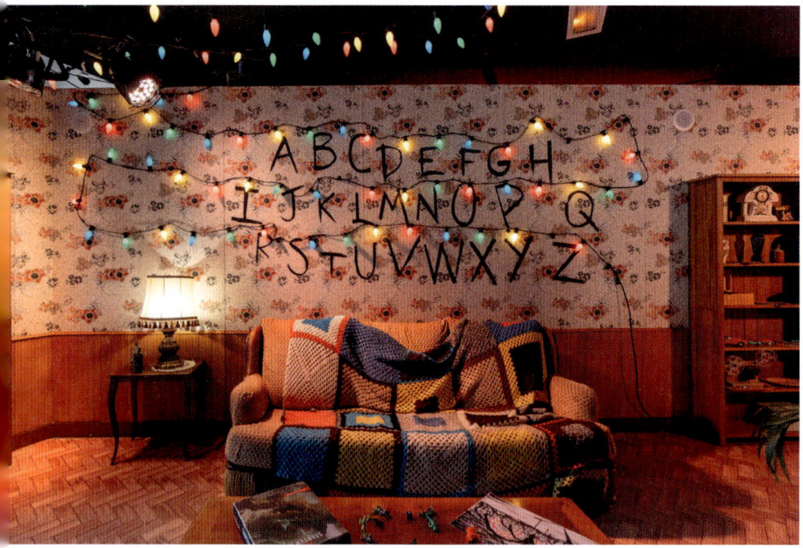

Wohnzimmer von Joyce in Stranger Things

Viele berühmte Schriftsteller, Regisseure und Schauspieler berichten öffentlich über ihre Kindheitserfahrungen mit dem Spiel. So führt George R. R. Martin seine Erzählkünste auf seine Übung als Dungeon Master zurück und das Spiel wird in Serien wie **Stranger Things**, **Community** oder **Big Bang Theory** thematisiert. Als 2015 bekannte Synchronsprecher aus der Videospielindustrie sich unter dem Titel **Critical Role** auf YouTube und Twitch beim Spielen von Dungeons & Dragons filmten, war der Damm endgültig gebrochen und das Spiel wurde so beliebt wie nie zuvor. Auch während der Corona-Pandemie und seinen Ausgangsbeschränkungen verkaufte sich das Spiel besser als je zuvor und viele Menschen verbrachten die Zeit zu Hause oder online beim gemeinsamen Erleben von Abenteuern.

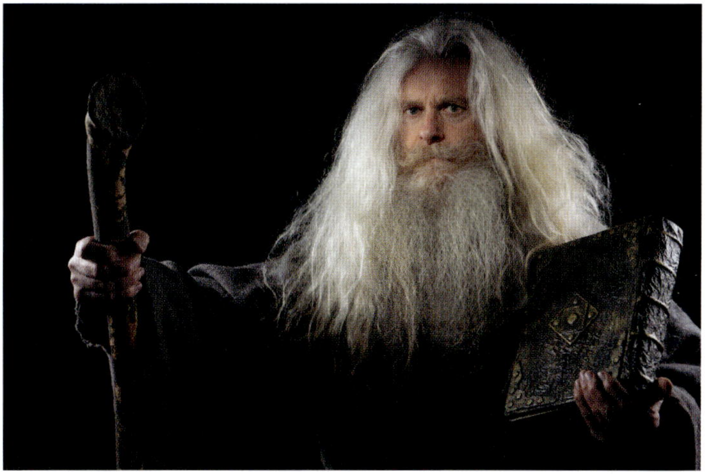

Aber wie funktioniert Dungeons & Dragons überhaupt? Nun ja, wie schon gesagt basiert die aktuell fünfte Edition auf dem **D20-System**. Das heißt, immer wenn ein Charakter etwas tun möchte, was vielleicht schiefgehen könnte, würfelt dieser einen 20-seitigen Würfel. Dabei gilt: Hoch ist gut und niedrig ist schlecht. Eine 20 ist immer ein Erfolg und eine Eins immer ein Misserfolg. Es wäre aber nicht Dungeons & Dragons, wenn das schon alles wäre. Jeder Charakter hat unterschiedliche hohe Werte von den sechs Attributen **Stärke**, **Geschicklichkeit**, **Willenskraft**, **Konstitution**, **Intelligenz** und **Charisma**. Je höher der Wert, desto höher ist auch der jeweilige Modifikator, der bei jedem entsprechenden Wurf auf das Würfelergebnis addiert oder davon abgezogen wird. Außerdem gibt es zusätzlich zu den Attributen noch die Fertigkeiten, bei denen man den eigenen Charakter etwas mehr spezialisieren kann, um so bessere Modifikatoren zu erhalten.

Die **Charaktererstellung** bei Dungeons & Dragons funktioniert über ein Klassensystem. Jeder Charakter wählt sich zu Beginn eine von insgesamt 13 Klassen aus, welche die gesamte Bandbreite typischer Fantasy-Helden abbilden. Vom **Barbaren** bis zum **Hexenmeister** ist so ziemlich alles dabei. Die Klasse bestimmt dabei einerseits Boni, die auf Attribute addiert werden, besondere Fertigkeiten, aber auch Sonderfähigkeiten, die für jede Klasse einzigartig sind. So kann der Barbar zum Beispiel in Rage verfallen und so mehr Schaden verursachen, während Barden ihr Team inspirieren, um ihnen so einen Vorteil auf Würfelwürfe zu geben. Damit man noch etwas mehr Variationen hat, gibt es zu jeder **Klasse** unterschiedliche **Subklassen**, die nochmal unterschiedliche Sonderfähigkeiten liefern und den Fokus der Charaktere etwas genauer definieren. Mit der Zeit sind immer mehr Subklassen dazugekommen, um die Charaktererstellung frisch und spannend zu halten. Wem das immer noch nicht genug ist, der kann Klassen miteinander kombinieren, um einzigartige Charaktere zu basteln.

Auch für die Zukunft hat »Wizards of the Coast« große Pläne für Dungeons & Dragons. Statt einer neuen 6. Edition wurde 2022 das Projekt **One DnD** vorgestellt. Mit diesem Projekt will »Wizards of the Coast« das bisherige Editionen-System über Bord werfen und stattdessen die beliebte 5. Edition erweitern und digital verbessern. So soll aus dem bisherigen System ein **lebendiges Rollenspiel-Regelwerk** werden, das digital ergänzt und erweitert wird. Zu diesem Zweck kaufte »Wizards of the Coast« den sehr beliebten Online-Dienst **DnD Beyond** und kündigte auch eine eigene digitale Spielmöglichkeit für Dungeons & Dragons an. Ob die Pläne aufgehen und Dungeons & Dragons noch erfolgreicher werden wird, lässt sich zum heutigen Zeitpunkt, wo ich dieses Buch schreibe, nur vermuten. Allerdings ist es sicher, dass Dungeons & Dragons weiterhin als die **Mutter aller Rollenspiele** bekannt bleiben wird.

Das Schwarze Auge

Wir schreiben das Jahr 1984 und in der gesamten Welt hat **Dungeons & Dragons** die Kinderzimmer erobert. Wirklich in der gesamten Welt? Nun, in Deutschland regte sich Widerstand gegen die Marktmacht der Mutter aller Rollenspiele, denn 1984 wurde dort ein anderes Rollenspiel veröffentlicht, das zumindest in Deutschland Dungeons & Dragons bis heute ernsthafte Konkurrenz macht. Die Rede ist natürlich von **Das Schwarze Auge** oder kurz DSA.

Als in den 80er-Jahren der Siegeszug der Pen & Paper-Rollenspiele begann, wollten auch deutsche Verlage den Einstieg in den Markt wagen. Das Spiel **Midgard** war 1981 ein erster Versuch, doch es konnte nie ganz mit der Konkurrenz aus den USA mithalten. Diese Konkurrenz hatte es jedoch mittlerweile auch auf den deutschen Markt abgesehen. Doch die Eroberung des deutschen Marktes sollte sich schwieriger erweisen als gedacht und durch ihr Auftreten erschufen Dungeons & Dragons-Erfinder quasi einen ihrer **größten Widersacher**.

Ende 1982 suchte TSR, die Firma hinter Dungeons & Dragons, einen Partner zur Übersetzung ihres Rollenspiels für den deutschen Markt. Sie stießen auf **Werner**

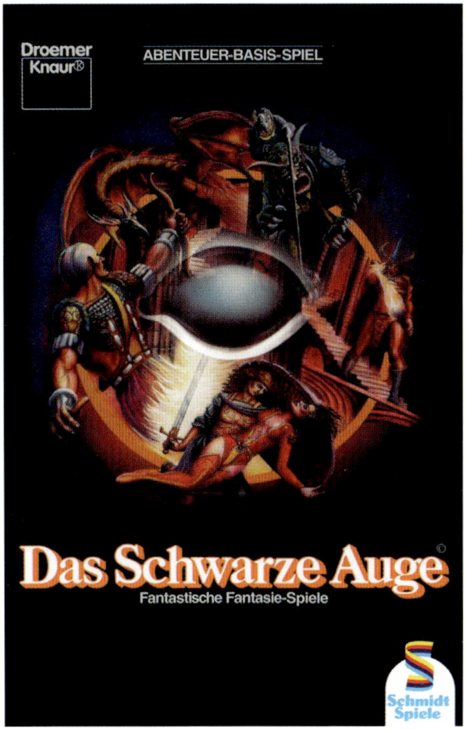

Cover von DSA 1. Edition

Fuchs, **Ulrich Kiesow** und **Hans-Joachim Alpers**, die mit ihrer Firma **Fantastic Shop** schon einige Erfahrungen im Business sammeln konnten. Doch es musste noch ein Verlag her, der das Ganze vertrieb, und TSR wandte sich unter anderem an den deutschen Spiele-Riesen **Schmidt Spiele**. Laut Werner Fuchs waren die Gespräche allerdings sehr schnell festgefahren und die Geschäftsleitung von Schmidt Spiele drohte TSR damit, ihr eigenes Rollenspiel auf den Markt zu bringen, sollten die Verhandlungen scheitern. In ihrer eigenen Überheblichkeit hatte TSR für den deutschen Markt horrende Lizenzgebühren und Beteiligungen gefordert, was den Geschäftsführer von Schmidt Spiele wohl zur Weißglut trieb. Als dann 1983 die Übersetzung vom **ASS Verlag** rausgebracht wurde, platzte Schmidt Spiele der Kragen und das Unternehmen wollte gemeinsam mit dem Verlag **Droemer Knaur** nun schnellstmöglich ein Konkurrenzprodukt auf den Markt bringen. Dazu kontaktierten sie kurzerhand Fuchs, Kiesow und Alpers, die ja bereits an der Übersetzung von Dungeons & Dragons gearbeitet hatten. Man gab dem Trio drei Monate Zeit für die Entwicklung. Eine Mammutaufgabe.

Ende 1983 war dann nach einigen durchgearbeiteten Wochen und Nächten die Rohfassung von **Aventuria** fertig. Entstanden aus eigenen Spielwelten, die sich Werner Fuchs, Hans-Joachim Alpers und Ina Kramer ausgedacht hatten, mit einem Regelgerüst, das aus Angst vor einer Klage der US-amerikanischen Konkurrenz maximal von Dungeons & Dragons abweichen sollte. So wurde aus dem Attribut Stärke »Körperkraft«, statt der Rüstungsklasse kam ein System aus Attacke und Parade zum Einsatz und man drehte die ganze Würfelei einfach mal auf den Kopf. Statt einer 20 war nun die **Eins der bestmögliche Wert**, den man würfeln konnte. Allerdings war das Marketing von Schmidt Spiele mit dem Namen »Aventuria« nicht glücklich. Da zu der Zeit **Der Herr der Ringe** große Erfolge feierte, entschied man sich für den Namen **Das Schwarze Auge**, in Anlehnung an den **Magischen Palantir** aus der Feder von J.R.R. Tolkien. Und mit der Marktmacht von Schmidt Spiele war DSA

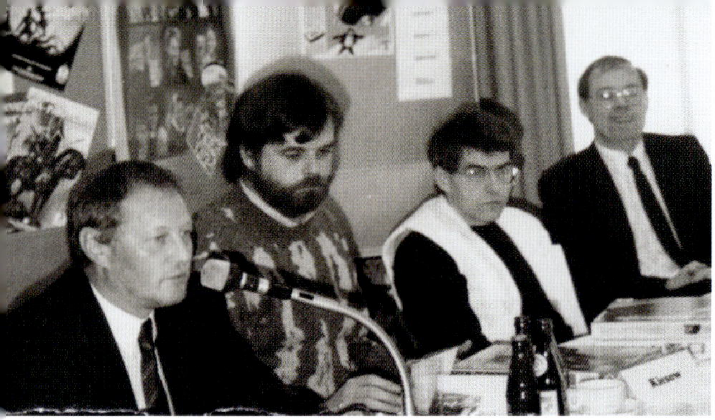

Eine Pressekonferenz mit Ulrich Kiesow und den Geschäftsführern von Schmidt Spiele und Droemer Knaur

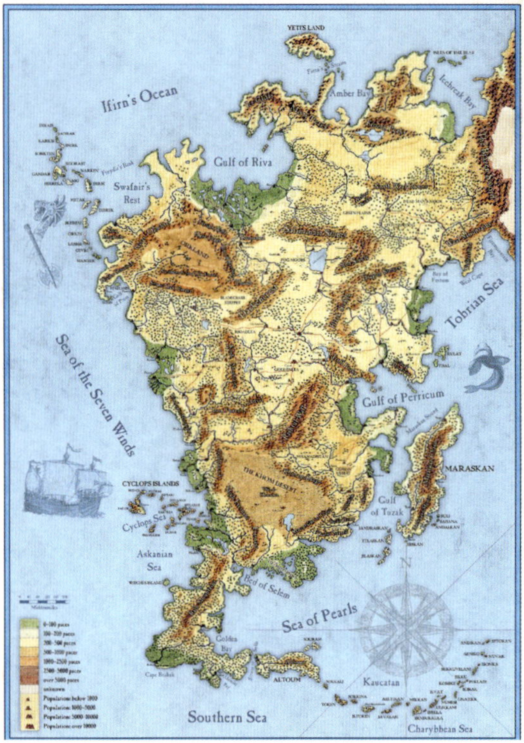

Karte von Aventurien

plötzlich überall in Deutschland präsent. Sämtliche Spielwarengeschäfte mussten auch die DSA-Boxen anbieten, um an die begehrten Gesellschaftsspiele von Schmidt Spiele zu gelangen und sogar Fernsehspots wurden für das Rollenspiel gedreht. Dies sollte aber nur der Anfang sein für das Rollenspiel, das einen Großteil der deutschen Szene für immer prägen sollte.

Als 1997 Schmidt Spiele Insolvenz anmeldete, übernahm die von Fuchs, Kiesow und Alpers gegründete Firma **Fantasy Productions** die Rechte an DSA und entwickelte das Spiel immer weiter. Bis zum 20. Geburtstag von DSA im Jahr 2004 wurden insgesamt vier Spieleditionen und Dutzende Romane, Videospiele und Spielmodule zu DSA herausgebracht. 2003 wurde sogar eine englische Übersetzung in Auftrag gegeben. Und auch wenn Das Schwarze Auge es im Heimatland von Dungeons & Dragons nie zum gleichen Erfolg wie in Deutschland schaffte, so gibt es doch auch dort einige Spieler, die DSA der Mutter aller Rollenspiele vorziehen. Im April 2007 übernahm **Ulisses Spiele** die Produktion von Das Schwarze Auge und 2011 sogar sämtliche Lizenzen. Ulisses Spiele bringt das Rollenspiel bis heute in seiner mittlerweile 5. Edition heraus.

Doch wie konnte es sein, dass in Deutschland so viele Kinder und Jugendliche lieber zum Das Schwarze Auge als zu Dungeons & Dragons griffen? Bis heute gibt es für viele eingefleischte Fans nur eine Antwort auf diese Frage: die **immersive Spielwelt**. Obwohl diese am Anfang nur rudimentär erzählt war, ergänzten Kiesow, Fuchs und Alpers die Spielwelt in den anfänglichen Jahren immer weiter und rekrutieren neue Autor*innen aus der Spielerschaft. Mithilfe von regionalen Spielgruppen und dem zweimonatlich erscheinenden **Aventurischen Boten** wurden Spieler*innen auf dem neuesten Stand gehalten und Kontakt zwischen der Chefredaktion und angehenden Autor*innen aufgebaut – die DAS-Redaktion entstand. So wuchs die Spielwelt **Aventurien** immer weiter. Es wurden sogar Baronien an Spieler*innen verteilt und die Charaktere der Autor*innen spielen bis heute eine große Rolle in der Geschichte der Spielwelt. Zusätzlich kam Das Schwarze Auge oft etwas bodenständiger rüber als das buntere Dungeons & Dragons. Aventurien mischte eine Vielzahl unterschiedlicher Kulturen des Mittelalters und beschrieb seine Spielwelt mit einem hohen Detailgrad, was viele deutsche Spieler zu schätzen wussten. Gleichzeitig fühlte sich die Charaktererstellung durch den Verzicht von Klassen offener an und die Spieler konnten vom Barbier bis zum Magier alles spielen, was in den vielen Regelbüchern an Berufen vorgestellt wurde.

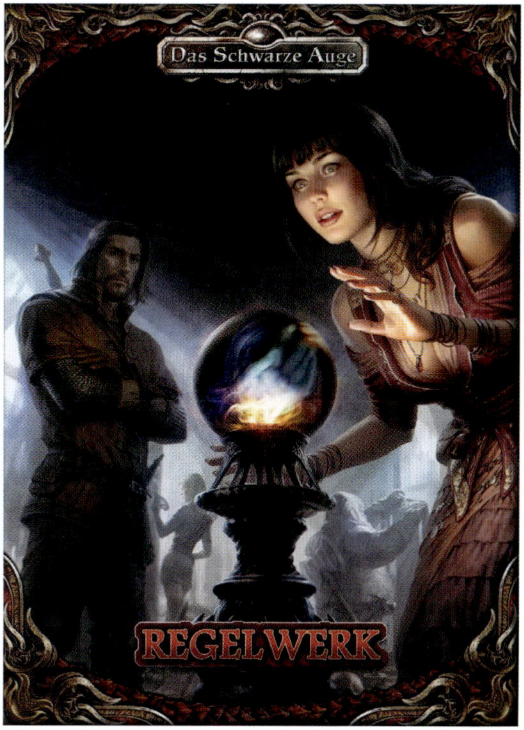

Cover der 5. Edition von DSA

Nun aber genug der Geschichtsstunde. Wie funktioniert Das Schwarze Auge denn nun? Im Vergleich zu vielen anderen Pen & Paper-Regelwerken mutet DSA heutzutage recht kompliziert an. Dabei bekommt man aber zunächst erstmal vieles, was auch aus Dungeons & Dragons bekannt ist. Im Kern der Würfelproben steht auch hier der 20-seitige Würfel, allerdings muss man bis heute möglichst niedrig würfeln. So ist eine Eins ein kritischer Erfolg, wobei eine 20 einen kritischen Misserfolg darstellt, also genau gegenteilig zu Dungeons & Dragons. Wie gut ein Charakter in bestimmten Aufgaben ist, wird bei DSA auch über **Attribute** entschieden. Die Attribute Mut, Klugheit, Intuition, Charisma, Fingerfertigkeit, Gewandtheit, Konstitution und Körperkraft werden hierbei allerdings nicht mit einem Modifikator dargestellt, sondern als absolute Werte, die es zu treffen oder zu unterwürfeln gilt. Hat z. B. ein Charakter Mut 14, so muss dieser bei einer Probe auf das Attribut eine 14 oder niedriger würfeln, um die Probe zu bestehen. Allerdings war das noch nicht der komplizierte Teil des Regelsystems.

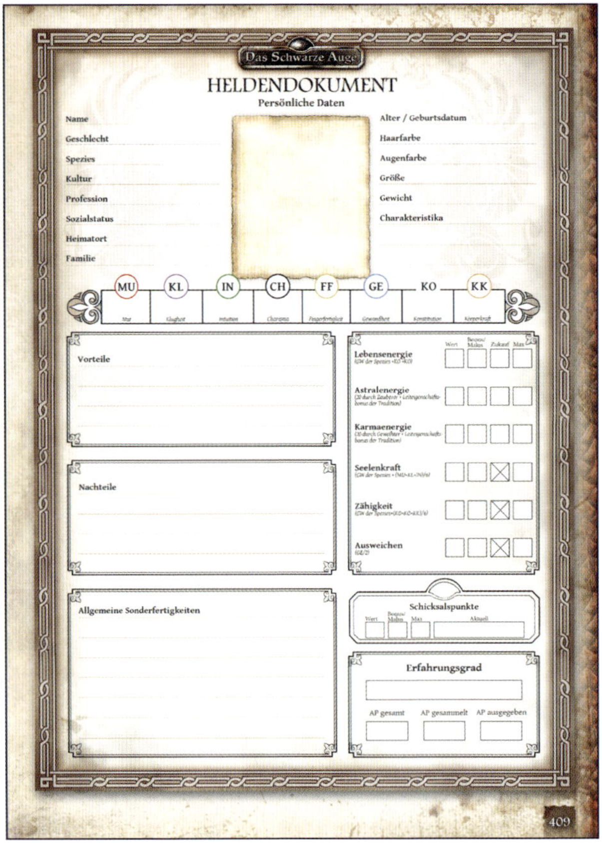
Das Schwarze Auge
HELDENDOKUMENT
Persönliche Daten
Name
Geschlecht
Spezies
Kultur
Profession
Sozialstatus
Heimatort
Familie
Alter / Geburtsdatum
Haarfarbe
Augenfarbe
Größe
Gewicht
Charakteristika
MU KL IN CH FF GE KO KK
Vorteile
Nachteile
Allgemeine Sonderfertigkeiten
Lebensenergie
Astralenergie
Karmaenergie
Seelenkraft
Zähigkeit
Ausweichen
Schicksalspunkte
Erfahrungsgrad
AP gesamt AP gesammelt AP ausgegeben
409

Abbildung eines DSA-Charakterbogens

Alle Charaktere besitzen neben den Attributen noch **Fertigkeiten**, die es den Spielern erlauben, ihre Charaktere weiter zu spezialisieren. Dabei besteht jede Fertigkeit aus einem Zusammenspiel von insgesamt drei Attributen und den Fertigkeitspunkten. Möchte man eine der Fertigkeiten nutzen, so muss man insgesamt drei Würfelproben ablegen, eine für jedes angegebene Attribut. Dabei können die Fertigkeitspunkte genutzt werden, um schlechte Würfe auszugleichen. Möchte ein Charakter z. B. auf einem Pferd reiten, gibt es nicht etwa eine einfache Probe, sondern gleich drei Würfelwürfe auf die Attribute Charisma, Geschicklichkeit und Körperkraft. Menschen, die das erste Mal damit in Kontakt kommen, erscheint diese Vorgehensweise vielleicht unnötig kompliziert zu sein. Fans schwören allerdings auf das nuanciertere Würfeln und die damit verbundene größere Spielfreiheit.

In der Charaktererstellung verzichtet DSA auf ein Klassensystem und führt stattdessen **Abenteuerpunkte** und **Berufe** ein. Nachdem sich eine Spielgruppe auf die Höhe der Abenteuerpunkte geeinigt hat, können die Spieler*innen diese Punkte für die verschiedenen spielbaren Spezies und die Professionen ausgeben. Dabei sind seltenere Charakterkonzepte etwas teurer als weniger seltene. Wer zum Beispiel eine Hexe der **Schwesternschaft der Schönen der Nacht** spielen möchte, muss bei der Charaktererstellung 285 Abenteuerpunkte bezahlen, während eine Seefahrerin lediglich 173 Abenteuerpunkte im Grundregelwerk der fünften Edition kostet. Mit den Abenteuerpunkten kann man zudem alle weiteren Fertigkeiten und Attribute aufbessern und gleichzeitig mit Vor- und Nachteilen übrig gebliebene Punkte investieren oder sein Konto etwas ausbessern. Dies führt dazu, dass man als Spieler*in extrem individuelle Charaktere erstellen kann, wenn man sich durch den Wust an Professionen, Vorteilen, Talenten, Kampftechniken, Zaubern, Sonderfertigkeiten usw. durchgewühlt hat. Zusätzlich wurde das Kampfsystem detailreicher gestaltet. Bei jedem Angriff hat der Angegriffene die Möglichkeit, Schläge zu parieren und mit einer Fülle aus Kampffertigkeiten zu kontern. So werden auch die Kämpfe deutlich individueller, aber auch länger.

Auch wenn DSA heutzutage sicherlich nicht mit dem Erfolg von Dungeons & Dragons mithalten kann, so ist es dennoch für sehr viele Menschen in Deutschland der **Einstieg ins Hobby** gewesen. Viele, inklusive mir, erinnern sich mit Freuden an die unzähligen Abenteuer, die man in Aventurien erlebte. An die großen epischen Kampagnen wie **Die sieben Gezeichneten** oder **Das Jahr des Feuers** und an die Freunde, die man durch Das Schwarze Auge gefunden hat. Und ohne Das Schwarze Auge würde ich jetzt sicher nicht hier sitzen und diese Zeilen schreiben.

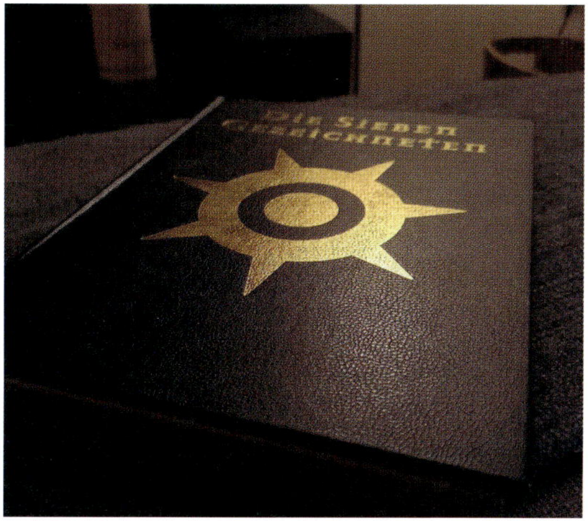

Bild des Kampagnenbands
»Die sieben Gezeichneten«

Erzählspiele

Ihr habt keine Lust auf lange Würfelorgien oder langweilt euch an einem Urlaubstag mit ein paar Freunden und wollt schnell ein Rollenspiel spielen? Dann sind **Erzählspiele** vielleicht etwas für euch. Wie der Name schon ahnen lässt, steht die Erzählung bei diesen Spielen im Vordergrund. Manche würden vielleicht sogar behaupten, einige der Spiele, die ich euch vorstellen möchte, sind gar keine »echten Rollenspiele«. Und das mag zum Teil stimmen, denn viele Spiele dieses Genres verzichten komplett auf Charakterbögen oder Würfel. Doch davon sollte man sich nicht beirren lassen, denn in diesem Genre gibt es einige **echte Perlen** und speziell ein Erzählspiel hat mich 2022 extrem begeistert. Aber jetzt erst einmal eine kurze Genrekunde:

Erzählspiele zeichnen sich in der Regel dadurch aus, dass alle Elemente, die das Erzählen der Geschichte behindern, ausgelassen werden. Vielmehr geht es bei vielen Erzählspielen eher darum, gemeinsam eine Geschichte zu erzählen und weniger darum, eine Geschichte zu erleben, die sich die Spielleitung ausgedacht hat. Erzählspiele haben viele Gemeinsamkeiten mit dem **Impro-Theater** und nutzen viele ähnliche Mechanismen, um das gemeinsame Erzählen von Geschichten zu erleichtern. Regeln sollten bei diesen Spielen weniger als Hindernisse, sondern als Hilfsmittel gesehen werden, die es euch ermöglichen, **ohne große Vorbereitung** ein Abenteuer zu erleben. Deshalb eignen sich viele Erzählspiele für Spielgruppen, deren Spielleitung vielleicht einen Abend keine Energie hat, etwas vorzubereiten. Zurückgegriffen wird bei vielen Erzählspielen auf **Karten** oder andere Spielmaterialien, die eure Kreativität triggern und euch inspirieren sollen. Ein paar Highlights möchte ich euch nun einmal vorstellen:

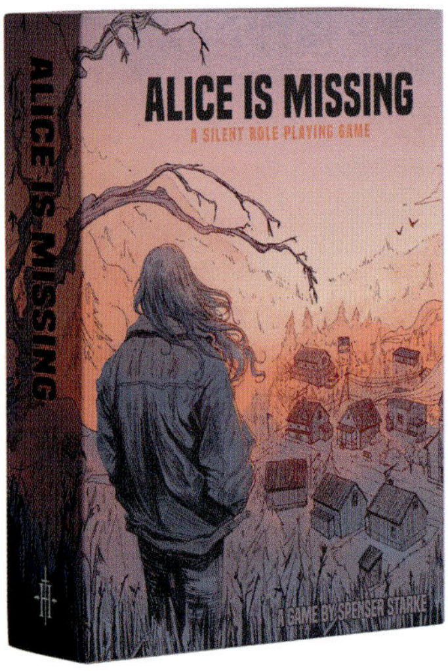

Cover von »Alice is Missing«

Alice is Missing

Kein Rollenspiel hat mich 2022 so begeistert wie **Alice is Missing**. In diesem kleinen Spiel schlüpft ihr in die Rollen von Teenagern in einer verschlafenen Kleinstadt. Im Laufe der Geschichte findet ihr heraus, was mit jemandem aus eurem Freundeskreis passiert ist, und lernt dabei nicht nur eure Charaktere besser kennen, sondern auch die Kleinstadt, in der ihr lebt. Der Clou an Alice is Missing ist aber, dass es komplett **ohne ein gesprochenes Wort** gespielt wird. Wie das gehen soll? Alice is Missing spielt ihr über euer Smartphone oder über Chatdienste wie Discord, wodurch ihr simuliert, wie Teenager nun einmal miteinander kommunizieren. Zunächst benennt man die jeweils anderen Spielenden in den eigenen Kontakten um und gründet eine **Chatgruppe**, in der dann ein Spieler die Geschichte damit beginnen lässt, dass gefragt wird, ob jemand Alice gesehen hat. Darüber hinaus können die Charaktere nicht nur in der Gruppe, sondern auch in **Einzelchats** miteinander sprechen.

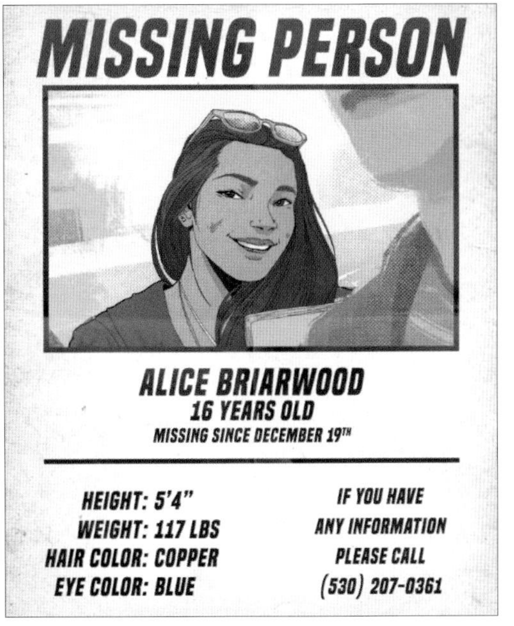

Vermisstenanzeige Alice is Missing

Vor dem eigentlichen Spiel entwickelt man zunächst gemeinsam die Kleinstadt, in der man lebt. Man spricht über die Charaktere, über **besondere Orte** in der Stadt, die möglicherweise mit dem Verschwinden von Alice in Verbindung stehen, oder über **Verdächtige**, die im Laufe der Geschichte vielleicht sogar zur Gefahr für euch werden könnten. Dabei führt euch das Spiel sehr detailliert, aber verständlich durch den gesamten kreativen Prozess und hilft euch auch beim Aufstellen von **Sicherheitsmechanismen**, falls das Spiel für die Spielenden zu unangenehm werden sollte. Das Spiel dauert dann genau 90 Minuten, die über einen interaktiven **Timer** gemessen und mit einem eigens entwickelten **Soundtrack** begleitet werden. In diesen 90 Minuten bekommen die Spielenden immer wieder Karten ausgehändigt, in denen erklärt wird, was als Nächstes passiert oder in welche Richtung sich die Story entwickeln kann. So hat man immer das Gefühl, dass etwas passiert.

Ich hätte am Anfang nie gedacht, dass ein Erzählspiel, das komplett über Chatgruppen gespielt wird, so **immersiv** sein kann. Unsere gespielte Geschichte war voller Drama und Emotionen und am Ende wollten wir nur noch Alice in die Arme schließen. Wenn ihr jemandem die Faszination von Rollenspielen zeigen wollt, spielt mit ihnen Alice is Missing. Es ist zwar etwas aufwendiger in der

Vorbereitung als andere Erzählrollenspiele, aber immer noch weitaus zugänglicher als so manches andere Rollenspiel. Und das Beste daran, eine Version gibt es komplett kostenlos zum Download bei den Publishern **Hunters Entertainment**.

Ein ruhiges Jahr

Im Erzählrollenspiel »Ein ruhiges Jahr« schlüpft ihr mal nicht in die Rolle von wagemutigen Abenteurern, sondern erzählt die **Ereignisse eines kleinen Dorfes** im Verlauf eines Jahres. Das Genre ist dabei völlig euch überlassen. Egal, ob **Fantasy-Dorf** mit Elfen und Zwergen, Überlebende in einer **postapokalyptischen Welt** oder als **Steinzeitmenschen**, was euer Dorf ausmacht, entscheidet nur ihr. Ihr solltet allerdings ein großes Blatt Papier bereitlegen, denn es geht hier nicht nur darum, die gemeinsame Spielwelt zu erzählen, sondern auch zumindest rudimentär zu visualisieren.

Die Autorin **Avery Alder**, die übrigens auch für das absolut fantastische Rollenspiel **Monster Hearts** verantwortlich ist, setzt bei »Ein ruhiges Jahr« auf eine Mischung aus Zufallsereignissen und Ressourcenmanagement. Zunächst einigt man sich auf die **Art** und die **Startressourcen eures Dorfes** und die Spielenden zeichnen schon einmal interessante Orte in der Nähe des Dorfes auf die gemeinsame Karte. Reihum ziehen die Spielenden dann **Karten** eines handelsüblichen Kartenspiels und schauen, was so passiert. Dabei werden die Karten nach Farben sortiert und entsprechend den Jahreszeiten zugeordnet. Im Spielbuch steht dann genau, welche Karte für welches Ereignis steht. Zieht man zum Beispiel eine 8 im Frühling, wird eine **alte beschädigte Maschine** gefunden und man muss sich überlegen, welche Art von Maschine gefunden wird. So entwickeln sich ganz authentisch **spannende Geschichten**. Gleichzeitig kann man aber auch Bauprojekte im eigenen Dorf starten, Ressourcen sammeln oder einfach die Gegend um das Dorf mit neuen interessanten Orten bestücken.

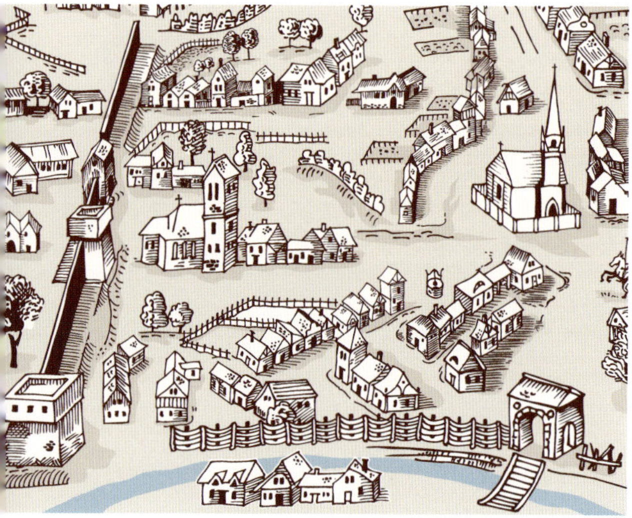

Ein ruhiges Jahr

»Ein ruhiges Jahr« ist eine **spannende Mischung** aus Erzählspiel und Zeichenaufgabe. Es regt nicht nur die Fantasie an, sondern ermöglicht auch entspanntes kooperatives Geschichtenerzählen und ist einfach und schnell zu spielen.

Thousand Year Old Vampire

Autor **Tim Hutchings** präsentiert euch ein Erzählrollenspiel, das man alleine spielen kann. Das **Solorollenspiel** ist aber keins der berüchtigten »Choose your own Adventure«-Bücher, sondern eine Reise in das **Tagebuch eines Vampirs**. Dabei ist es allerdings komplett euch überlassen, wie umfangreich das Ganze werden soll. Ihr müsst euch also keine Sorgen machen, dass ihr ein ganzes Tagebuch füllen müsst, wobei manche das vielleicht auch ganz reizvoll fänden.

Ihr schlüpft in die Rolle eines Vampirs, den ihr zu Beginn des Spiels selbst definieren könnt. Euer Vampir hat dabei verschiedene **Ressourcen**, **Kontakte** und **Fähigkeiten**, die ihr nutzen könnt, sowie sein Tagebuch und seine Erinnerungen an vergangene Tage. Da ein Vampir allerdings sehr lange lebt, werden eure Erinnerungen irgendwann verblassen und je länger ihr spielt, desto mehr merkt ihr, wie lieb gewonnene Menschen langsam in Vergessenheit geraten oder epische Geschichten durch neue ersetzt werden. Regeltechnisch hat euer Vampir nämlich nur **einen bestimmten Satz an Erinnerungen**, den ihr irgendwann unwiederbringlich ausradieren müsst, während ihr durch die insgesamt 80 vorgeschlagenen Story-Fragmente navigiert.

Thousand Year Old Vampire war für mich eine extrem spannende Erfahrung und eine gute Möglichkeit, die eigenen Skills im Schreiben zu trainieren. Gleichzeitig lässt es einen aber die **Vergänglichkeit** von Dingen erleben und ein bisschen **Mitleid** mit Vampiren haben, die Tausende von Jahren durch die Welt wandeln müssen.

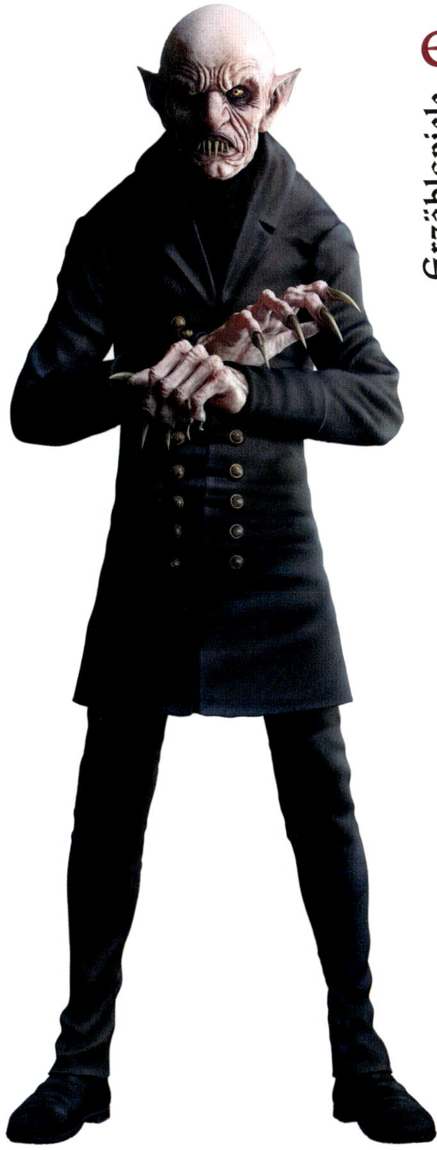

Für die Königin

Für die Königin sieht erstmal wie ein **klassisches Kartenspiel** aus. Allerdings verbirgt sich dahinter ein sehr **einsteigerfreundliches** Erzählrollenspiel. Also die perfekte Gelegenheit, der heimischen Brettspielrunde heimlich ein Rollenspiel unterzujubeln. Gemeinsam schlüpft ihr in die Rolle des **Hofstaats einer Königin**, die gerade auf der Reise ist. Als Erstes sucht ihr euch das Bild eurer Königin aus, wobei euch einige der vorgefertigten Königinnen bekannt vorkommen werden. Danach werden reihum Karten mit Fragen gezogen, die man beantworten kann. Zunächst geht es meist um die Art der Reise und um euch als Begleitpersonen der Königin. Gegen Ende kommt es dann eher zu wilden Fragen rund um **Verrat** und **Machtgier**. Ob ihr dabei ein Fantasy-Drama wie **Game of Thrones** oder eher ein **Märchen** erzählen wollt, ist ganz euch überlassen.

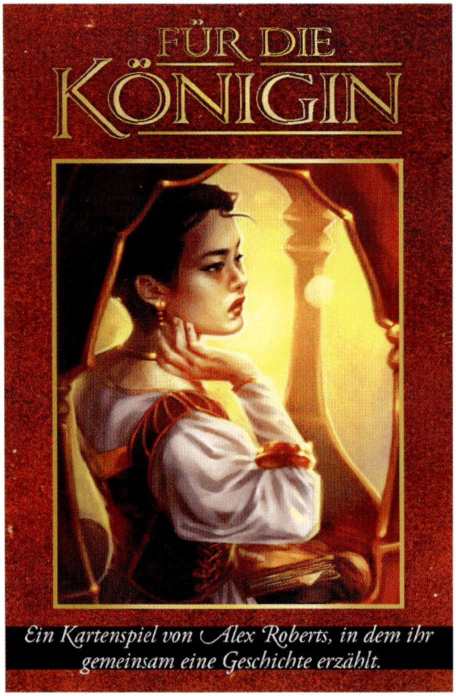

Cover von »Für die Königin«

»Für die Königin« ist extrem leicht zu spielen: Es geht fix und man muss vor dem Spielen **wenig vorbereiten** oder lernen. Und es sieht so schön aus!

Itras By

Wenn man sich den Klappentext von **Itras By** durchliest, ist man wahrscheinlich erstmal sehr verwirrt. Was soll denn bitte ein **surrealistisches Rollenspiel** sein? Die Frage ist tatsächlich nicht so leicht zu beantworten, aber genau das macht Itras By in meinen Augen so interessant und **einzigartig**. Und da es quasi ein Erzählrollenspiel ist, versuche ich euch das Spiel mal zu erklären.

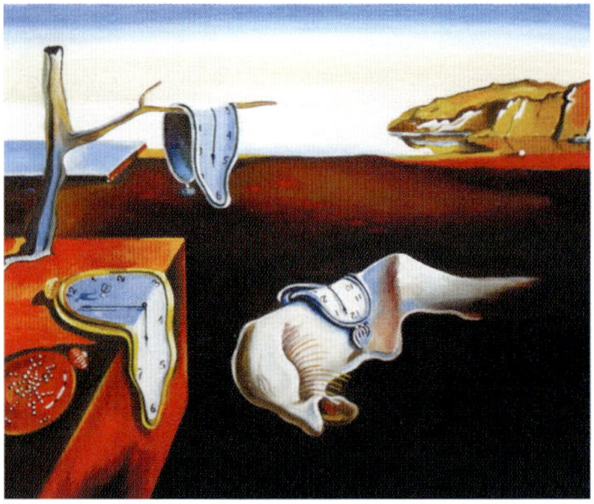

Ein Ölgemälde von Dali

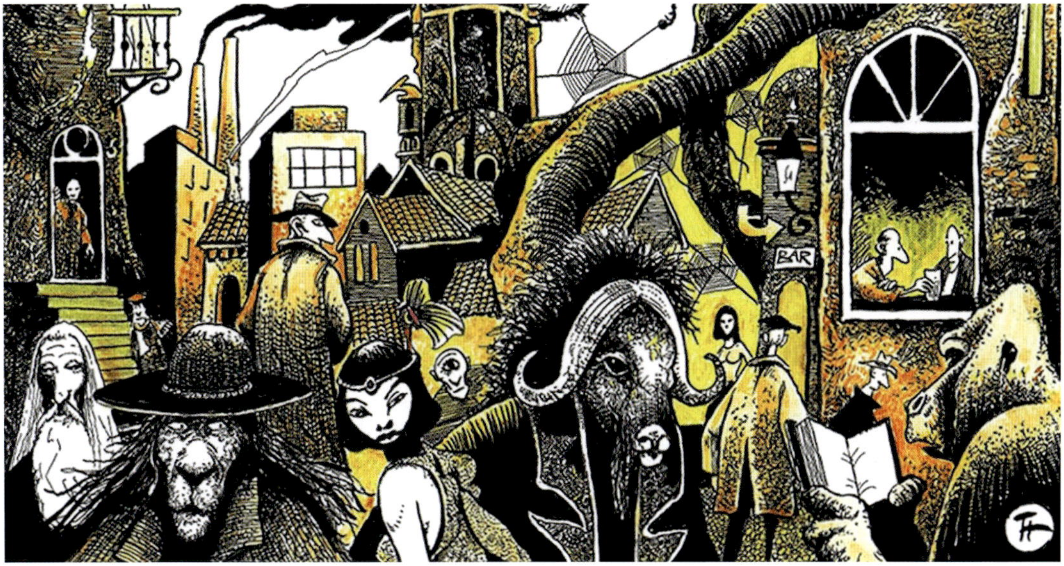

Tierwesen aus Itras By

Itras By spielt in einer Stadt, die als eine Mischung aus Großstadt der 20er-Jahre, Traumwelt und surrealistischem Gemälde daherkommt. Gerade der Surrealismus war als Kunstform, die seit den 1920ern existiert und stark auf anarchistische, absurde, fantastische und seltsame Motive setzt, eine große Inspirationsquelle für das Spiel. Besonders prägend für die Kunstrichtung war der spanische Künstler Salvador Dali (ihr wisst schon, der mit den zerlaufenden Uhren). Deshalb finden sich in der Stadt auch Dinge wie eine Gasse, in der **immer Freitag** ist, oder eine **Horde intelligenter Affen**, die im Zoo die Herrschaft übernommen und eine Art Parallelgesellschaft aufgebaut haben. Man bekommt **merkwürdige Anrufe** von den Stochatisten, die seltsame Fragen stellen und sofort wieder auflegen, oder man wandert zu den **Rändern der Stadt**, wo die grünen Wiesen langsam in ein weißes Nichts übergehen, in dem quasi alles passieren kann. Selten habe ich in einem Rollenspiel so viele interessante und **neuartige Ideen** gelesen wie bei Itras By. Man sollte aber schon einen gewissen Hang zu abstrusen Geschichten haben, damit man mit Itras By Spaß hat.

Regeltechnisch verzichtet Itras By komplett auf Charakterbögen und Würfel und löst alles über ein System aus Karten. Versucht ein Charakter etwas Dramatisches zu tun, wird eine Karte gezogen und ein anderer Spieler darf die Karte interpretieren und erzählen, was als Nächstes passiert. Will man

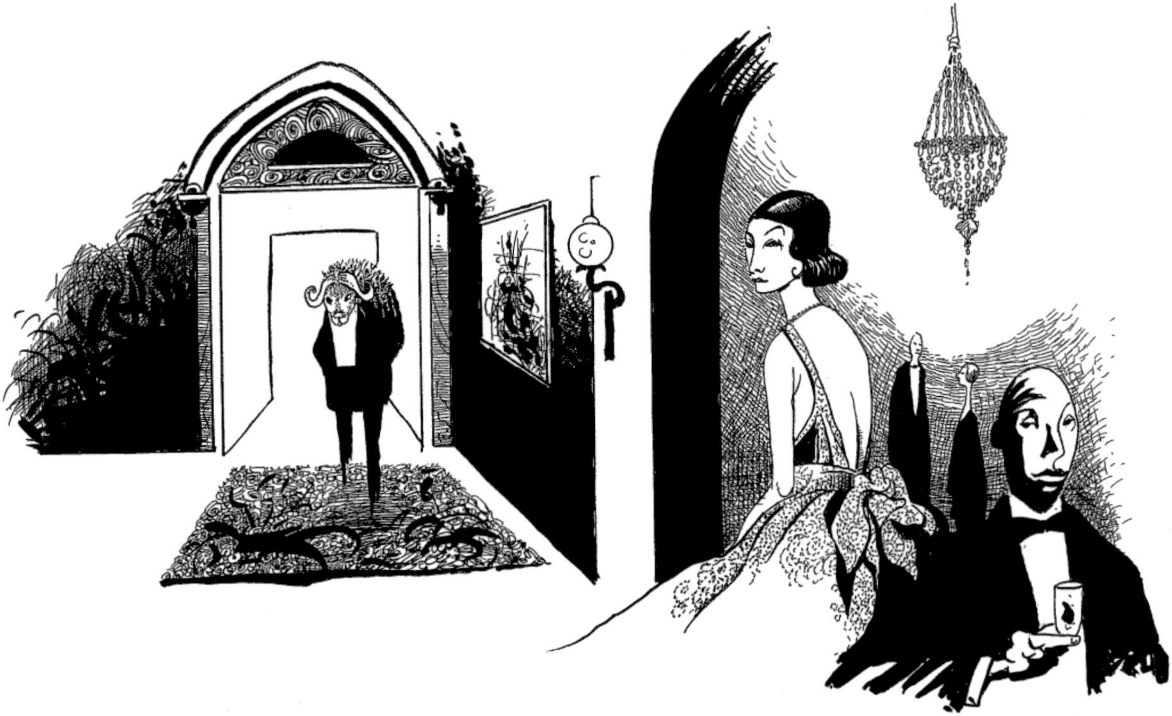

Innenseiten von Itras By

etwas Pepp in die eigene Runde bringen, kann man eine der vielen Zufallskarten ziehen, die teilweise sehr seltsame, aber auch unfassbar lustige Folgen haben können. Was würde zum Beispiel passieren, wenn die Szene, in der ihr gerade steckt, plötzlich zu einem Stummfilm wird?

Itras By ist nicht nur eine einzigartige Erfahrung, sondern liefert auch sehr viele Hilfsmittel und Tipps zum gemeinsamen Erzählen und Schreiben. Und deshalb hat es nicht umsonst den **Deutschen Rollenspielpreis** erhalten.

Feedback

In vielen anderen Kapiteln habe ich es bereits gesagt: Pen & Paper-Rollenspiele sind weitestgehend ein soziales Hobby, bei dem man sich mit anderen Spielenden austauscht. Zunächst in vorbereitenden Gesprächen wie der **Session 0** (mehr dazu im Kapitel »Safety Tools«), aber auch hinterher in Form von **Feedback** an eure Spielleitung und andere Spielende. Die Wahrscheinlichkeit ist relativ hoch, dass ihr im Laufe eurer Spielrunden Dinge erlebt, die euch nicht gefallen, oder ihr das Gefühl habt, dass euer Spiel nicht nach euren Vorstellungen verläuft. Natürlich ist es immer schwierig, unangenehme Dinge in der Gruppe anzusprechen. Deshalb versuche ich euch in diesem Kapitel ein paar Tipps zu geben, damit ihr keine Angst haben müsst, eure Gruppe mit eurem Feedback zu sprengen.

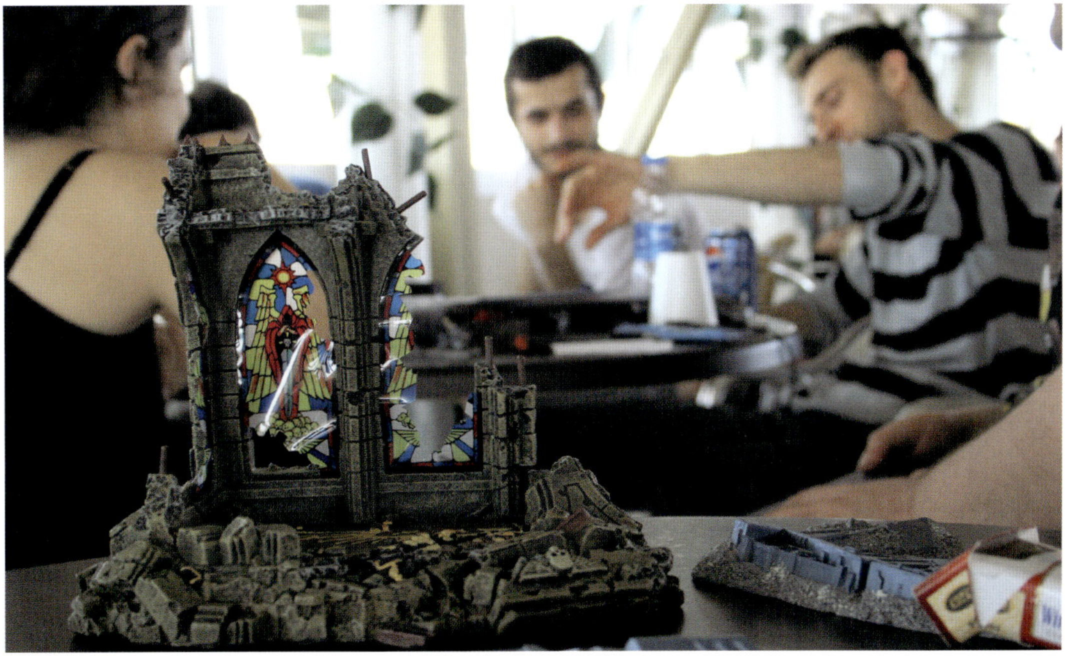

Eine harmonische Rollenspielrunde

Doch erstmal etwas Grundsätzliches, bevor ich zu den einzelnen Tipps komme: Wer Feedback geben will, muss auch offen für konstruktives Feedback sein. Natürlich fühlt es sich oft unangenehm an, mit Kritik konfrontiert zu werden. Letztendlich sollte es euch aber vor allem darum gehen, eine möglichst positive und spaßige Spielatmosphäre zu schaffen. Überlegt euch deshalb vorher, ob die von euch angesprochenen Dinge wirklich Probleme oder schlechte Gefühle bei euch verursachen oder eher Geschmackssache sind. Ihr solltet unbedingt zum Ausdruck bringen, wenn ihr durch Ereignisse im Rollenspiel weniger Spaß habt oder sogar überlegt, die Gruppe zu verlassen. Gefällt euch allerdings nur nicht, wie andere Spielende ihre Charaktere spielen, und führt das nicht dazu, dass ihr weniger Spaß habt, dann solltet ihr das Ganze vielleicht lieber auf sich beruhen lassen.

Überlegt euch vorher außerdem, in welchem Rahmen ihr Probleme ansprecht. Versucht konkrete Probleme mit einzelnen Spielenden in einem persönlichen Gespräch zu klären und nicht direkt in der großen Gruppe. Sonst könnte sich die andere Person schnell in eine Ecke gedrängt oder vorgeführt fühlen, was letztendlich das Finden einer Lösung behindert. Probleme am allgemeinen Spiel, welche die ganze Gruppe betreffen, spricht man am besten in der gesamten Gruppe an, damit alle Stellung beziehen können. Als Spielleitung hilft es, dedizierte Räume für einen solchen Austausch zu schaffen. In meinen Runden nehme ich mir meist am Ende jeder Session nochmal **10 Minuten Zeit** und bitte jede Person aus der Spielrunde um ein kurzes Feedback. So bietet ihr Spielenden aktiv an, über Dinge zu sprechen, die sie stören, und müsst nicht darauf hoffen, dass die Person auf euch zukommt.

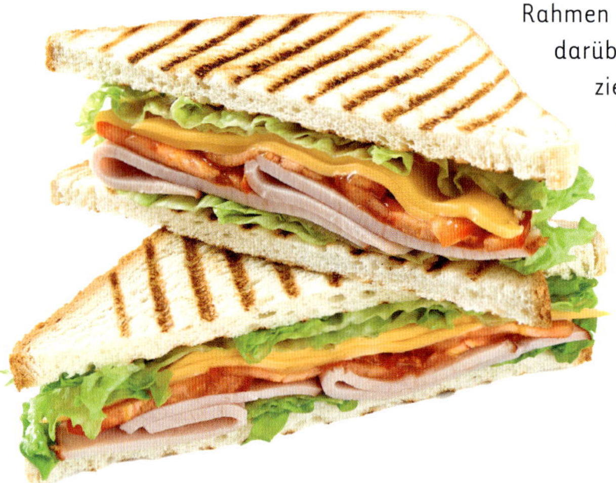

Wenn ihr euch für Feedback entschieden und den richtigen Rahmen dafür gewählt habt, solltet ihr euch Gedanken darüber machen, wie ihr das Feedback am besten platzieren könnt. Letztendlich möchtet ihr gemeinsam an einer Lösung arbeiten und auch Spaß haben. Bringt eure Kritik möglichst sachlich an und sprecht offen über eure Gefühle und Probleme, ohne dabei laut zu werden oder jemanden anzugreifen. Viele Menschen schwören auch auf die sogenannte »Sandwich-Methode«, bei der man das negative Feedback in zwei positive Aspekte verpackt. Wenn ihr zum Beispiel das Gefühl habt, jemand ist nicht ernst genug beim Spiel, könntet ihr dies folgendermaßen verpacken: »Ich spiele sehr gern mit dir in einer Runde. Allerdings habe ich manchmal das Gefühl, dass du in einigen Situationen das Geschehen nicht ernst genug nimmst. Dafür ist es immer ein Highlight, wenn dein Charakter in positiven Situationen aus sich herauskommt.« Dieses Prinzip ist zwar etwas formelhaft, aber es ist wichtig, nicht nur negative Punkte in den Fokus zu stellen.

Sprecht darüber hinaus immer nur für euch selbst und nicht für andere. Eure Mitspielenden werden ihr eigenes Feedback schon teilen können. Versucht deshalb beim Anbringen von Kritik immer nur von euren eigenen Gefühlen auszugehen. Seid dabei aber mit eurer eigenen Schwäche offen und ehrlich. Wenn ihr nicht genau wisst, wie ihr mit der Situation umgehen sollt, dann sprecht das an, wenn ihr euch wohl damit fühlt. Es hilft immer, Verbesserungsvorschläge direkt anzubringen und offen darüber zu diskutieren. Seid dabei aber offen für Vorschläge der anderen Spielenden und probiert Dinge aus.

Eine mögliche Bewertungsskala mit Smileys

Ich hoffe, mit diesen Tipps konnte ich euch ein bisschen die Angst davor nehmen, Probleme anzusprechen. Mit den anderen zu sprechen, kostet immer Überwindung. Zur Not solltet ihr euch aber auch die Option offenhalten, die Spielrunde zu verlassen. Wie schon mehrfach betont, sollen alle Spielenden am Tisch Spaß haben. Wenn das in einer bestimmten Konstellation nicht möglich ist, habt ihr vielleicht unterschiedliche Vorstellungen von dem, was Rollenspiel für euch bedeutet. Seid also ehrlich mit euch und den anderen und zerbrecht euch nicht den Kopf, wenn ihr diesen Schritt gehen müsst. Ihr werdet sicher eine andere Spielrunde finden!

Gary Gygax

Auch wenn wir schon im Kapitel »Dungeons & Dragons« ein bisschen was zu Gary Gygax und seinem Wirken erzählt haben, müssen wir dem »Vater aller Rollenspiele« ein eigenes Kapitel widmen.

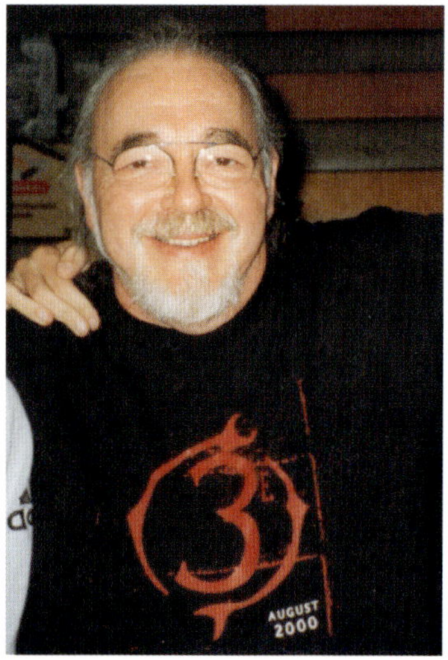

Gary Gygax

Ernest Gary Gygax wuchs als Sohn einer Schweizerin und eines Violinisten in **Chicago** auf. Er wurde 1938 geboren und fand schnell Freunde in seiner Nachbarschaft. Allerdings sah sich sein Vater gezwungen, die Familie in den US-Bundesstaat Wisconsin zu führen, nachdem der sieben Jahre alte Ernest in Chicago **Teil einer Kinderbande** wurde, die allerhand Unfug trieb und sich mit anderen Banden prügelte. Doch auch in seiner neuen Heimat **Lake Geneva** fand der junge Ernest schnell Freunde. Unter anderem lernte er **Don Kaye** und **Mary Jo Powell** kennen – zwei Menschen, die in seinem Leben noch eine große Rolle spielen sollten.

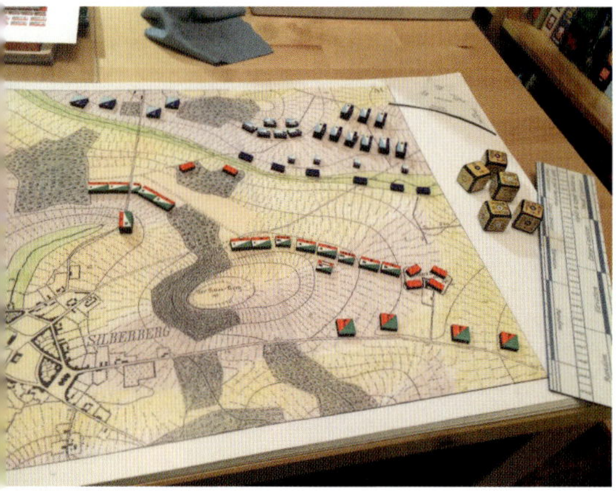

Abbildung eines Kriegsspiels

Schon früh interessierte sich Gygax für Fantasy- und Science-Fiction-Literatur. Er verschlang die **Pulp**-Magazine, die ihm sein Vater mitbrachte, und war zudem **großer Fan** von Autoren wie **H.P. Lovecraft**, **Robert Howard** und **Jack Vance**. Durch sein ebenfalls großes Interesse an historischen Themen fing er bald mit seinem besten Freund Don Kaye an, Miniaturenspiele zu spielen, in denen **große Schlachten der Geschichte** mit kleinen Miniaturen nachgestellt wurden. Dieses Hobby ließ Gygax sein ganzes Leben nicht mehr los und aus dieser Liebe sollte später sein größter Erfolg entstehen: Dungeons & Dragons. In der Schule lief es allerdings nicht so gut für ihn und so verließ er nach dem Tod seines Vaters

1956 die Highschool. Zunächst wollte Gygax zu den US-Marines, wurde allerdings aufgrund eines Lungenleidens als nicht tauglich angesehen. Er zog zurück zu seiner Mutter und nahm einen Job als **Büromitarbeiter** bei einer Versicherung in Chicago an. Während dieser Zeit spielte Gygax immer weiter Spiele und war geradezu süchtig nach dem Spiel **Gettysburg**, das gerade neu erschienen war. Dieses Spiel war der Grund, weshalb sich Gygax die erste Rolle mit Hexfeld-Papier kaufte, um eigene Spiele zu entwickeln.

1958 heiratete Gygax seine Jugendfreundin Mary Jo Powell, sehr zum Ärger seines Freundes Don Kaye. Das Paar zog nach Chicago, wo Gygax weiter als Büromitarbeiter arbeitete und nebenbei Anthropologie-Kurse an der Universität besuchte. Doch selbst unter diesen neuen Lebensumständen wollte Gary sein Hobby nicht aufgeben. Seine Liebe zu seinem Hobby führte sogar so weit, dass seine Frau vermutete, er würde fremdgehen. Dabei spielte Gary nur heimlich Miniaturenspiele bei einem Freund. In den darauffolgenden Jahren bekam das Paar drei Kinder und die Familie zog wieder zurück nach Lake Geneva. Gygax experimentierte in seiner Freizeit weiterhin mit Miniaturenspielen und versuchte immer Möglichkeiten zu finden, zufällige Ergebnisse für bestimmte Aktionen zu generieren. Dabei

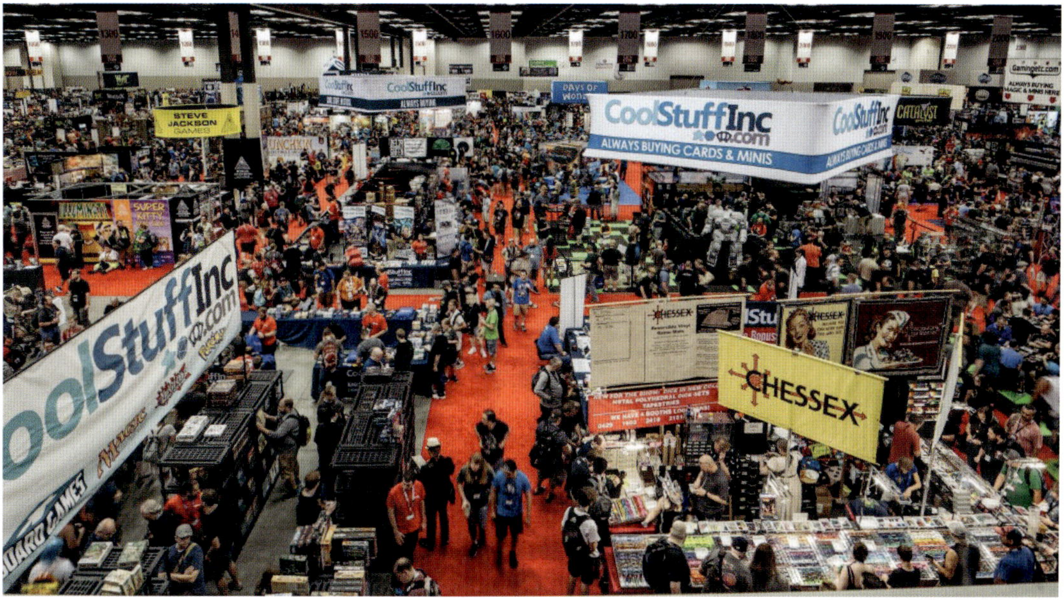

Momentaufnahme auf der GenCon

nutzte er nicht nur die klassischen sechsseitigen Würfel, sondern auch andere platonische Körper, die wir heute als das **handelsübliche Würfelset** für »Dungeons & Dragons« kennen.

1967 gründete Gygax zusammen mit zwei Freunden die **International Federation of Wargamers** und begann andere aktive Hobby-Clubs in der Gegend zu integrieren. Die Organisation war vor allem dazu gedacht, Gleichgesinnte zu finden und Regeln auszutauschen. Außerdem lud die Gruppe zu Treffen ein, aus der 1968 die erste **Lake Geneva Convention** – kurz **Gen Con** – entstand. Bis heute ist die Gen Con eine der wichtigsten Messen für Rollen- und Miniaturenspiele der Welt. Auf der Gen Con 1969 lernte Gygax zudem **Dave Arneson** kennen, der ihm später dabei helfen sollte, Dungeons & Dragons zu entwickeln.

Die 1970er standen bei Gygax im Zeichen von Umbrüchen: Nachdem er seinen Job verlor, versuchte er sein Hobby zum Beruf zu machen und begann **Brettspiele** zu entwickeln. Dieses Vorhaben lief zunächst nicht sonderlich gut, weshalb Gygax nebenbei Schuhe reparierte, um seine fünfköpfige Familie zu ernähren. Über seine Arbeit bekam er allerdings einen Job als **Redakteur bei Guidon Games**, einem Hersteller von Miniaturenspielen, für den er mehrere Brettspiele herausbrachte. Außerdem entwickelte er mit **Chainmail** ein eigenes **Regelwerk**, das sich komplett auf den **Kampf in mittelalterlichen Settings** konzentrierte. Für dieses Spiel entwickelte Gygax zusätzliche Regeln, die es ermöglichten, Fantasy-Elemente wie Zauberer in das Spiel zu integrieren. Auch wenn das Spiel nicht der Durchbruch für Gygax sein sollte, war es durchaus ein erster Erfolg. Die zündende Idee sollte aber kurze Zeit später Dave Arneson liefern.

Arneson nutzte die Chainmail-Regeln nicht, um damit große Schlachten zu simulieren, sondern er spielte mit weniger, dafür heldenhafteren Figuren. Dieses Spiel stellte er 1972 Gygax vor und Gygax war sofort angetan. Gemeinsam mit Arneson machte er sich direkt daran, das Spiel weiterzuentwickeln. Er begann die Regeln von Chainmail anzupassen und sammelte eine kleine Testrunde zusammen: zunächst seine beiden ältesten Söhne und später dann weitere Freunde und Weggefährten. Seinen ersten Entwurf schickte er an seine

TSR-Logo

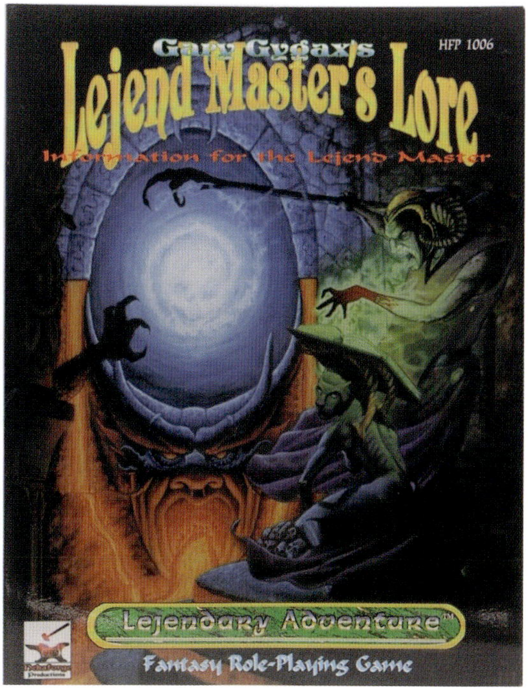

Cover von »Lejendary Adventures«

Kontakte aus der Branche und verfeinerte die Regeln mit dem Feedback. Allerdings wollte keiner seiner bisherigen Kontakte das Spiel herausbringen. Für den kleinen Verlag Guidon Games waren die potenziellen Kosten zu hoch und der **Marktführer Avalon Hill** glaubte nicht an das Prinzip von Rollenspielen. Also entschied sich Gygax, eine eigene Firma zu gründen: **Tactical Studies Rules** (kurz TSR).

Gemeinsam mit seinem Freund Don Kaye wollte er das neue Spiel, das er »Dungeons & Dragons« nannte, herausbringen. Doch die beiden hatten nicht genug Kapital für einen erfolgreichen Start des Spiels. Arneson kam als weiterer Partner nicht infrage, da Gygax und er sich im Zuge der Entwicklung des Spiels zerstritten hatten. Aus diesem Grund holten sie **Brian Blume** als dritten Partner ins Boot. Dem Start von Dungeons & Dragons 1974 stand nichts mehr im Wege: Binnen eines Jahres war das Spiel ausverkauft. Allerdings starb Don Kaye an einem plötzlichen Herzinfarkt. Das führte nicht nur dazu, dass plötzlich mehr Arbeit auf Gygax und Blume zukam, die Firmenanteile von Kaye wanderten zudem an dessen Ehefrau Donna, die sich nicht wirklich für das Spiel interessierte. Deshalb bauten Gygax und Blume die Firma um: Brian Blumes Vater kaufte die Anteile an der Firma von Donna Kaye, da Gygax selbst nicht genug Kapital dafür hatte. Gygax sah sich durch die veränderten Umstände mit einer neuen Situation konfrontiert: Plötzlich war er nicht mehr einer der Hauptanteilseigner von TSR. Die Blumes hatten die Mehrheit an der Firma und übernahmen die Geschäfte. Für Gygax war das allerdings erstmal kein Problem, da er sowieso viel lieber an Settings für Dungeons & Dragons schrieb, als die Firma zu verwalten.

Bis 1983 schrieb Gygax weiter für Dungeons & Dragons und TSR wurde immer größer. Es wurden **neue Versionen** des Spiels und **Setting-Bände** veröffentlicht, unter anderem ein Band zur Spielwelt **Greyhawk**, die auf den ersten Spielrunden basierte, die Gygax mit seinen Söhnen erlebte. Auch wenn die »Satanic Panic« Dungeons & Dragons Anfang der 80er mit negativer Presse überhäufte, tat das der Popularität des Spiels keinen Abbruch. Die Verkaufszahlen schnellten in die Höhe. Doch mit dem Erfolg kam es zu immer mehr Streitereien zwischen Gygax und den Blumes, was auch Auswirkungen auf Gygax Privatleben hatte. Nach mehreren Affären sowie Alkohol- und Drogenkonsum ließen sich Gygax und seine Frau scheiden. Zur selben Zeit teilten die Blumes TSR in zwei Unternehmen auf, **TSR Inc.** und **TSR Entertainment**. Gygax bekam den Vorsitz von TSR Entertainment. Seine Aufgabe sollte es fortan sein, das Fernseh- und Filmgeschäft des Unternehmens zu führen. Er ging nach Hollywood, wo er in einer gemieteten Villa lebte und sich seinem Drogenkonsum sowie Beziehungen mit mehreren jungen Schauspielerinnen widmete.

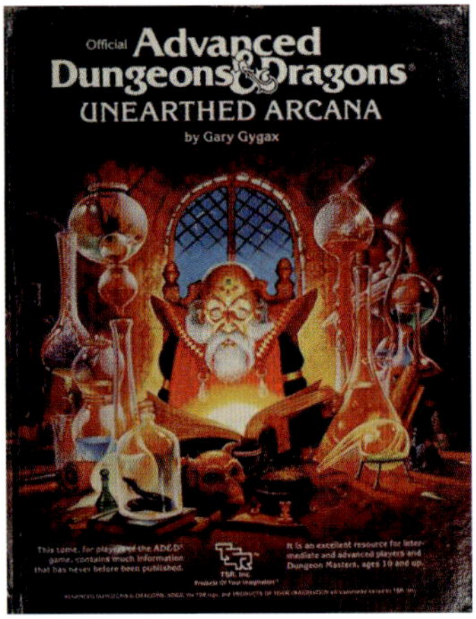

Cover Unearthed Arcana

1984 musste Gygax zurück nach Lake Geneva, denn er hatte davon erfahren, dass die Blumes TSR verkaufen wollten. Es schien, als ob sie die Firma heruntergewirtschaftet hätten und durch den Verkauf hofften, einen Teil ihres Vermögens retten zu können. Gygax intervenierte und es gelang ihm, den Vorstand davon zu überzeugen, ihn anstelle von Kevin Blume als **Vorsitzenden von TSR Inc.** einzusetzen. Tatsächlich schaffte es Gygax, die Firma durch die Entwicklung und den Verkauf des Buches **Unearthed Arcana**, einer Sammlung von Material, das eigentlich im Dungeons Magazin erscheinen sollte, vor dem Ruin zu retten. Darüber hinaus schrieb er eine **Romanreihe**, die im Greyhawk-Setting spielte. Bei der administrativen Verwaltung brauchte er allerdings Unterstützung, weshalb er sich die Managerin **Lorraine Williams** ins Boot holte. Im Oktober 1985 eröffnete sie Gygax, dass sie die Firmenanteile der Blumes gekauft hatte. Sie verdrängte Gygax von seinem Posten. Nach einer Gerichtsverhandlung, die Gygax verlor, wurden einige seiner weiteren Pläne eingestampft. 1986 verließ er das Unternehmen.

In den darauffolgenden Jahren versuchte Gygax immer wieder an den Erfolg von »Dungeons & Dragons« anzuknüpfen. Er gründete mehrere Firmen und veröffentlichte neben seiner Romanreihe weitere Rollenspiele wie **Dangerous Journeys** und **Lejendary Adventures**, die aber nie den Erfolg von »Dungeons & Dragons« erreichten. 2003 kündigte Gygax an, gemeinsam mit seinem Weggefährten **Rob Kuntz** alle Details seines legendären Schlosses Greyhawk zu veröffentlichen. Das sollte in insgesamt sechs Buchbänden geschehen und mehr als 13 Stockwerke des Schlosses

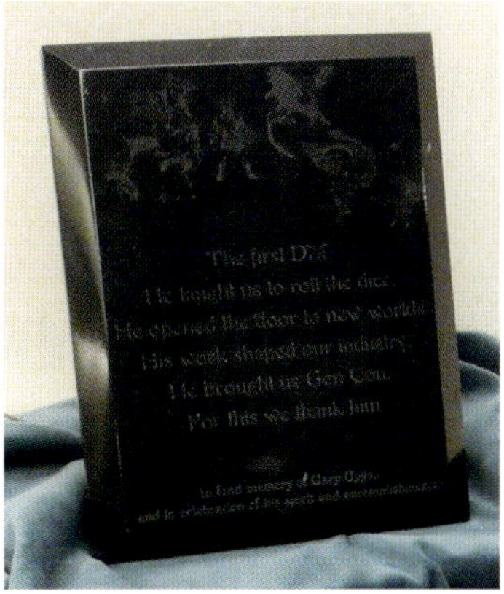

Bild der Ehrenplakette
für Gary Gygax

zum Erkunden beinhalten. Beide machten sich direkt an die Aufarbeitung der uralten Aufzeichnungen aus Gygax Zeit als Dungeon Master, um daraus die Bücher zu schreiben. Allerdings lagen die Namensrechte an Greyhawk damals bei Wizards of the Coast, die TSR aufgekauft hatten. Deshalb entschied sich Gygax, das Schloss in **Zagyg** umzubenennen. Rob Kuntz verließ das Projekt jedoch nach kurzer Zeit, weil er sich mit Gygax aufgrund kreativer Differenzen überworfen hatte.

Gygax letztes großes Werk sollte nie fertiggestellt werden. 2007 erfuhr er, dass er ein Aneurysma an der Bauchaorta hatte. Er entschied sich gegen eine Operation, weil ihr Erfolg nicht gesichert war. Er schaffte es noch, zwei der sechs Bücher über Schloss Zagyg fertigzustellen, bevor er am 04.03.2008 in Lake Geneva starb.

Gary Gygax hat die Rollenspielszene wie kein Zweiter geprägt. Natürlich ist er für den großen Erfolg von Dungeons & Dragons nicht alleine verantwortlich. Für viele Rollenspielende ist er aber dennoch zu Recht der »Vater aller Rollenspiele«. Auf der Gen Con 2008 wurde zu seinen Ehren eine **Plakette** mit folgenden Worten enthüllt:

Gary Gygax
Der erste Dungeon Master
Er brachte uns bei zu würfeln
Er öffnete die Pforte zu neuen Welten
Seine Arbeit prägte unsere Branche
Er brachte uns die Gen Con
Dafür bedanken wir uns bei ihm

Homebrew

Die meisten Rollenspiele haben eine **sehr treue Fanbase**, die sich nicht nur damit begnügt, die offiziellen Abenteuer und Bücher zu kaufen, sondern auch selbst eigene Inhalte erstellt. Das kann ganz klassisch ein **Abenteuer** sein, aber auch **Monster** oder **komplette Spielwelten** sind möglich. Um diese Art von Inhalten von offiziellen abzugrenzen, bezeichnet man von Fans erstellten Content in der Regel als **Homebrew**.

Homebrew-Content kann erstmal alles sein, was zu einem Rollenspiel gehört, und im Umfang stark variieren. Einige Spielgruppen ändern nur einzelne Zauber, während andere ganze Kampagnenwelten erschaffen und kostenlos zur Verfügung stellen. Ein bisschen kann man Homebrew-Content mit **Mods in Videospielen** vergleichen, mit denen man das eigene Spielerlebnis anpassen kann. Gerade wenn ihr schon sehr lange gemeinsam ein Rollenspiel spielt, könnte Homebrew-Content dem Spiel neuen Schwung verleihen, ohne es komplett zu verändern.

Logo der Dungeon Masters Guild

Für euch heißt das: Entweder nutzt ihr Inhalte von anderen Fans oder ihr schreibt eure eigenen, wenn ihr Homebrew-Inhalte nutzen möchtet. Überlegt in beiden Fällen aber zuerst, weshalb ihr Homebrew-Inhalte einsetzen möchtet und welche Art von Inhalten ihr für euer Vorhaben benötigt. Außerdem solltet ihr mit den anderen in eurer Gruppe klären, ob die Verwendung von Homebrew-Content in Ordnung ist. Kleinere Inhalte wie magische Gegenstände sind meist nicht so problematisch, wenn ihr aber **elementare Punkte der Spielregeln** wie die Funktionsweise von bestimmten Klassen verändern wollt, sollten alle Spieler*innen darüber informiert werden.

Wenn ihr wisst, was ihr wollt, könnt ihr viel Homebrew-Content im Internet finden. Gerade für »Dungeons & Dragons« gibt es unzählige Anlaufstellen für neuen Content. Besonders beliebt ist die **Dungeon Masters Guild**, wo ihr Homebrew-Content für so ziemlich alle Gelegenheiten finden könnt. Achtet aber auf die Bewertungen, denn die Plattform gibt wenig Regeln für Homebrew-Content vor und einiges ist in einem normalen Spiel nicht einsetzbar oder einfach zu stark. Gerade bei neuen Charakterklassen und Zaubern solltet ihr kritisch prüfen, ob sie in eure Kampagne passen und das Gleichgewicht eurer Spielgruppe halten können. Natürlich gibt es auch für viele andere Rollenspiele Homebrew-Content, davon findet sich einiges auf der Plattform **DriveThruRPG** oder in **Community-Foren**.

Wenn ihr nichts findet, was euren Ansprüchen genügt, könnt ihr **eigenen Content** erstellen. Als Erstes solltet ihr euch überlegen, wozu ihr den Content benötigt und was er erreichen soll. Natürlich könnt ihr auch eigene Inhalte erstellen, weil es euch einfach Spaß macht. Allerdings wäre es schade, wenn sie nicht zum Einsatz kämen. Sprecht auch hier mit eurer Gruppe und entscheidet gemeinsam, was ihr benötigt. Vielleicht gibt es Spieler*innen unter euch, die gern eine eigene Charakterklasse spielen möchten. Tauscht euch aus und versucht, sie möglichst in Einklang zu bringen.

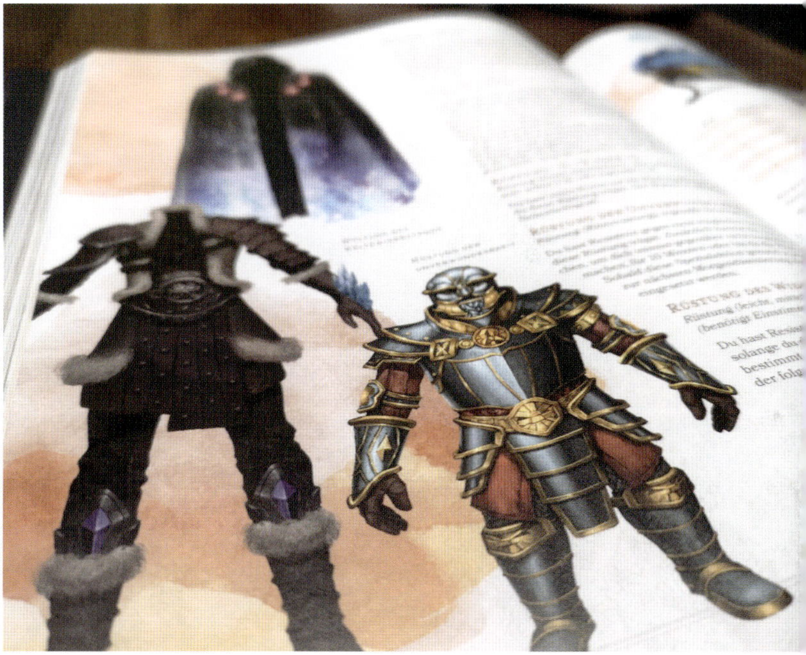

Bild von magischen Gegenständen aus Dungeons & Dragons

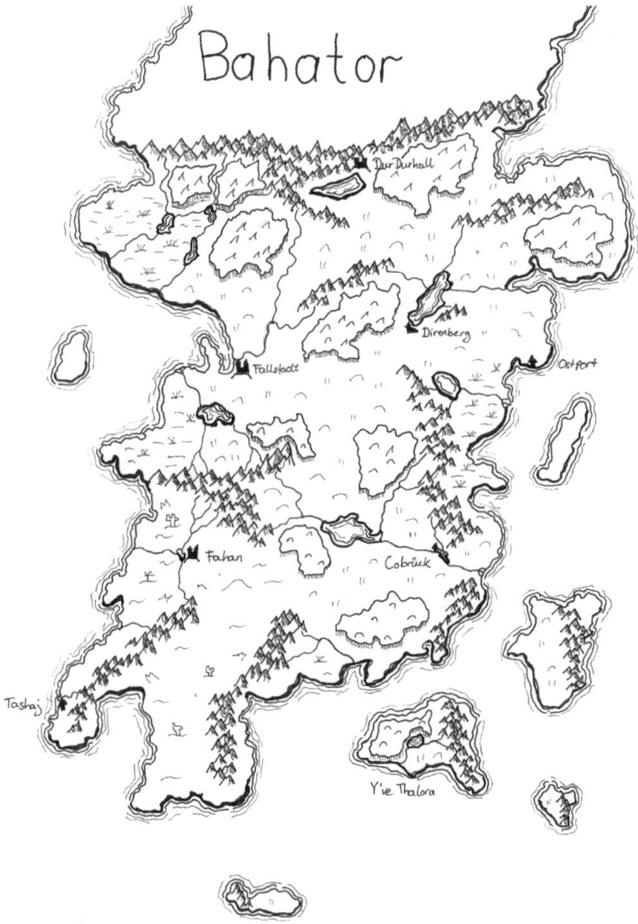

Handgezeichnete Karte des Kontinents Bahator

Wenn ihr diese Fragen geklärt habt, solltet ihr anschließend recherchieren, ob es bereits ähnlichen Content gibt. Es ist immer einfacher, Dinge für den eigenen Gebrauch zu adaptieren, als etwas komplett neu zu entwickeln. Wenn ihr zum Beispiel ein **besonderes Monster** erschaffen wollt, könnt ihr in offiziellen Publikationen nach ähnlichen Monstern suchen und an eure Bedürfnisse anpassen. Dabei müsst ihr nicht nur in dem Rollenspiel suchen, das ihr spielt, ihr könnt auch in anderen Rollenspielen nach geeignetem Material Ausschau halten. Die Werte müssen dann zwar an euer Regelsystem angepasst werden, das ist aber meistens nicht sehr schwer. Gleiches gilt für Inhalte wie **Zauber**, **Gegenstände** oder **Charakterklassen**. Wenn ihr nichts Passendes findet, könnt ihr Vorlagen aus den Rollenspielen nutzen, für die ihr Homebrew-Content entwickeln möchtet. Die meisten Rollenspiele nutzen eine bestimmte Art für die Darstellung von Informationen über Monster, Charaktere und Zauber. Orientiert euch an diesen Vorlagen, damit Spielende, die das Rollenspiel kennen, sofort verstehen, wie man eure Inhalte nutzt.

Die **Königsdisziplin** bei Homebrew-Content ist das Schreiben von eigenen Abenteuern und Spielwelten. Zu Ersterem habe ich euch schon im Kapitel »Abenteuer« einige Tipps gegeben. Die Erstellung von eigenen Spielwelten ist nochmal eine ganz andere Herausforderung, aber auch eine der großen Freuden, die man als Spielleitung im Rollenspiel haben kann. Der Gedanke, eine **ganze Welt** mit Kontinenten, Reichen und seltsamen Wesen zu entwickeln, war für mich immer ein großer Reiz an unserem Hobby. Allerdings habe ich mich bis vor Kurzem nicht an diese monumental erscheinende Aufgabe herangetraut. Falls ihr ebenfalls an diesem Punkt seid, habe ich vielleicht ein paar Tipps für euch.

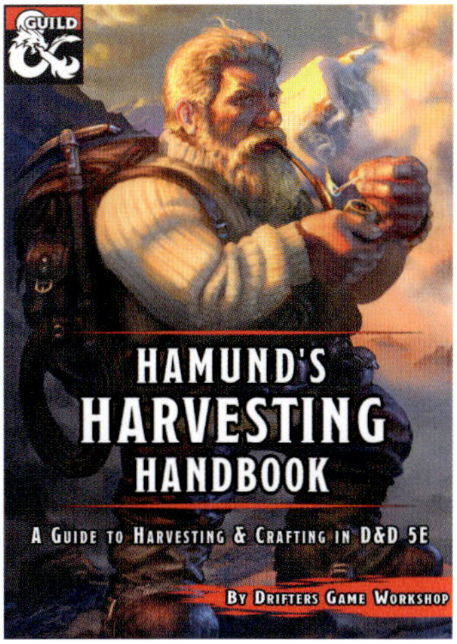

Handbook der Dungeons Masters Guild

Bei der Erstellung von eigenen **Spielsettings**, also Welten, in denen eure Abenteuer spielen sollen, gibt es im Grunde zwei Richtungen: von klein nach groß oder von groß nach klein. Welche Variante für euch funktioniert, müsst ihr letztendlich selbst herausfinden. Ich werde beide Varianten anhand einer klassischen Fantasy-Welt erklären, was man aber für andere Genres adaptieren kann.

Fangen wir mit der wahrscheinlich simpleren Methode an: **von klein nach groß**. Hier beginnt ihr mit einer kleineren Region eurer Spielwelt und zoomt mit der Zeit weiter hinaus, um weitere Details festzulegen. So könnt ihr schnell eine spielbare Region entwickeln und eure Spielwelt erweitern, während ihr bereits mit eurer Spielgruppe Abenteuer erlebt. Deshalb beginnt ihr mit dem direkten Umfeld, in dem euer erstes Abenteuer starten soll. Das sollte idealerweise ein Ort sein, an dem die Spieler*innen Abenteuer erleben, aber auch Sicherheit und wichtige Personen finden können. Ein Beispiel könnte ein Dorf an einem Fluss sein, in dem es ein Gasthaus gibt, wo Bewohner*innen des Dorfes Aufgaben anbieten. Gleichzeitig müssen diese Aufgaben irgendwo stattfinden. Überlegt euch deshalb, wo es in

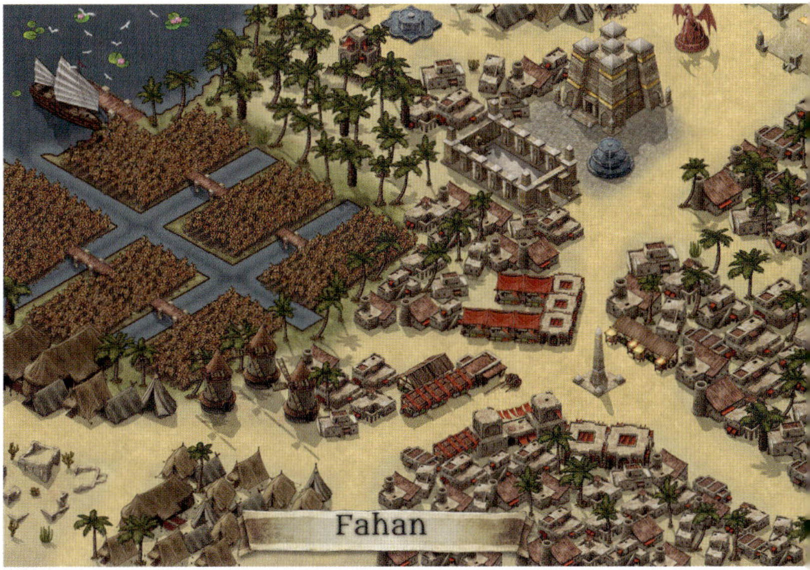

Karte der Stadt Fahan

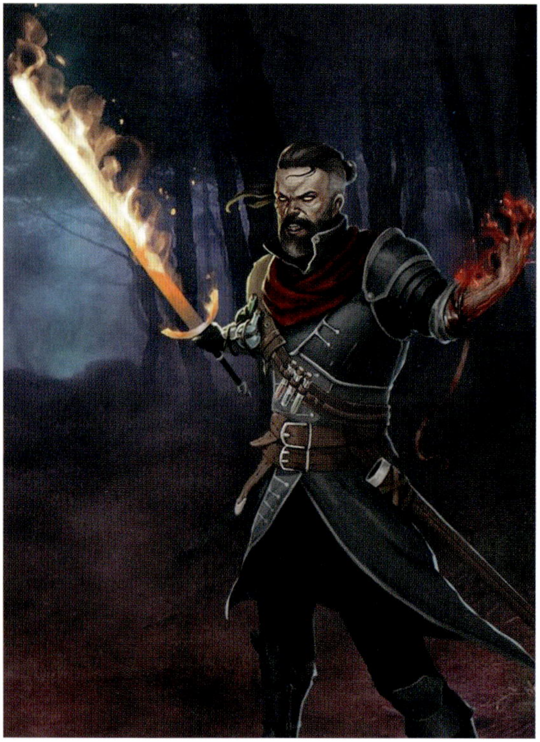

Bild eines Bloodhunters

der Region gefährlich für die Spielenden sein könnte. Gibt es zum Beispiel einen düsteren Wald, in dem Monster hausen, oder Gerüchte, dass in der Kanalisation unter dem Dorf dunkle Rituale abgehalten werden? Außerdem solltet ihr euch überlegen, wer die Menschen im Dorf anführt und wer über das Dorf herrscht. Ist das Dorf Teil einer Grafschaft und liegt die Hauptstadt mehrere Hundert Kilometer entfernt? Vielleicht gibt es eine Straße, die zur Hauptstadt führt. Außerdem solltet ihr euch überlegen, welche Orte für eure Spielenden wichtig werden könnten. Wo beten zum Beispiel gläubige Charaktere? Gibt es einen Tempel oder Schrein ihrer Gottheit im Dorf? Brauchen die Spielenden jemanden, der sich mit Magie auskennt? Wer könnte das in eurem Dorf sein? Mit all diesen Details habt ihr bereits eine kleine Spielwelt, in der eure Spielenden sich stundenlang aufhalten können. Und ihr habt Zeit, die nächstgrößere Region eurer Spielwelt zu beschreiben.

Die zweite Variante wäre **von groß nach klein**. Sie ist für Menschen geeignet, die zunächst die groben Regeln ihrer Spielwelt festlegen möchten, bevor sie genau beschreiben, welche Abenteuer in der Welt stattfinden sollen. Im Gegensatz zur ersten Vorgehensweise beschreibt ihr in dieser Variante die großen weltüberspannenden Dinge zuerst und arbeitet euch dann immer weiter ins Detail vor. Überlegt euch zunächst, wie eure Spielwelt entstanden ist und welche Mächte über sie herrschen. Gibt es Gottheiten oder andere kosmische Kräfte, die eure Spielwelt beeinflussen? Wer sind die höchsten irdischen Herrscher*innen und wie stehen diese Mächte zueinander? Ihr könnt eure Spielwelt kartografieren, wenn ihr wollt. Hier solltet ihr euch fragen, welche Informationen für eure Spielenden besonders wichtig sind. Bei Magier*innen in der Gruppe könntet ihr euch überlegen, wie Magie in der Spielwelt funktioniert und was die Bevölkerung davon hält. Gibt es offizielle Akademien? Oder ist

Magie vielleicht sogar verpönt? Das Gleiche gilt für den Stand der Technik eurer Spielwelt und dem daraus resultierenden Technologiestandard. Nach diesen übergreifenden Elementen geht ihr immer weiter ins Detail: Beschreibt spezielle größere Regionen eurer Spielwelt, einzelne Königreiche oder Länder und wiederholt den Vorgang, bis ihr auf der Ebene angekommen seid, auf der eure Spielenden beginnen. Diese Art der Entwicklung eurer Spielwelt ist wahrscheinlich aufwendiger, es gibt aber Menschen – zum Beispiel mich – denen diese Art viel leichter fällt.

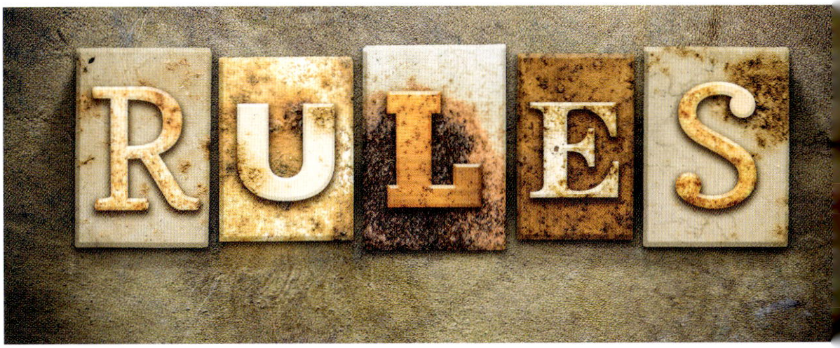

Als Letztes noch ein paar Worte zum Thema Regeln. Ihr müsst nicht direkt euren eigenen Homebrew-Inhalt erstellen, um euer Rollenspielerlebnis anzupassen. Viele Gruppen einigen sich auf sogenannte **Hausregeln**, also eigene Regeln, die von denen des Rollenspiels abweichen. Viele Regelwerke sind extrem detailliert und bieten Regeln für alle möglichen Eventualitäten, weshalb sich Spielgruppen oft aktiv entscheiden, Regeln zu verändern oder wegzulassen. Es ist keine Schande, wenn ihr merkt, dass eine Regel nicht zu eurem Spielstil passt: Ihr könnt sie einfach ignorieren. Merkt ihr allerdings, dass ihr einen Großteil der Regeln des Rollenspiels anpassen möchtet, dann solltet ihr euch vielleicht auf die Suche nach einem anderen Regelwerk machen.

Improvisieren

»Kein Abenteuer überlebt den ersten Kontakt mit den Spieler*innen« lautet ein beliebtes Rollenspiel-Sprichwort. Oft denkt man sich als Spielleitung eine **elaborierte Geschichte** für das Abenteuer aus, schreibt Szenen und Orte haargenau auf, entwirft wichtige Personen, nur damit die Spielenden direkt bei der ersten Abzweigung in die falsche Richtung gehen oder sich lieber damit beschäftigen, weshalb die Dorfkatze kein Fresschen bekommt. Allerdings ist es nicht schlimm, wenn die Spielenden vom für sie ausgewählten Pfad abdriften. Mit etwas Improvisation und guter Vorbereitung lässt sich auch eine solche Abweichung auffangen und alle können zur Geschichte zurückkehren.

Improvisation fällt nicht allen Menschen leicht. Gerade wenn ihr als Spielleitung noch wenig Erfahrung habt, ist es vollkommen normal, dass ihr nervös werdet, wenn die Spielenden den Pfad des Abenteuers verlassen. Solche Situationen werden in eurem Leben als Spielleitung häufiger auftreten. Doch im Laufe der Zeit und mit mehr Erfahrung wird man immer besser darin, auf die Eskapaden von Spieler*innen zu reagieren. Es wird niemand böse sein, wenn es euch vielleicht zu Beginn noch nicht so gut gelingt, die Illusion einer kohärenten Story aufrechtzuerhalten. Improvisation kann man aber vorbereiten, sodass es euch hoffentlich leichter fällt, im Eifer des Abenteuers den Überblick zu behalten.

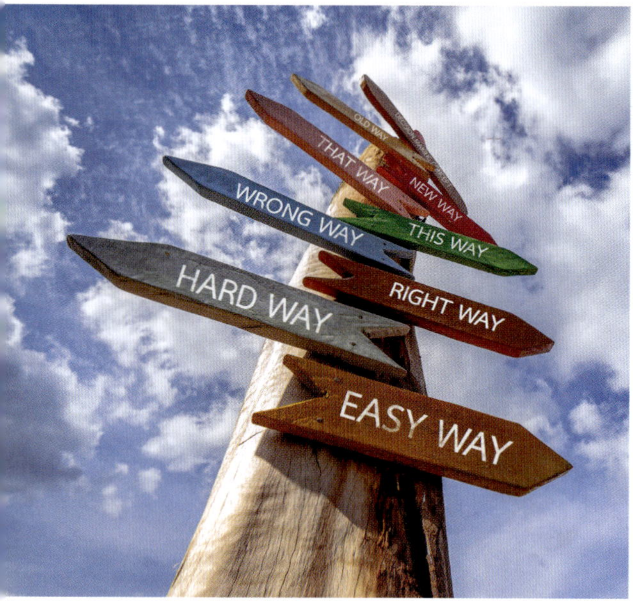

Vor dem **Start in das Abenteuer** solltet ihr euch überlegen, an welchen Stellen eure Charaktere vom vorgegebenen Pfad abweichen könnten. Man kann nicht alles vorhersehen. Doch mit der Zeit kennt ihr eure Gruppe immer besser und könnt vorhersehen, worauf sie anspringt und wovon sie abgelenkt werden könnte. Erste Versuche eurer Gruppe, vom Pfad abzukommen, werden bei euch wahrscheinlich auf Ablehnung stoßen. Gerade bei einigen vorgeschriebenen Abenteuern werden nur einzelne Lösungswege skizziert. Als unerfahrene Spielleitung kann man schnell ins Schwitzen geraten, wenn über die Ideen der Spielenden nichts im Buch steht.

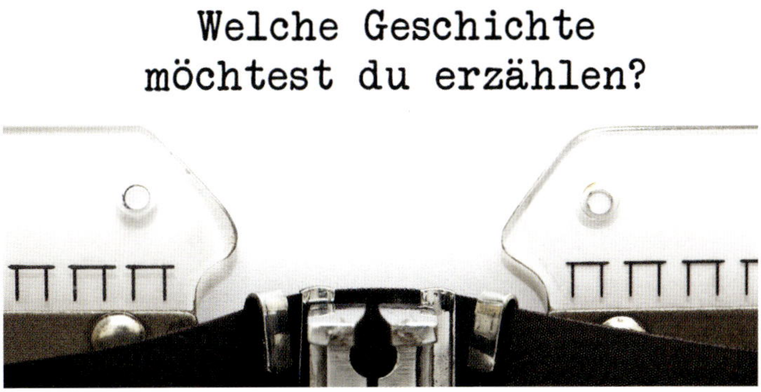

Natürlich ist es am einfachsten, die Aktionen der Spielenden in diesem Fall einfach scheitern zu lassen. Allerdings führt das früher oder später zu **Unmut** bei euren Spielenden. Ihr spielt schließlich immer noch ein Rollenspiel, bei dem alle die Handlung mitbestimmen sollen. Überlegt euch stattdessen, wohin der Weg der Charaktere führen könnte und wie ihr sie wieder möglichst fließend in den Hauptpfad der Geschichte lenken könntet. Falls euch spontan nichts einfällt, solltet ihr euch eine kleine Pause gönnen und zur Not einfach offen kommunizieren, dass der Versuch der Spielenden nicht vorgesehen ist. Kommt ihr dann mit einer interessanten Lösung zurück, wird eure Spielrunde umso dankbarer sein.

Außerdem hilft beim Improvisieren, eine **Reihe von einfachen Personen** vorzubereiten, auf die man treffen könnte. Gerade wenn ihr in einer größeren Siedlung unterwegs seid, werden eure Charaktere wahrscheinlich mit Menschen interagieren, die nicht näher beschrieben sind. Für solche Fälle ist eine **einfache Liste** mit Namen, kurzen Beschreibungen und Berufen Gold wert. So wird sich die Spielwelt für eure Spielenden noch immersiver anfühlen. Dies gilt natürlich nicht nur für Personen, sondern auch für **Orte**, die eure Charaktere besuchen könnten. Überlegt euch also, welche Orte neben der Haupthandlung relevant für eure Spielgruppe sind. Bereitet für ein Stadtabenteuer ein **Gasthaus** vor, wo eure Charaktere unterkommen und sich erholen. Bei einem religiösen Charakter in eurer Gruppe schaut ihr, welche besonderen **Kirchen** und **Schreine** es in der Gegend gibt. Ihr müsst nicht alle Eventualitäten parat haben. Richtet euch nach euren

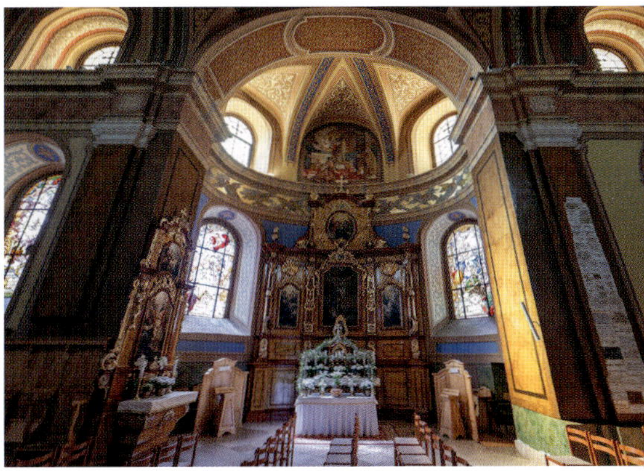

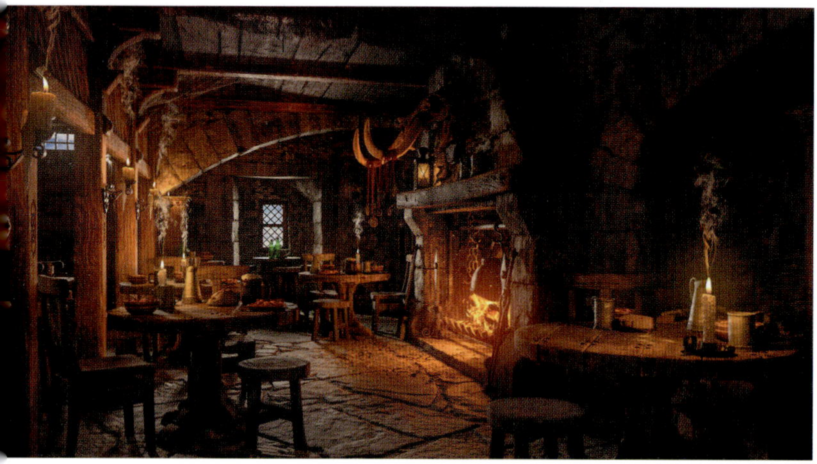

Eine mittelalterliche Taverne

Charakteren und ihren besonderen Fähigkeiten. Die Wahrscheinlichkeit ist relativ hoch, dass eure Spieler*innen diese Fähigkeiten auch einsetzen wollen. Schurkische Charaktere möchten vielleicht etwas klauen. Bereitet also Würfeltabellen mit möglicher Beute vor. Waldläufer*innen möchten vielleicht in den Wald gehen. Schaut also, welche Tiere es im Wald geben könnte und wie mit ihnen interagiert werden kann.

Auch wenn das jetzt alles erstmal nach viel Arbeit in der Vorbereitung klingt, vieles davon müsst ihr nicht komplett ausarbeiten. Es reicht völlig, wenn ihr euch Stichpunkte als Hilfestellung macht. Ihr müsst das Rad nicht neu erfinden. Gerade bei der Improvisation ist es wichtig, einfache, aber

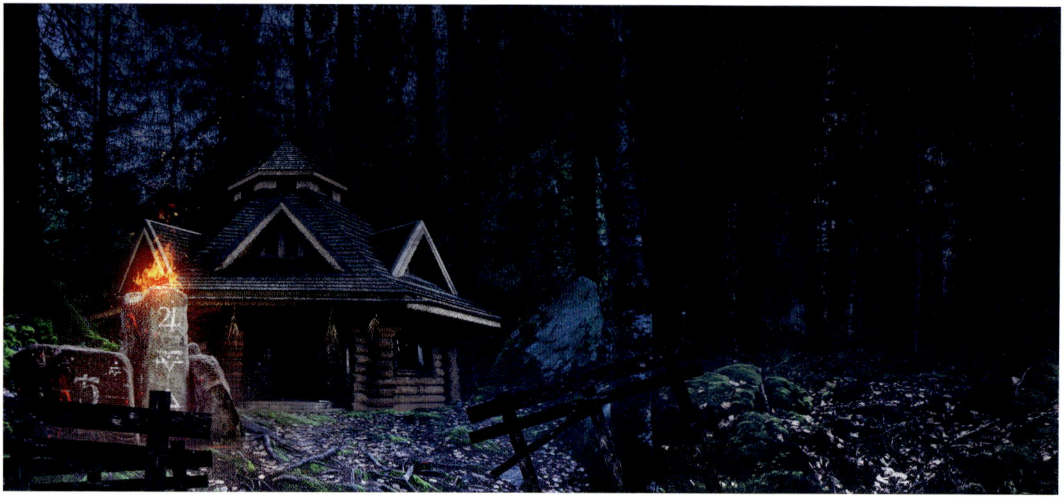

Ein Haus im Wald

funktionierende Ideen zu haben. Ihr könnt euch von Filmen oder Büchern inspirieren lassen oder echte Orte und Personen als Vorbild für eure Ideen verwenden.

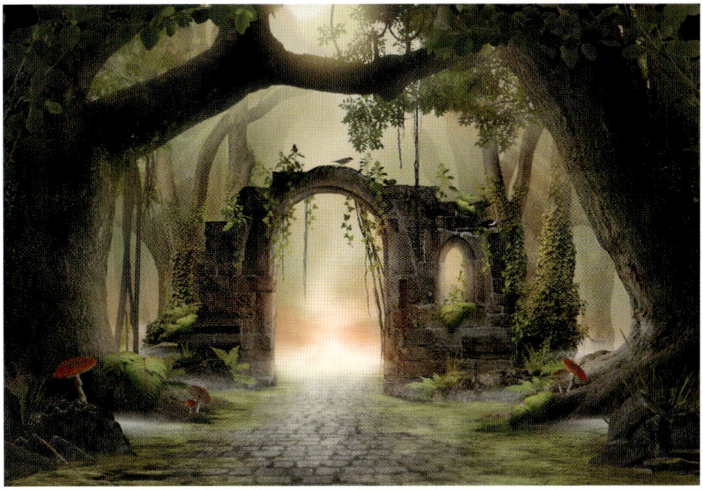

Ein Fantasy-Wald

Eine gute Vorbereitung kann also viel dabei helfen, Dinge im Laufe eines Spiels zu improvisieren. Doch was ist, wenn alle Vorbereitung nichts hilft und die Spielenden einen Weg finden, den ihr bei der Vorbereitung nicht bedacht habt? In solchen Fällen solltet ihr immer ein bisschen **Verantwortung für die Geschichte** an die anderen in der Gruppe abgeben. Beim Rollenspiel sollen die Spielenden ihren Teil zur Geschichte beitragen. Falls also jemand eurer Charaktere einen Ort besuchen möchte, den ihr nicht vorbereitet habt, lasst einfach die Person erzählen, wie dieser Ort aussieht oder was es dort zu finden gibt. Baut dann auf diesen Ideen auf und entwickelt sie weiter, um den Ort mit Leben zu füllen und ihn mit der Geschichte zu verbinden. So fühlen sich die Spielenden in die größere Geschichte eingebunden und ihr könnt für einen Moment durchatmen. Rollenspiel ist immer auch ein Hin und Her von Ideen. Vielleicht entwickelt sich aus so einer fixen Idee eines Spielenden eine gute Szene, die ihr alle in Erinnerung behaltet. Bis zum nächsten Abend kannst du dir dann genauer überlegen, wie du deine Spieler*innen wieder zum Abenteuer zurückführen kannst.

Falls ihr lieber euer Improvisationstalent trainieren wollt, könnt ihr natürlich einfach auf **spielleiterlose Spielsysteme** oder **Erzählspiele** zurückgreifen. Diese Spiele sind oft ohne große Vorbereitung spielbar und die meisten Geschichten daraus komplett improvisiert. So bekommt ihr ein Gefühl für das Improvisieren und könnt euren Spielenden direkt das **Prinzip des kooperativen Erzählens** veranschaulichen.

J

Ja sagen

Rollenspiele und **Improvisationstheater** haben viel gemeinsam. Man versucht zusammen mit anderen, eine Geschichte zu erzählen, ohne von vornherein zu wissen, was eigentlich passieren wird. Man schlüpft außerdem in die Köpfe anderer Charaktere und nimmt Erzählideen auf, die andere Menschen in den Raum geworfen haben. Entsprechend kann man vom Improvisationstheater auch einiges fürs Rollenspiel lernen. Eine wichtige **Maxime** im Improtheater ist das »Ja, und …«, also zu lernen, wie man Ideen der anderen respektiert, wie man diese Ideen gemeinsam weiterspinnt, bis sie zu etwas Großartigem werden. Und dieses Prinzip kann man als Spieler*in und Spielleitung gleichermaßen anwenden.

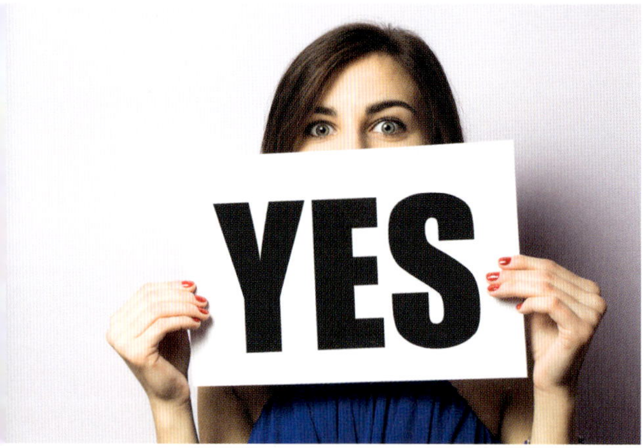

Die **Entwicklung der Spielwelt** ist nicht nur Aufgabe der Spielleitung. Ja, ihr beschreibt die Spielwelt, spielt wichtige Personen in dieser Welt und bringt die Geschichte voran. Die anderen in eurer Gruppe sollten aber einen ähnlichen Einfluss auf die Spielwelt haben. Versucht also nicht, direkt eine vorgefertigte Spielwelt ohne Lücken im Kopf zu haben, sondern gebt den Spielenden die Möglichkeit, ihre eigenen Ideen hinzuzufügen. Hier kommt das »**Ja, und …**« ins Spiel. Das »**Ja**« steht in diesem Fall für die **Akzeptanz der Ideen** einer anderen Person. Nehmt diese Ideen erstmal an und lehnt sie nicht direkt als unpassend für eure Erzählung ab. Das gilt sowohl im großen Rahmen – zum Beispiel, wenn eure Spielenden eine Idee für Orte in der Spielwelt haben – aber auch im Kleinen, wenn Spielende kreative Lösungen für Probleme finden, die du vielleicht nicht vorhergesehen hast. Eine Ablehnung dieser Ideen kann demotivieren, traut euch also, Vorschläge anzunehmen. Allerdings geht es nicht darum, alle Einfälle abzunicken. Und genau an dieser Stelle kommt das »**und …**« ins Spiel. Schlagt Ergänzungen zu der Idee eurer Spielenden vor, damit sie kompatibler für eure Spielwelt wird. So motiviert ihr eure

Spielenden, etwas aktiv zur Geschichte beizutragen, und gebt Ihnen das Gefühl, etwas mit euch zu erschaffen. Auch als Spielleitung fühlt sich das meistens viel besser an, als sich mit den Spielenden über einzelne Elemente eurer Spielwelt zu streiten. Wenn es euch leichter fällt, könnt ihr diese Technik mit einem »**Ja, aber …**« ergänzen. Auch in diesem Fall nehmt ihr Ideen erst einmal an, versucht sie aber mit entsprechenden Konsequenzen oder eigenen Ideen zu modifizieren.

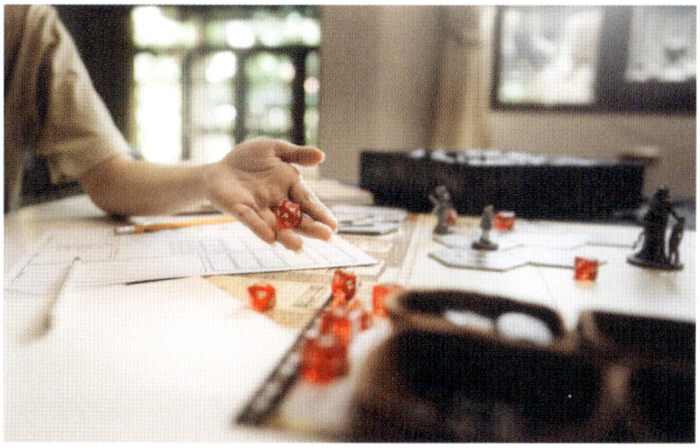

Abbildung einer Rollenspielrunde

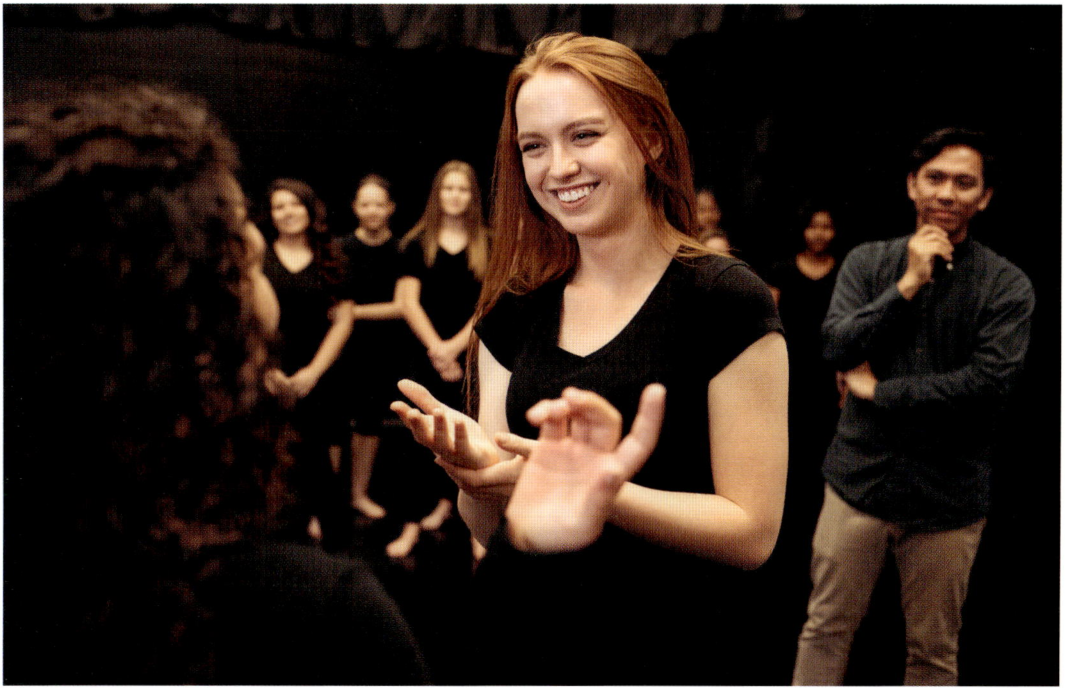

Szene aus einem Improvisationstheater

Kampf

Wie schon im Kapitel »Battlemaps« beschrieben, sind Kämpfe für viele Rollenspielende ein wichtiger Bestandteil jedes Abenteuers. Allerdings ist Kampf nicht gleich Kampf: Es gibt viele Möglichkeiten, Kämpfe zu designen und die Umsetzung ist manchmal gar nicht so einfach. Für einige fühlen sich Kämpfe wie ein ewiges Hin und Her an, weil sich die Kontrahenten im Grunde Runde für Runde versuchen zu attackieren, bis eine Person umfällt. Um das zu vermeiden, habe ich in diesem Kapitel ein paar Tipps für euch.

Kämpfe sollten nicht die Handlung des Abenteuers pausieren. Jeder Kampf muss genauso zur Geschichte beitragen wie alle anderen Szenen auch. Natürlich macht es Spaß, ein paar **Goblins** zu verdreschen. Nach dem zehnten Mal könnte das aber langweilig werden. Überlegt euch deshalb vor jedem Kampf, wie er die Story voranbringt und welche Ziele die unterschiedlichen

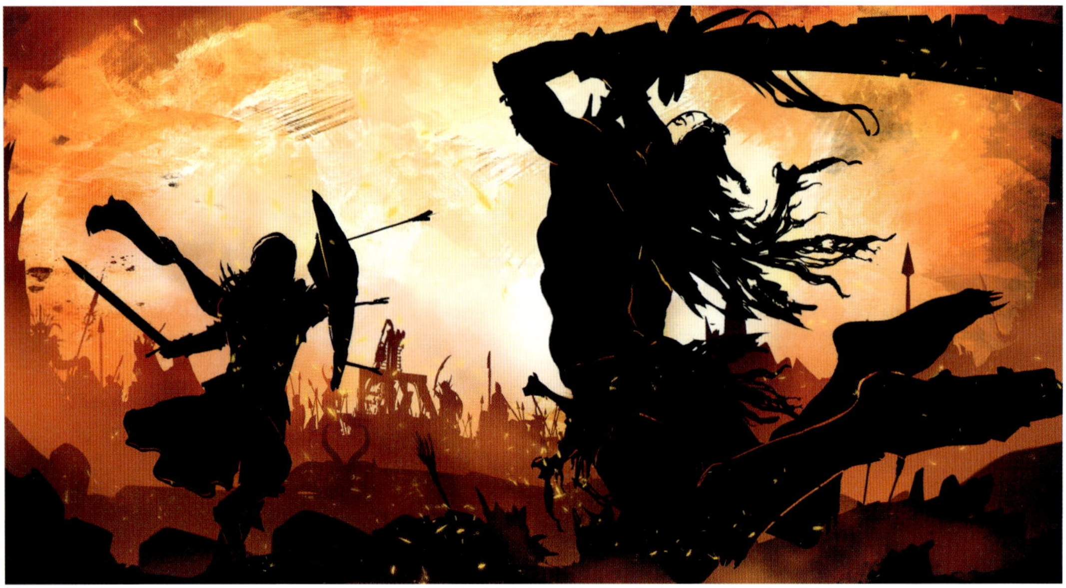

Ein Duell

Konfliktparteien haben. Letztendlich ist ein Kampf nichts anderes als das Zusammentreffen mehrerer Konfliktparteien, die versuchen, ihre Interessen gegenüber der anderen Gruppe durchzusetzen, und diese Interessen können sehr unterschiedlich sein. Vielleicht möchten die Gegenspieler*innen eure Helden nur von etwas abhalten? Vielleicht möchten sie aber einen besonderen Gegenstand aus deren Besitz? Überlegt euch gut, welchen Plan und welche Ziele die Feinde haben. Sie sollten nicht blindlings versuchen, die Charaktere zu bekämpfen. Richtet die Strategie der Gegner nach ihren Zielen aus und lasst sie auch zurückziehen, falls das Ziel nicht mehr erreicht werden kann. So macht ihr Kämpfe nicht nur abwechslungsreicher, sondern Gegner auch glaubwürdiger.

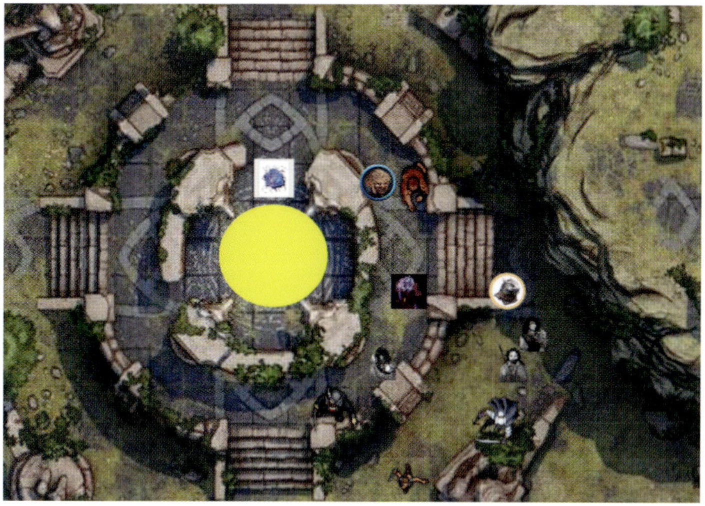

Screenshot einer Online-Battlemap

Überlegt euch außerdem, welche **taktischen Vor- oder Nachteile** die Umgebung bieten kann. Gibt es zum Beispiel dichte Vegetation, die den Fernkampf erschwert? Oder eine Herde von Schafen, die durch das Kampfareal rennt? Seid kreativ und überlegt euch ein oder zwei Elemente, die das Schlachtfeld besonders machen. Belohnt die Kreativität eurer Spielenden, wenn sie eine gute Idee haben, das Schlachtfeld zu ihrem Vorteil zu nutzen. In den meisten Gruppen gibt es Charaktere, bei denen der Kampf vielleicht nicht die größte Stärke ist. Sie profitieren besonders, wenn man ihnen die Freiheit gibt, ihre Fähigkeiten im Kampf kreativ einzusetzen. Diese kreativen Lösungen müssen auch nicht immer zu konkretem Schaden an den Feinden führen, sondern können Vorteile für Verbündete oder Nachteile für die Feinde erzeugen. Gleiches gilt auch für Feinde.

Wenn ihr das Gefühl habt, dass eure Gruppe zu gut auf Kämpfe vorbereitet ist, könnt ihr die Regeln mitten in einem Kampf ändern, indem ihr zum Beispiel das Schlachtfeld verändert oder neue Gegner auftauchen. Hier müsst ihr allerdings im Auge behalten, dass es nicht eure Aufgabe ist, die Charaktere umzubringen. Schaut, dass sich die Veränderungen fair anfühlen, und vielleicht gebt ihr den

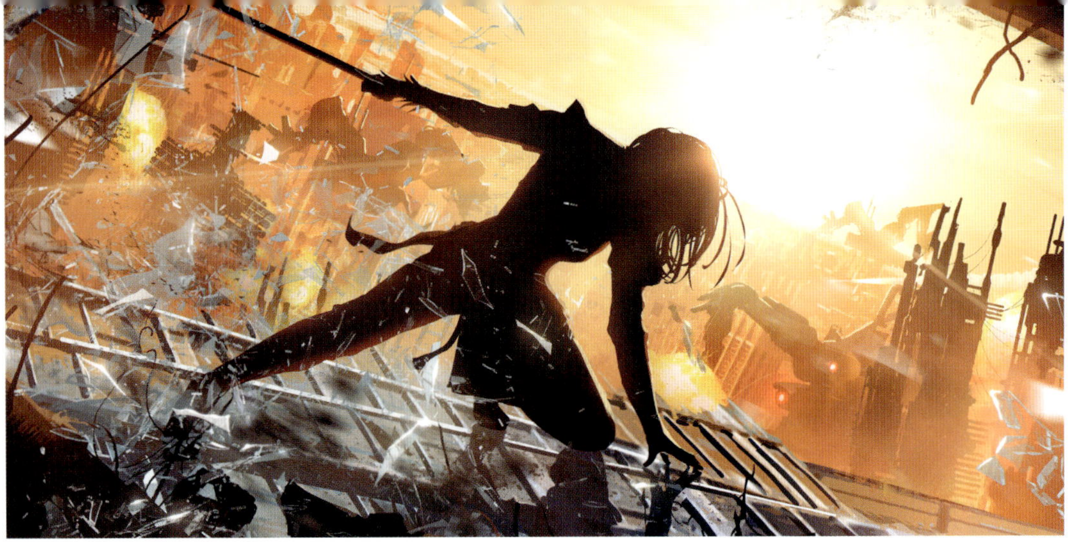

Eine kämpfende Frau vor einer Cyberpunk Kulisse

Spielenden Hinweise darauf, was auf sie lauern könnte. Lasst zum Beispiel die Erde vorab ein paar Mal erbeben, wenn ihr einen Teil des Schlachtfeldes mit einem Erdrutsch versiegeln wollt. Und feindliche Verstärkungen könnten bereits durch Geräusche in der Ferne identifiziert werden.

Um einen Kampf spannend zu gestalten, sind **unterschiedliche Gegnertypen** elementar. Die Werte von unterschiedlichen Monstern im Blick zu behalten, ist manchmal kompliziert. Für die Spielenden ist es aber deutlich interessanter, wenn nicht nur drei Wölfe auf sie zulaufen, sondern auch ein Alpha-Wolf, der andere Feinde verstärkt oder sogar neue Gegner auf das Spielfeld rufen kann. So müssen sich die Spieler*innen gut überlegen, wen sie als Erstes ausschalten, und ihre Taktik dynamisch an das Geschehen anpassen.

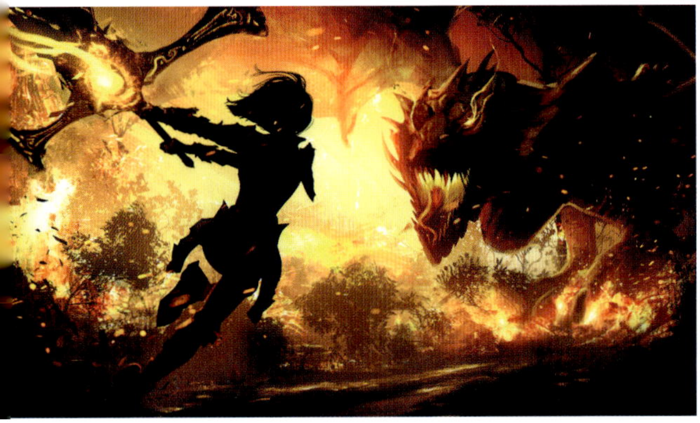

Kampf gegen einen Drachen

Eine der größten Herausforderungen im Schreiben von Kampfszenen ist der **Schwierigkeitsgrad**. Die Angaben zum Schwierigkeitsgrad eines Monsters sind für einige Rollenspiele wie »Dungeons & Dragons« bei komplexen Kämpfen mit mehreren Teilnehmer*innen manchmal etwas ungenau. Vieles kommt dort mit der Zeit und mit eurer wachsenden Erfahrung als Spielleitung. Ihr solltet euch auch nicht zu schade sein, den Schwierigkeitsgrad während eines Kampfes zu korrigieren. Vielleicht erhält eine der beiden Seiten unverhoffte Verstärkung? Oder das Schlachtfeld ändert sich?

Außerdem muss nicht jeder Kampf über mehrere Stunden gehen. Wenn eure Charaktere einen einfachen Weg gefunden haben, ihre Widersacher aus dem Weg zu räumen, solltet ihr sie nicht dafür bestrafen, indem ihr ihnen noch mehr in den Weg stellt. Denkt daran: Bei den meisten Rollenspielen geht es nicht darum, dass man gegen die anderen Spielenden spielt. Euer Job als Spielleitung ist es, den Rahmen für Heldentaten eurer Charaktere zu schaffen. Ihr werdet sicherlich ein schlechtes Gefühl haben, wenn die Held*innen einen von euch umfangreich erstellten Kampf recht einfach erledigen. Schluckt das schlechte Gefühl am besten runter und freut euch für eure Spielenden. Ich musste das selbst am eigenen Leib erfahren, als meine Spielenden ein ganzes Schiff voller Piraten, durch das sie sich kämpfen sollten, einfach mit einem Wasserzauber versenkten. Für diesen Kampf hatte ich extra eine mehrstöckige Kampfkarte gekauft und am Ende sank sie auf den Grund des Ozeans. Für meine Spielenden war es aber ein großer Moment des Triumphes, denen ich ihnen dann nicht missgönnen wollte.

Jetzt habt ihr ein paar Anhaltspunkte für das Erzählen eines guten Kampfs. Letztendlich gilt hier aber wie bei vielen Themen in diesem Buch auch: Macht, was euch und eurer Gruppe Spaß macht. Wenn ihr Spaß daran habt, gegen Massen des immer selben Gegnertyps anzutreten, dann macht genau das und lasst euch von mir nichts anderes erzählen. Am Ende zählt nur, dass ihr an eurem Tisch Spaß habt.

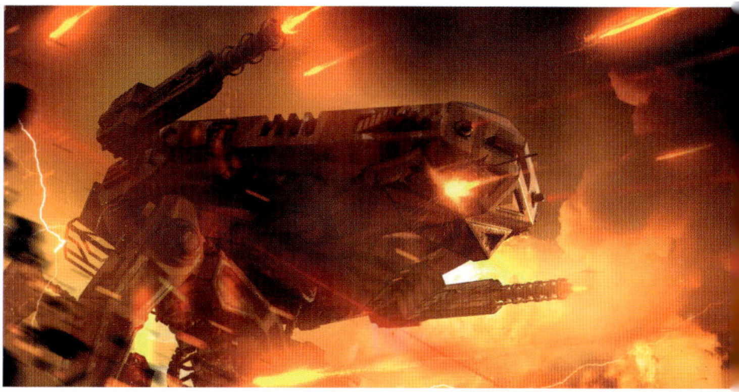

Als Spieler*in könnt ihr meine Tipps natürlich ebenfalls einsetzen. Gerade wenn es darum geht, einen Plan auszuhecken oder die nächsten Schritte zu planen, neigen Gruppen oft zu ellenlangen Diskussionen und kommen nicht zum Schluss. Das ist manchmal sehr unterhaltsam, kann aber schnell zu Konflikten führen. Auch hier lässt sich die **»Ja, und ...«-Technik** einsetzen. So können alle in der Gruppe einen Beitrag zum Plan leisten und es fühlt sich nicht so an, als müsste man unbedingt die eigene Meinung gegenüber der Gruppe durchsetzen. Am Ende müsst ihr natürlich nicht jede Idee umsetzen. Überprüft euren Plan nach der Brainstorming-Phase nochmal und identifiziert Probleme. Falls ihr dann einen Plan verwerft, seid ihr wenigstens auf dem Weg dahin nicht aneinandergeraten.

Kampagne

Früher oder später erlebt ihr als Spielgruppe vielleicht etwas längere und epischere Abenteuer als die, die ihr bisher gespielt habt. Sonst hat man selten die Möglichkeit, Charaktere bis zu einem hohen Level zu spielen oder eine Spielgruppe über Jahre zu unterhalten. Falls ihr genug von einzelnen Abenteuern habt, dann sind **Kampagnen** die nächste größere Herausforderung.

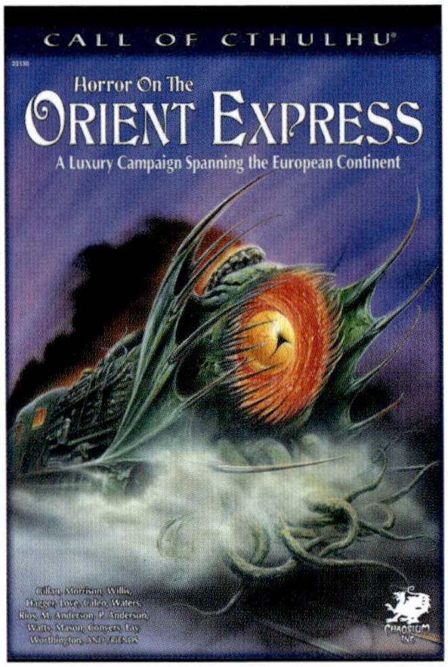

Cover von
»Horror im Orient-Express«

In der Regel ist eine Rollenspiel-Kampagne eine **Geschichte**, die über mehrere zusammenhängende Abenteuer erzählt und meistens mit denselben Charakteren über einen längeren Zeitraum gespielt wird. Einige Kampagnen dauern sogar mehrere Jahre und ein paar, die es auf dem Markt zu kaufen gibt, haben mittlerweile einen fast mythischen Status erreicht. Fragt mal alteingesessene Spielende von »Das Schwarze Auge« nach der **Borbarad-Kampagne**. Sie werden sicherlich aus dem Schwärmen nicht mehr rauskommen. Und ich könnte wahrscheinlich ganze Vorträge darüber halten, weshalb der **Orient-Express** für »Call of Cthulhu« so fantastisch ist. Vor einer solchen Kampagne solltet ihr euch aber bewusst sein, auf was ihr euch einlasst. Am ehesten lässt sich das vielleicht mit den **Star Wars**-Filmen vergleichen. Jeder einzelne erzählt eine eigene, in sich konsistente Geschichte, im Zusammenspiel ergibt aber alles einen größeren Sinn und Charaktere verändern sich maßgeblich. Und genau das ist für viele der Reiz an großen Kampagnen.

Viele legendäre Rollenspiel-Kampagnen erfordern Zeit und damit auch eine Gruppe, die langfristig gemeinsam spielen will. Aufgrund der abenteuerübergreifenden Geschichte ist es sehr schwer, neue

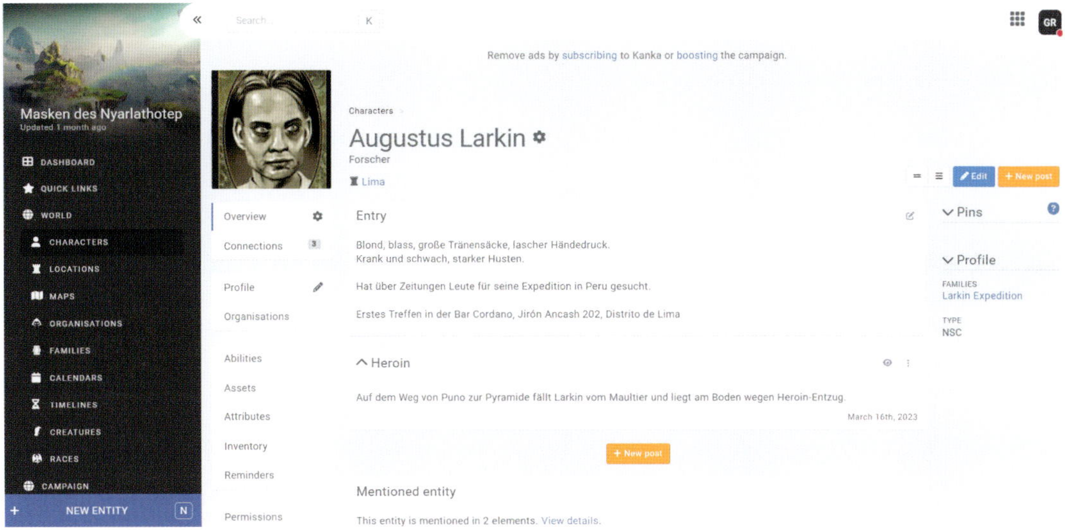

Ein Blick auf kanka.io

Spieler*innen in die Gruppe zu bringen oder Personen pausieren zu lassen. Die große Faszination an diesen Kampagnen liegt eben darin, dass man all die epischen Geschehnisse selbst erlebt. Deshalb könnte es sehr schnell unbefriedigend sein, wenn eine neue Person auf halbem Weg einsteigt und viele Zusammenhänge maximal aus Erzählungen kennt. Falls ihr trotzdem versuchen solltet, neue Spielende einzubinden, nehmt euch besonders viel Zeit, die Person gut in die Geschichte einzuführen und als Teil der Gruppe zu integrieren.

Ein entscheidender Aspekt bei Kampagnen sind regelmäßige Runden, denn die Spielenden müssen Informationen über mehrere Abenteuer hinweg aufnehmen und verarbeiten können. Wenn man nur einmal im Monat Zeit für eine Rollenspielrunde findet, erinnert man sich möglicherweise nicht mehr an alle Details der letzten Session und kann sich schlechter in die Spielwelt einfühlen. Mit **Notizbüchern** oder **Online-Tools** wie »kanka.io« oder »Worldanvil« kann man kostenlos alle Ereignisse einer Kampagne sowie wichtige Personen oder Orte übersichtlich verwalten. Das hilft nicht nur der Spielleitung, sondern auch den Spielenden. Wenn euch das zu viel Schreibarbeit für eine Person ist, könntet ihr die verschiedenen Aufgaben aufteilen. In unserer großen Cthulhu-Kampagne haben wir eine Person, die für den Terminkalender verantwortlich ist, während eine andere Person alle

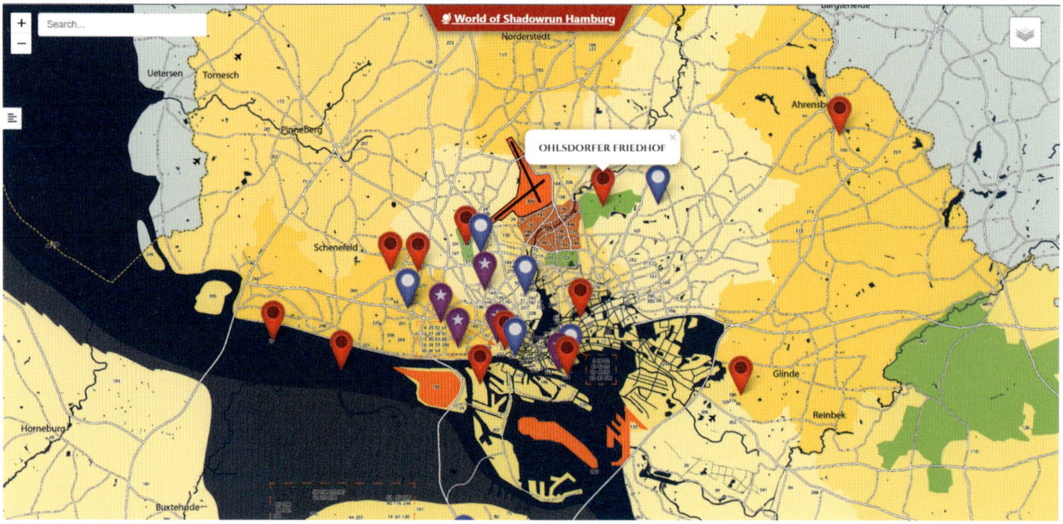

World Anvil

wichtigen Personen notiert und eine weitere Person wichtige Orte festhält. So könnt ihr den Aufwand für einzelne Personen minimieren und habt dennoch alle wichtigen Infos beisammen.

Auch für die Charaktererstellung bei einer Kampagne braucht ihr ein bisschen mehr Zeit als für ein Einzelabenteuer. Bei Kampagnen gibt es meist viel mehr Möglichkeiten, Charakterspiel zu betreiben und Hintergrundgeschichten der Held*innen zu erkunden. Als Spielleitung solltet ihr diesen Geschichten genug Raum geben und sie mit der Geschichte der Kampagne verknüpfen, um den Spielenden das Gefühl zu geben, dass ihre Charaktere wirklich Teil dieses epischen Abenteuers sind. Als Spielende arbeitet ihr dagegen an eurer Hintergrundgeschichte und lotet mit der Spielleitung die Integrationsmöglichkeiten für eure Charaktere aus.

Bei einer Kampagne, in der der Charaktertod eine stetige Bedrohung darstellt, solltet ihr euch frühzeitig darüber abstimmen, wie ihr in der Kampagne mit diesem Aspekt umgehen wollt. Im Idealfall habt ihr für solche Kampagnen bereits Ersatzcharaktere in petto, die vielleicht direkt mit der Hintergrundgeschichte eures ersten Charakters verwoben sind. Vielleicht hat euer nun toter Charakter eine Schwester, die sich auf den Weg macht, um die Aufgabe des ersten Charakters zu beenden.

So erleichtert ihr euch und eurer Spielleitung, den Charakter zu wechseln, falls es mal zum Ernstfall kommt.

Wenn ihr euch der Herausforderung stellen und eine komplett eigene Kampagne schreiben möchtet, steht ihr wahrscheinlich vor einem Berg Arbeit. Schaut euch meine Tipps in den Kapiteln »Abenteuer« oder »Homebrew« an und geht dann Schritt für Schritt vor. Behaltet immer die folgenden Dinge im Kopf, die eine Kampagne besonders machen:

- Eine Kampagne liefert eine **übergreifende Story**, die mehrere Abenteuer miteinander verbindet. Überlegt euch deshalb ein allgemeines Ziel für die Kampagne und richtet eure Einzelabenteuer nach diesem Ziel aus. Müssen die Charaktere ein uraltes Artefakt finden? Dann könnten die Einzelabenteuer die Suche nach diesem Artefakt darstellen. Denkt daran, dass jedes Kapitel genauso wie die übergreifende Story einen eigenen vollständigen Spannungsbogen haben sollte. Das heißt nicht, dass ihr schon alles genau aufgeschrieben haben müsst. Manchmal reicht es auch, den Anfang und das Ende zu definieren und in der Mitte zu schauen, wie die Spielenden planen, zum Ende zu kommen.
- **Wiederkehrende NSCs**: Die wichtigen Personen in eurer Geschichte sollten nicht nur in einzelnen Abenteuern auftauchen, sondern auch eine Bewandtnis für die übergreifende Geschichte haben. Freunde, die eure Spielenden auf dem Weg zum Ziel gefunden haben, könnten im großen Endkampf gegen die Bösewichte an deren Seite kämpfen, und die Bösewichte sollten eine immer bleibende Bedrohung in der Kampagne darstellen.
- Lasst euren Charakteren **Freiräume** für das Charakterspiel oder eigene Ideen. Vermutlich werden eure Spielenden sehr viel Zeit in die Kampagne investieren. Deshalb ist es nur fair, dass sie selbstständig agieren und eigene Pläne schmieden können. Charaktere sollten die Geschichte vorantreiben und nicht den Plot entlanggeschoben werden.
- **Interessante Spielwelt**: Wenn ihr eine eigene Spielwelt entwickelt, müsst ihr dafür sorgen, dass eure Spielenden Lust bekommen, diese Welt während der Kampagne zu entdecken. Lass deshalb Dinge im Dunkeln, damit sie von den Charakteren erkundet werden können. Ihr könntet jedem Charakter zum Start der Kampagne relevante Infos über Themen geben, die zum eigenen Charakter passen. Eine Magierin wird vermutlich mehr über die verschiedenen Zauberschulen einer Spielwelt wissen als ein Krieger.

- In Kampagnen sollten sich **Charaktere weiterentwickeln** können. Dies gilt einerseits auf einer mechanischen Ebene: Die Charaktere können Erfahrungspunkte oder Ähnliches verdienen, um ihre Spielwerte zu verbessern oder bessere Ausrüstung zu kaufen. Andererseits gilt das auch für die Ebene des Rollenspiels: Die Charaktere sollten persönlich wachsen können, sich ihren Ängsten stellen und zu echten Held*innen werden. Am besten besprecht ihr vorab, inwiefern eure Spielenden ihre Charaktere entwickeln möchten.
- **Habt Spaß**: Das ist bei allem das Wichtigste. Nehmt euch selbst und eure Kampagne nicht zu ernst und macht euch nicht zu viele Gedanken darüber, ob ihr jetzt gerade einen zweiten »Herrn der Ringe« erschafft. Am Ende schreibt ihr für euch und eure Spielgruppe, und solange alle Spaß haben, ist es egal, wie talentiert ihr als Autor*innen seid.

Zum Abschluss habe ich ein paar Empfehlungen für verschiedene Rollenspiele. Für »Das Schwarze Auge« gibt es neben der legendären »Borbarad-Kampagne« (auch »Die sieben Gezeichneten« genannt) die beliebte und ebenfalls zu den Klassikern gehörende »Phileasson-Saga«. Für »Call of Cthulhu« kann ich nicht nur den fantastischen »Orient-Express« empfehlen, sondern auch die »Masken des Nyarlathotep« und »Berge des Wahnsinns« sind seit Langem absolute Lieblinge der Fans. Falls ihr eher etwas für »Dungeons & Dragons« sucht, werdet ihr vielleicht mit »Abstieg nach Avernus« oder den »Geistern der Salzmarsch« zufrieden sein.

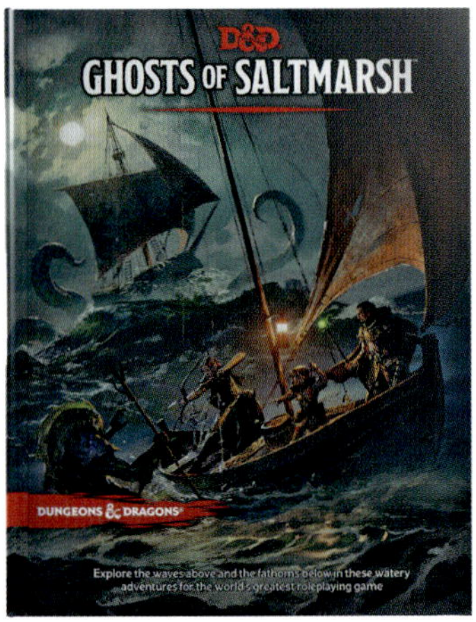

Cover von »Geister der Salzmarsch«

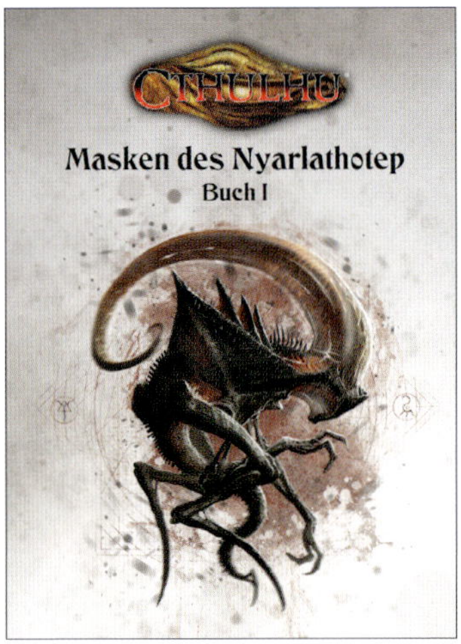

Cover von »Masken des Nyarlathotep«

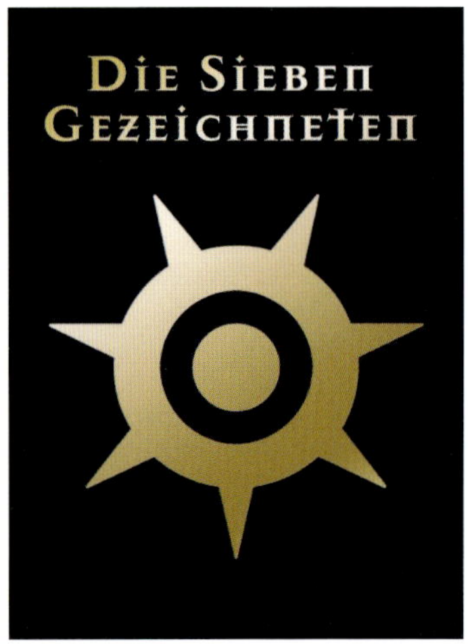

Cover von »Die Sieben Gezeichneten«-Kampagne

Leiten

Wenn ihr klassische Rollenspiele spielt, gibt es mit großer Wahrscheinlichkeit eine Person in eurer Spielgruppe, die für die Spielleitung zuständig ist und in manchen Systemen auch **Dungeon Master** oder einfach Meister genannt wird. In diesem Kapitel erkläre ich euch die grundlegenden Aufgaben einer Spielleitung, wenn ihr diese Rolle übernehmen möchtet.

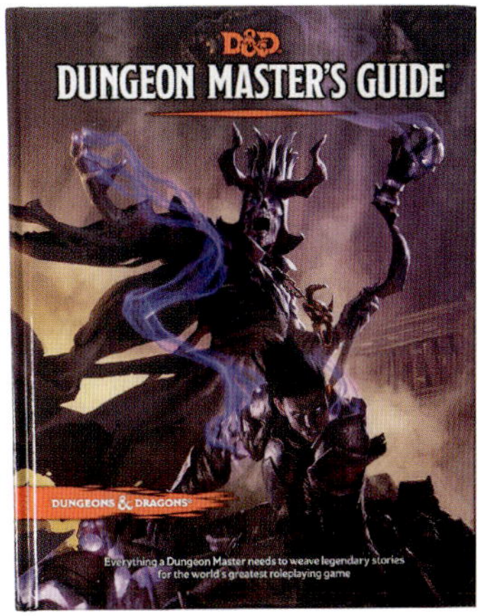

Cover des »Dungeon Masters Guide«

Als Erstes sollte eurer ganzen Gruppe klar sein, dass die Spielleitung zur Spielgruppe am Tisch gehört. Die Spielleitung ist nicht allein dafür verantwortlich, alle Spielenden zu unterhalten: Die gesamte Gruppe trägt diese Verantwortung und auch die Spielleitung hat ein Recht auf Spaß am Spieltisch. Auch wenn die Spielleitung die Antagonisten der Abenteuer spielt und den Spieler*innen immer Steine in den Weg legt, sollte es am Spieltisch nie zu einem »Spielleitung gegen Spieler*innen« kommen: Im Grunde arbeiten alle auf das Ziel hin, eine gute Zeit miteinander zu verbringen. Deshalb hat man als Spielleitung nicht zum Ziel, die Spielenden zu »besiegen« oder das Spiel zu »gewinnen«, sondern ein für alle angenehmes Spielerlebnis zu schaffen.

Die Spielleitung ist eine Art **Schiedsrichter** bei Regelfragen. Sie ist aber nicht verpflichtet, alle Regeln auswendig zu kennen. Gerade bei komplexeren Rollenspielen wie »Das Schwarze Auge« oder »Shadowrun« kann man ohne Spielerfahrung kaum alles wissen. Hier helfen euch Spielleiterschirme, in denen oft die wichtigsten Regeln zusammengefasst sind oder die euch die Möglichkeit bieten, eigene Regelnotizen in Sichtweite aufzubewahren. Doch selbst mit einem Schirm hat man nie alle Regeln parat, weshalb man sich am besten auf die Regeln konzentriert, die wirklich benötigt werden. Wenn ihr

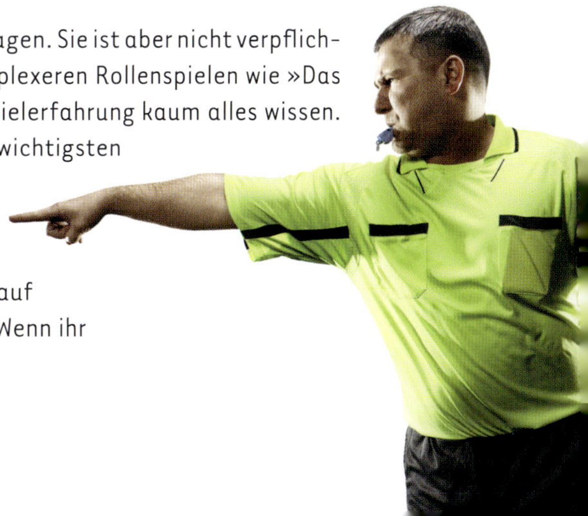

beispielsweise in »Shadowrun« keinen Hacker (in der Spielwelt »Decker« genannt) habt, müsst ihr nicht jede einzelne Regel zum Decken auswendig kennen. Kommt aber in der nächsten Spielsession etwas vor, das auf diese Regeln zurückgreift, kann man sich vorbereiten. Außerdem könnt ihr die Verantwortung für die Regeln bis zu einem gewissen Grad auf die anderen Spielenden übertragen. Möchte ein Spieler einen magiebegabten Charakter spielen, sollte die Person wissen, wie Magie in eurem Regelsystem funktioniert und welche Zauber sie sprechen kann. Als Spielleitung hast du zwar immer einen Überblick über diese Regeln, die eigentliche Expertise zu Detailfragen kann aber bei den Spielenden liegen.

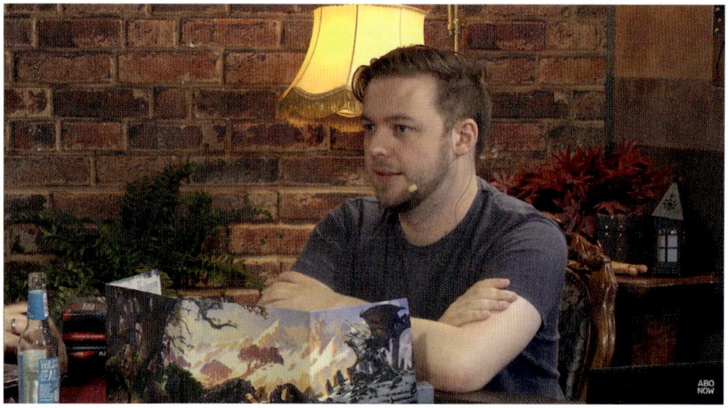

Steffen Grziwa als Spielleiter bei Rocket Beans TV

Eine weitere Aufgabe der Spielleitung ist die **Beschreibung der Spielwelt**. Versucht, neue Orte kurz und bündig zu beschreiben, gleichzeitig aber alle Sinne der Charaktere anzusprechen. Beschreibt nicht nur, was die Charaktere sehen, sondern auch was sie hören, riechen, fühlen und vielleicht sogar schmecken. So erzeugt ihr bei euren Spielenden schneller ein vollständiges Bild im Kopf. Achtet bei der Beschreibung darauf, nicht zu ausschweifend zu werden und den Spielenden klarzumachen, welche Elemente in der Szene wirklich wichtig sind und welche vielleicht eher nicht. Ähnliches gilt für die Darstellung von **Nicht-Spieler-Charakteren** (NSCs), zu denen es ein eigenes Kapitel in diesem Buch gibt.

Und natürlich obliegt der Spielleitung die **Vorbereitung des Abenteuers**. Macht euch für das gesamte Abenteuer und jede einzelne Spielsession Notizen, was im Abenteuer vorkommen soll. Zur Vorbereitung gehören wichtige Orte, Personen und Gegenstände sowie das Voranbringen der Geschichte. Achtet hier darauf, den Spielenden nicht zu viele Freiheiten zu nehmen. Letztendlich spielt ihr das Abenteuer gemeinsam und es geht nicht darum, dass du einen interaktiven Roman mit den Spielenden nacherzählst. Wenn die Spielenden einen Pfad nehmen, den ihr nicht vorhergesehen habt,

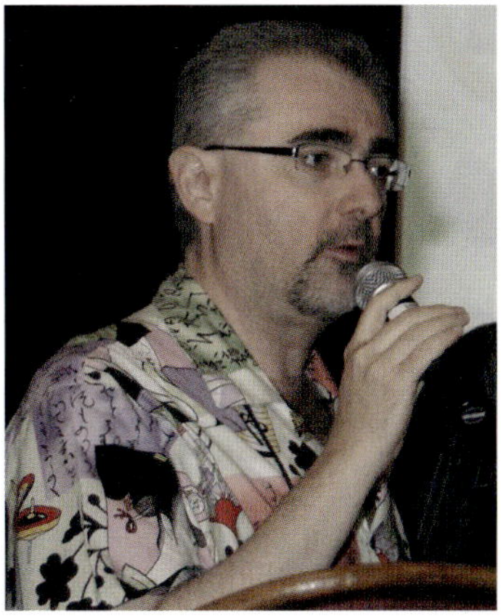

Robin Laws

verfallt nicht in Panik, sondern versucht zu improvisieren. Hilfe dazu findet ihr im Kapitel »Improvisieren«.

Die letzte Aufgabe der Spielleitung ist es, einen **reibungslosen Ablauf des Spielabends** zu ermöglichen und darauf zu achten, dass alle am Spieltisch einen angenehmen Abend haben. Dazu gehört eine faire Verteilung der Redezeit: Wenn es Spieler*innen gibt, die ständig im Fokus der Geschichte stehen möchten, müssen auch die anderen Charaktere Möglichkeiten erhalten, einzugreifen und Dinge zu tun. Hier die richtige Mitte zu finden, ist allerdings manchmal nicht so einfach. Genauso wie es Spielende gibt, die gern im Fokus stehen, gibt es auch Menschen, denen es reicht, dass ihr Charakter mitläuft und sie die Geschichte passiv erleben. Hier müsst ihr ein bisschen eure Spielgruppe kennenlernen und nachfragen, welche Erwartungen die Spielenden an das Rollenspiel haben. In der **Rollenspieltheorie** werden Spielende klassischerweise in eine von sieben Rollen kategorisiert, die 2002 durch den kanadischen Rollenspielautor **Robin D. Laws** erstmalig aufgestellt wurden. Natürlich sind solche Kategorien immer nur mäßig aussagekräftig, da Menschen sehr verschieden sind und unterschiedliche Bedürfnisse haben. Nichtsdestotrotz können diese Kategorien helfen, besser zu verstehen, was sich einzelne Spielende vom Spiel wünschen. Deshalb möchte ich sie euch kurz vorstellen:

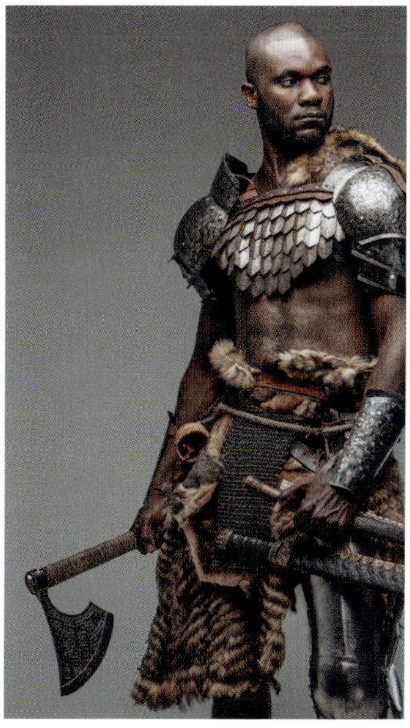

- **Powergamer**: Powergamer achten extrem auf die Zahlen, mit denen die Fähigkeiten des Charakters beschrieben werden. Es ist ihnen wichtig, ihren Charakter möglichst zu optimieren und entsprechend Fähigkeiten und Ausrüstung zu verbessern. Spielende in dieser Kategorie mögen eher komplexere Regelsysteme, bei denen es viele Möglichkeiten zur Optimierung gibt. Im Spiel wollen sie Erfahrungspunkte und besondere Ausrüstung sammeln, um ihren Charakter weiter zu verbessern.

- **Kämpfer**: Wie es der Name schon sagt, sind Kämpfer*innen besonders an Kämpfen interessiert. Sie möchten taktisch vorgehen und sich heldenmutig Drachen in den Weg stellen. Die Kämpfe müssen fordernd und fair sein, weshalb man mit diesem Spielertyp ein größeres Augenmerk auf die Balance der Kämpfe setzen sollte. Außerdem helfen ihnen Battlemaps bei der Visualisierung der Kämpfe.
- **Taktiker**: Taktiker*innen diskutieren gern über die nächsten Schritte und entwickeln elaborierte Pläne, das Ziel des Abenteuers zu erreichen. Sie möchten Freiheiten bei der Entwicklung eines Plans und brauchen keine vorgegebene Lösung. Mit ihnen ist es wichtig, Freiräume für diese Pläne zu schaffen und sich auf Eventualitäten vorzubereiten, die sich die Spielenden ausdenken könnten.
- **Spezialisten**: Spezialist*innen spielen oft die gleichen Charaktere, auch wenn sie es sich vielleicht nicht eingestehen. Dabei geht es ihnen nicht immer darum, dieselbe Charakterklasse zu spielen. Sie nehmen eher dieselben Rollen innerhalb der Abenteuergruppe ein. Spielende, die andere gern unterstützen, spielen in »Dungeons & Dragons« zum Beispiel meist Kleriker*innen, während sie in »Shadowrun« auf Magier mit Heilzauber zurückgreifen. Um sie zufriedenzustellen, müsst ihr ihnen die Möglichkeit geben, ihre bevorzugten Charaktertypen effektiv zu spielen.
- **Method Actor**: Sie spielen ihre Charaktere besonders stark aus. Ihnen gefällt der schauspielende Aspekt am Rollenspiel am meisten. Sie haben oft elaborierte Hintergrundgeschichten und möchten Zeit und Raum im Rollenspiel bekommen, um diese auszuspielen. Sie sollten die Möglichkeit haben, sich ebenfalls an der Beschreibung der Spielwelt zu beteiligen.

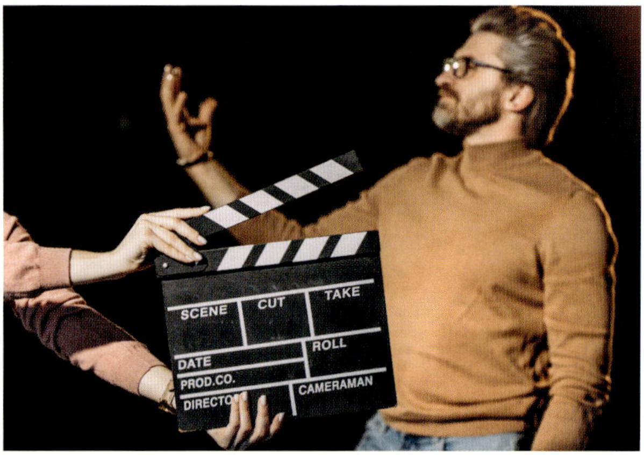

- **Geschichtenerzähler**: Ihnen ist die Geschichte, die ihr gemeinsam schreibt, am wichtigsten und sie tun alles dafür, dass diese episch wird. Ihr solltet sie beim Schreiben des Abenteuers einbinden und versuchen, ihre Ideen zu integrieren. Gleichzeitig möchten Geschichtenerzähler*innen die Geschichte voranbringen und nicht ewig herumdiskutieren.
- **Gelegenheitsspieler**: Gelegenheitsspieler*innen geht es weniger um das Hobby selbst, sondern mehr um das gemeinsame Spielen. Sie sind meist schon damit zufrieden, wenn sie Zeit in der Gruppe verbringen können, und sie möchten nicht zu tief ins Rollenspiel involviert werden. Es muss nicht heißen, dass eine Person keine gute Zeit hatte, wenn sie sich kaum ins Rollenspiel eingebracht hat. Hier kann das eigene Gefühl manchmal trügen.

Natürlich müsst ihr jetzt nicht eure gesamte Spielrunde psychologisch kategorisieren. Falls eurer Meinung nach etwas nicht so richtig in eurer Gruppe läuft, können die Spielertypen weiterhelfen. Vielleicht erkennt ihr so eine Person in der Gruppe, deren Bedürfnisse sich aktuell nicht mit eurem Abenteuer deckt. Im Zweifelsfall sprecht einfach miteinander und klärt die Probleme direkt.

Zum Abschluss möchte ich noch etwas zum Thema Spielmaterial sagen: Als Spielleitung seid ihr wahrscheinlich die Person, die mit dem Regelwerk eurer Wahl die meiste Zeit verbringt. Außerdem werdet ihr die Abenteuer lesen müssen, die ihr gemeinsam spielen wollt. Und wenn ihr auf Kaufabenteuer und große Kampagnen zurückgreift, kann das schnell recht teuer werden. Deshalb solltet ihr euch in eurer Spielgruppe darüber verständigen, wer diese Kosten trägt. Es liegt nicht in eurer Verantwortung als Spielleitung, alle Materialien zu kaufen und bereitzustellen. Die anderen Spielenden profitieren auch davon, was ihr als Spielleitung anschafft.

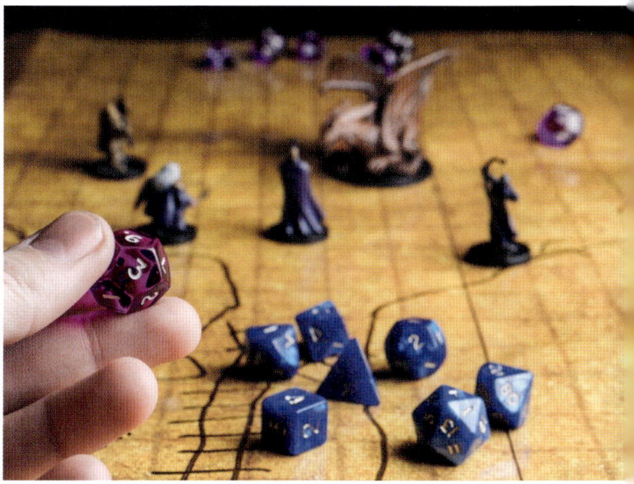

Monster

Ein **dunkler Schatten** streift durch das Unterholz, aus der Ferne erklingt das Huschen von großen Schwingen und **unnatürliche Schreie** hallen von den Berggipfeln wider. Seit der Mensch Geschichten schreibt, sind Monster diese dunklen Wesen, die uns das Blut in den Adern gefrieren lassen. Doch was macht ein gutes Monster aus und wie bastelt man sich ein eigenes? Vielleicht habe ich in diesem Kapitel ein paar Tipps für euch. Und im Kapitel zu Bösewichten findet ihr heraus, wie man Bösewichte und Antagonisten in eine Abenteuerstruktur einbaut und was dabei zu beachten ist. Allerdings haben Monster ein eigenes Kapitel verdient, da sie oft etwas anders funktionieren als die klassischen Bösewichte.

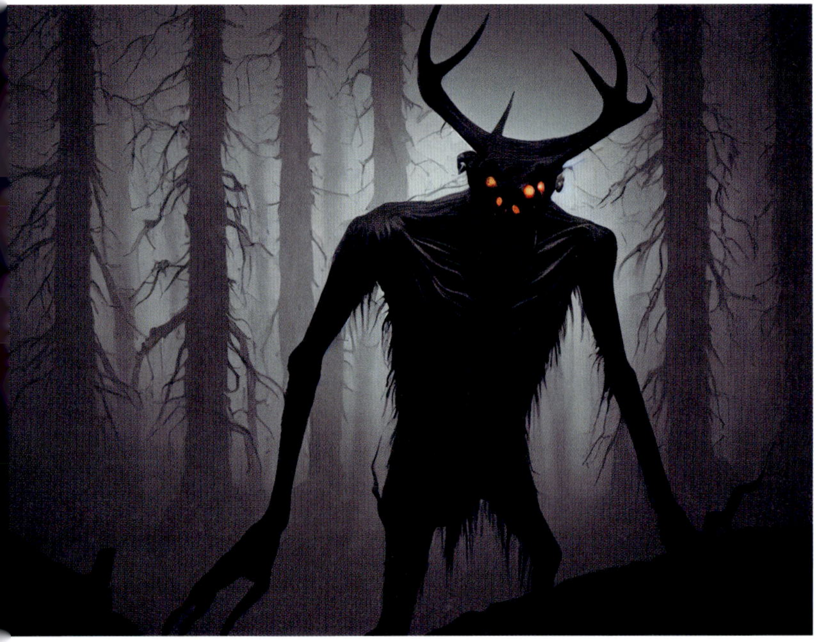

Monster mit Hirschkopf

Beginnt wie immer mit einem **Konzept** und einem **Ziel**. Überlegt euch also, inwiefern euer Monster in euer Abenteuer passt und was ihr mit dem Monster erreichen wollt. Sucht im Monsterhandbuch eures Rollenspiels nach interessanten Konzepten, die ihr anpassen könnt. Aber vielleicht gibt es in anderen Rollenspielen interessante Kreaturen, die sich für eure Zwecke leicht anpassen lassen. Wie bei vielen anderen Aspekten des Rollenspiels gilt: lieber gut adaptiert als schlecht neu gedacht. Natürlich könnt ihr euch auch an der echten Welt orientieren und **Wesen aus Sagen**

und Legenden oder aus der Natur als Basis für euer Monster nutzen. Ein riesiger Monsterschmetterling? Warum nicht!

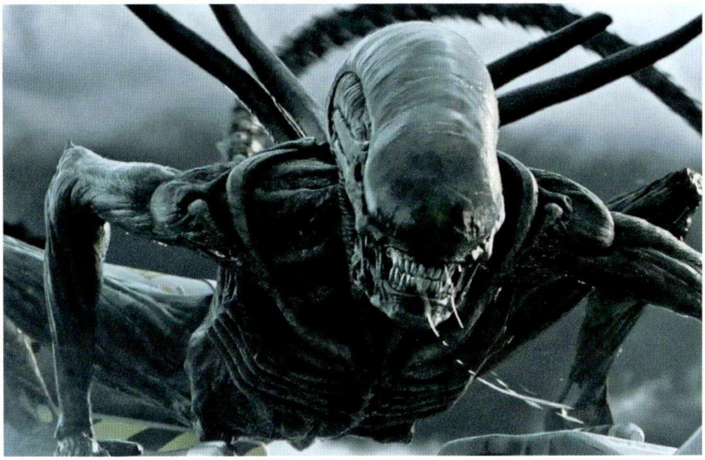

Ein Xenomorph

Wenn ihr eine Grundidee habt, könnt ihr das Monster mit eurem Abenteuer verflechten. Hier ist wichtig, dass ihr die Kreatur den Spielenden nicht sofort präsentiert. Die Spannung an einem Monster wird meist nicht durch das Monster selbst erzeugt, sondern über Andeutungen und das, was es hinterlässt. Versucht die Kreatur erstmal im Schatten zu halten und lasst eure Spielenden zunächst Nahrungsreste oder Opfer des Wesens finden. Vielleicht gibt es Notizen oder Tonbandaufnahmen, die am Ort des Abenteuers hinterlassen wurden und die sich mit dem Monster beschäftigen. Die Spielenden sollen sich fragen, wer solche Spuren hinterlässt, und nicht sofort wissen, worum es sich handelt. Ein gutes Beispiel sind hier die **Xenomorphs** aus den Alien-Filmen oder das Monster aus dem Film **Cloverfield**, das im ganzen Film nie wirklich gezeigt wird. Irgendwann sollten die Held*innen aber dem Monster gegenüberstehen und bis dahin haben sie hoffentlich einen gehörigen Respekt vor ihrem Gegenspieler.

Der Moment des ersten Aufeinandertreffens von Helden und Monster muss gut geplant sein. Ihr müsst dabei nicht direkt alles an der Kreatur erscheinen lassen. Vielleicht sehen die Charaktere zunächst einen großen Schatten oder ledrige Haut, die in einem Lüftungsschacht verschwindet. Die Konfrontation ist dann der Höhepunkt eures Spannungsbogens. Deshalb sollte der Kampf gegen das Monster nicht zu simpel sein und seine eigene Geschichte erzählen. Überlegt euch also, wie euer Monster besiegt werden kann. Hat es irgendwelche Schwächen,

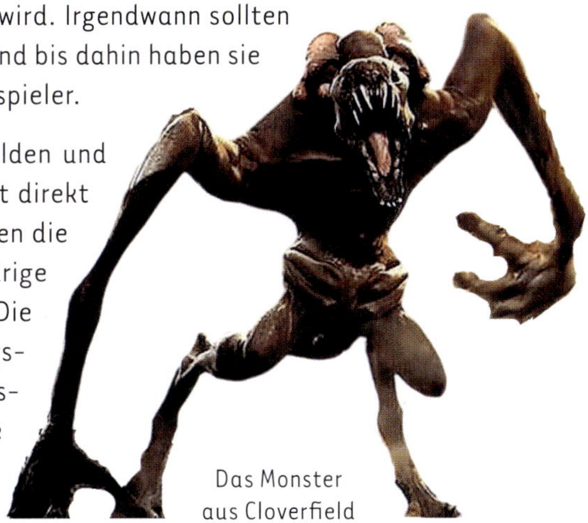

Das Monster aus Cloverfield

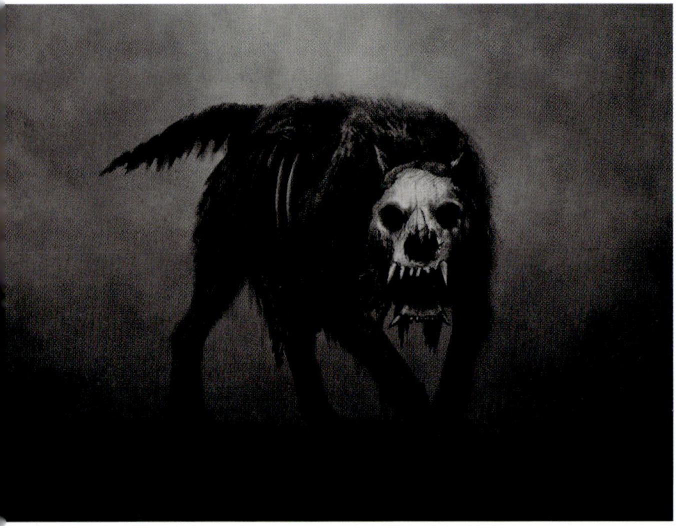

Bild eines hundeähnlichen Monsters

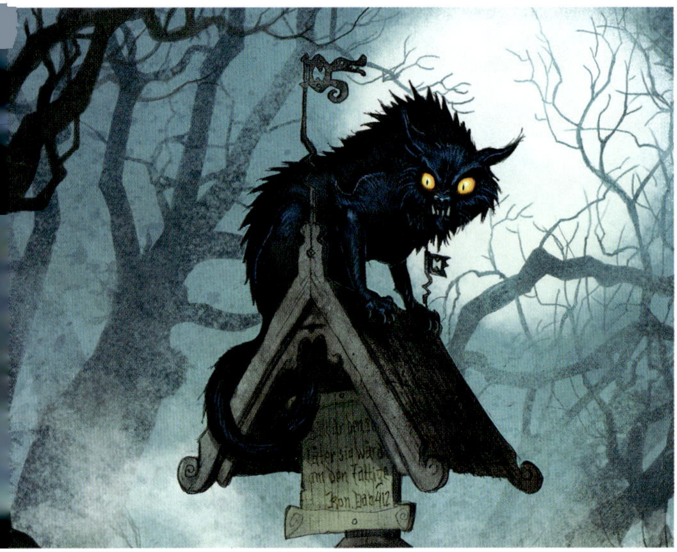

Ein Monster aus Vaesen

die ausgenutzt werden können, oder gibt es magische Rituale, die durchgeführt werden müssen, um das Monster ein für alle Mal zu verbannen? Deshalb sollte es auch Teil des Abenteuers sein, die Spielenden zu diesen Informationen zu führen. Überlegt also, wo diese Informationen an eure Spielenden weitergegeben werden.

Nun kommen wir zum **Aussehen des Monsters**. Hier könnt ihr ebenfalls auf bekannte Monsterdesigns aus Filmen oder Legenden zurückgreifen, versucht aber dem Monster eine gewisse Andersartigkeit zu geben. Monster sind gruselig, weil sie am Rande der menschlichen Logik agieren und oft nicht den Gesetzen der Physik zu gehorchen scheinen. Die Spannung am Spieltisch ist schnell ruiniert, wenn ein Monster zu sehr an etwas Bekanntes erinnert. Nicht nur die Held*innen, sondern auch die Spielenden sollten mehr über das Monster herausfinden wollen, um es anschließend zu bezwingen.

Falls ihr ein gutes Rollenspiel mit einem Fokus auf Monster sucht, möchte ich euch **Vaesen** ans Herz legen. In diesem Rollenspiel geht es um Kreaturen aus der nordischen Mythologie, die sehr gut für die Spielleitung aufbereitet werden. Die Wesen werden nicht nur gut beschrieben, sie haben auch eigene Ziele und meist auch gut skizzierte Schwächen, die man ausnutzen muss, um die Monster zu bezwingen. Damit ist »Vaesen« nicht nur ein super Rollenspiel, sondern auch eine gute Quelle für interessante Monster. Natürlich ist aber auch die **Witcher-Reihe** eine fantastische Quelle für gute Monster.

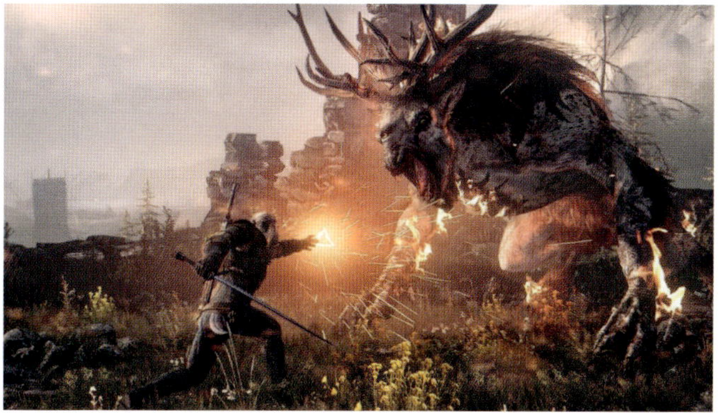

Screenshot aus dem Spiel Witcher 3

Musik

Musik ist ein fantastisches Mittel, um Emotionen und Spannung am Spieltisch zu erzeugen. Deshalb ist das Heraussuchen von passender Musik und Ambient-Geräuschen für mich mittlerweile ein fester Bestandteil der Vorbereitung eines Spielabends. Natürlich muss nicht jede Gruppe mit Musik am Spieltisch sitzen, allerdings könntet ihr es ja vielleicht einmal ausprobieren. Und keine Sorge: Ihr müsst nicht Filmmusik studiert haben, um entsprechende **Effekte am Spieltisch** erzielen zu können.

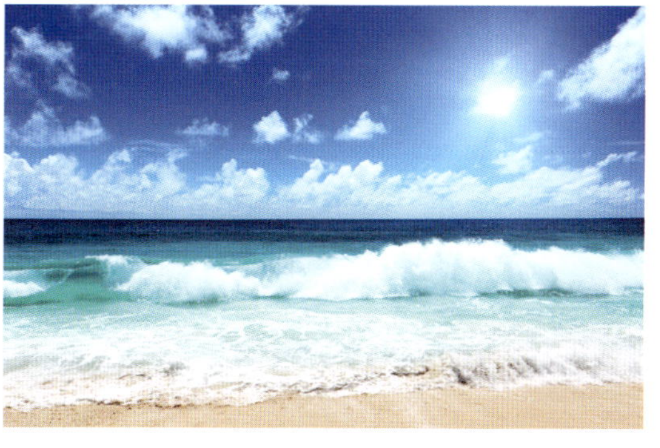

Zwischen Musik und Ambient-Geräuschen bzw. Soundscapes gibt es einen Unterschied: **Musik** ist das, was man klassischerweise auch aus Film, Fernsehen und Videospielen kennt, also zeitlich begrenzte Musikstücke mit einer festen Struktur, die eingesetzt werden können, um bestimmte Gefühle zu erzeugen oder passende Bilder vor den Augen der Spielenden entstehen zu lassen. **Ambient Sounds** oder auch **Soundscapes** sind eher Hintergrundgeräusche, die helfen sollen,

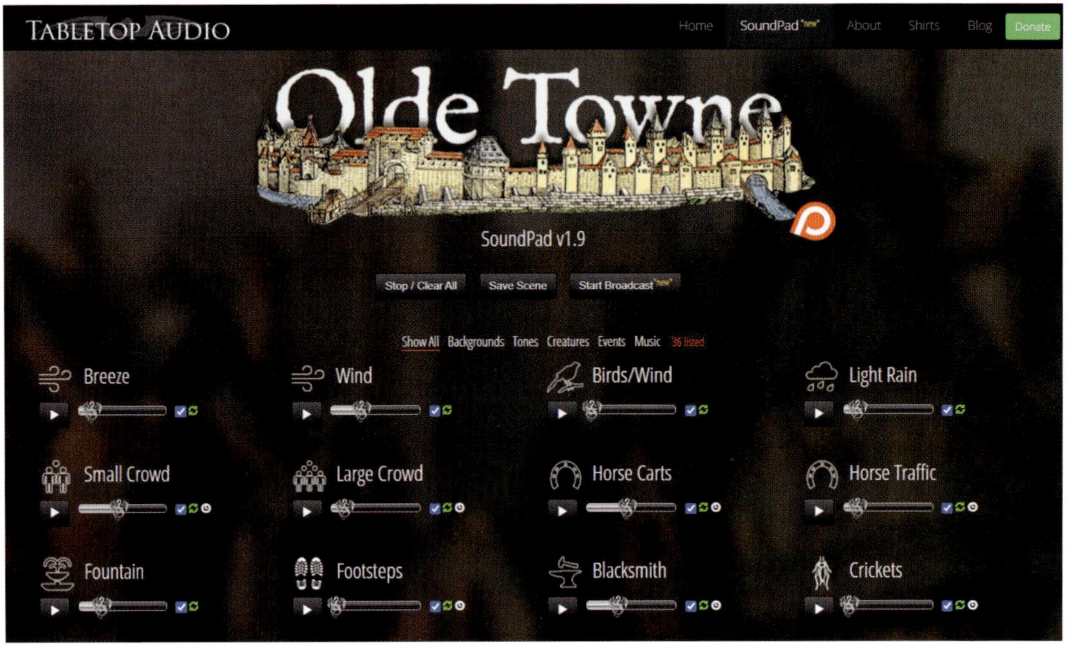

Screenshot aus Tabletop Audio

sich besser in Szenen hineinzuversetzen. Das sind zum Beispiel Geräusche einer Brandung oder von Möwen, wenn man gerade eine Szene am Meer spielt, oder die Geräusche von Menschen und Marktkarren, die einen belebten Dorfplatz bevölkern. Sowohl Musik als auch Ambient Sounds erzeugen dabei eine ähnliche Wirkung. Probiert am besten ein bisschen aus, welche Mischung euch am besten gefällt.

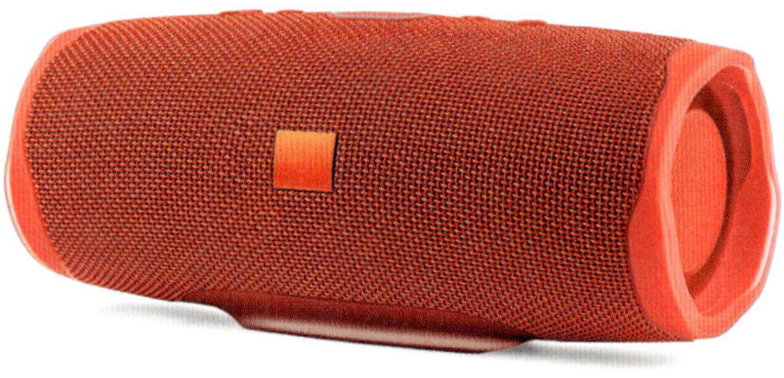

Außerdem gibt es ein paar Unterschiede zwischen Musik und Sounds an virtuellen oder analogen Spieltischen. Solltet ihr mit eurer Runde online spielen, empfehle ich euch die Verwendung eines **Virtual Tabletops** (VTT). Sie bieten meist direkt eingebaute Möglichkeiten zum Abspielen von Musik und Sounds, sodass alle Spieler*innen ganz entspannt mithören können. Spielende können sogar selbst entscheiden, ob sie Musik haben möchten oder nicht. Eine Liste von VTTs findet ihr im Kapitel »Online spielen«. In den meisten VTTs könnt ihr außerdem Playlisten anlegen, damit ihr nicht ständig einzelne Sounds oder Musikstücke durchwechseln müsst.

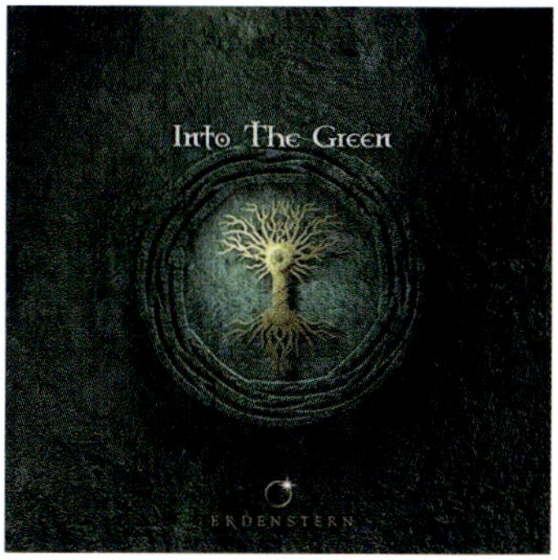

Cover des Erdenstern-Albums »Into the Green«

Etwas komplizierter wird es, wenn ihr mit eurer Gruppe ganz klassisch an einem analogen Tisch sitzt. Natürlich könnt ihr die Musik immer über einen Laptop oder ein Tablet abspielen, wenn ihr sie für eure Spielverwaltung nutzt. Prüft aber vorher, ob ihr die Musik über **externe Lautsprecher** wiedergeben könnt. Viele Laptop- oder Tablet-Lautsprecher haben oft nicht die beste Qualität und es wäre schade, wenn eure wohl ausgewählte Musik am Ende nicht gut klingt. Aus diesem Grund solltet ihr auch unbedingt auf Handylautsprecher verzichten und lieber ein bisschen Geld in eine Bluetooth-Box investieren. Wer am Spieltisch ganz auf Technik verzichten will, kann ganz klassisch CDs verwenden. **Erdenstern** hat zum Beispiel fertig abgemischte Soundscapes, die ihr über einen CD-Player abspielen könnt, wenn ihr so was noch zu Hause habt.

Jetzt stellt sich natürlich die Frage, wo man passende Musik und Soundeffekte herbekommt. Die Möglichkeiten sind fast unbegrenzt, wenn ihr privat nur für euch spielt. Eine **gute Quelle** für hochwertige Musik sind Film- und Videospielsoundtracks, wie zum Beispiel aus der **Assassins Creed**-Reihe oder von den »Herr der Ringe«-Filmen. Allerdings solltet ihr darauf achten, dass eure Spielenden nicht zu sehr abgelenkt werden, und deshalb nicht unbedingt etwas aus dem Soundtrack eures gemeinsamen Lieblingsspiels verwenden. Gleichzeitig gibt es auf **YouTube** viele Künstler*innen, die Soundtracks in Form von Playlisten speziell für Rollenspiele zusammengestellt haben. Ein

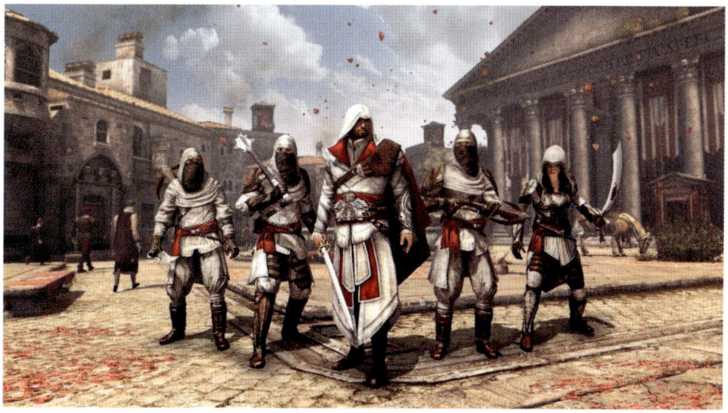

Screenshot aus »Assassins Creed Brotherhood«

gutes Beispiel ist der Kanal »Ambient Worlds«. Dort findet ihr in der Regel auch Ambient Sounds, die man wunderbar für das Rollenspiel nutzen kann. Darüber hinaus gibt es mittlerweile unzählige Internetseiten, die Ambient Sounds speziell für Rollenspiele anbieten. Über die **Soundpads von Tabletopaudio** bekommt ihr zum Beispiel eine Sammlung mit nach Themen sortierten Soundeffekten, die ihr nach Belieben ein- und ausschalten könnt. Diese Programme gibt es mittlerweile als praktische Apps für Handy und Tablet.

Auf die Musikrechte müsst ihr immer dann achten, wenn ihr eure Rollenspielrunden streamen, als Podcast oder Video hochladen oder bei öffentlichen Veranstaltungen verwenden möchtet. Informiert euch deshalb, welche Rechte im deutschen Raum gelten, und nehmt nicht einfach irgendwelche Musik oder Soundeffekte, die ihr im Internet gefunden habt. Einige Künstler*innen bieten Musik zur freien Verwendung an. Diese Musik erkennt man meistens am Label »Royalty Free« oder an der »Creative Commons«-Lizenz. Doch auch hier gibt es immer wieder Einschränkungen, zum Beispiel bei der Benutzung für kommerzielle Zwecke. Prüft deshalb unbedingt immer auf den Seiten, von denen eure Musik und Soundeffekt stammen, ob etwas zur Verwendung angegeben ist. Bei einer freien Verwendung solltet ihr die Künstler*innen aber zumindest bei euch verlinken. Und nutzt die Musik ohne Hinweise zu Lizenzen oder der Verwendung lieber nicht. Und zum Abschluss noch ein kleiner Disclaimer: Ich bin kein Anwalt. Informiert euch im Zweifelsfall deshalb bitte selbst, falls ihr urheberrechtlich geschütztes Material wie Musik und Sounds bei euch verwenden wollt.

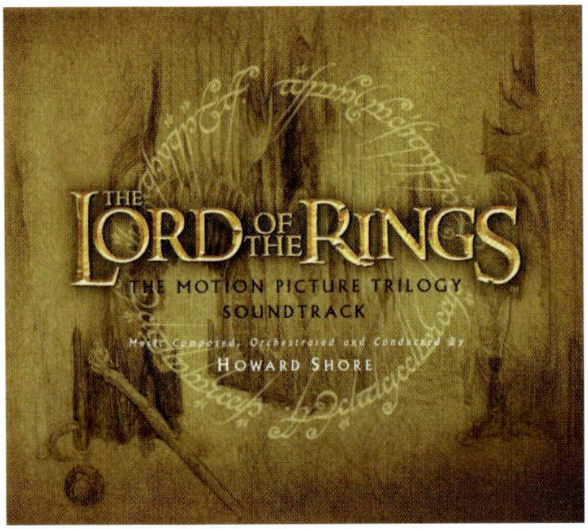

Cover des Soundtracks
von »Der Herr der Ringe«

N

NSCs

Neben den Charakteren, die von den Spielenden in eurer Runde gesteuert werden, gibt es in so ziemlich jedem Rollenspiel noch die sogenannten »**Nicht-Spieler-Charaktere**« oder kurz **NSCs**, also alle anderen Personen, die in der Regel von der Spielleitung gesteuert werden. Das können wichtige Questgeber sein, die Bösewichte eurer Geschichte oder Erna von nebenan, die ein paar Gerüchte zum Besten geben kann. Dabei solltet ihr nicht den Anspruch haben, jeden NSC detailliert auszuarbeiten. Manche NSCs dienen nur einem bestimmten Zweck und sind dann schnell obsolet. Die wichtigen Aspekte eines NSC spielen deshalb eine entscheidende Rolle.

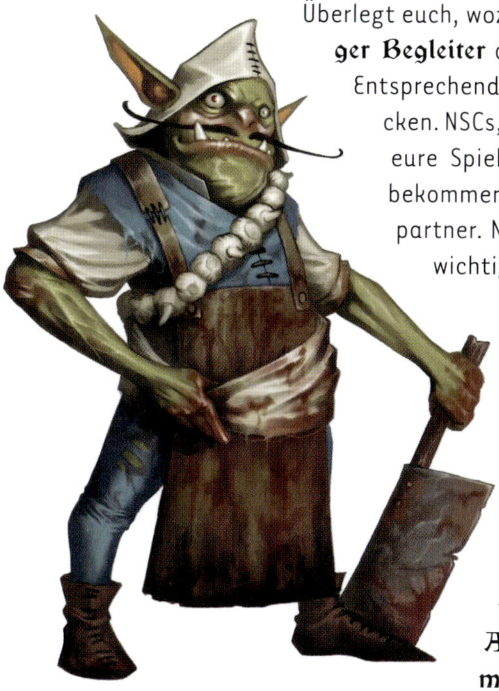

Goblin-Koch aus Pathfinder

Überlegt euch, wozu ein NSC überhaupt da ist: Soll die Person ein **ständiger Begleiter** der Held*innen sein oder nur eine **kurze Begegnung**? Entsprechend viel Arbeit müsst ihr in die Entwicklung der Person stecken. NSCs, die über eine längere Zeit relevant bleiben und zu denen eure Spielenden eine emotionale Verbindung aufbauen sollen, bekommen etwas mehr Entwicklungszeit als einmalige Gesprächspartner. Nehmt euch deshalb im Spiel die Zeit zum Einführen der wichtigen NSCs und gebt ihnen die Möglichkeit, ausführlich mit den Charakteren zu sprechen und sich bekannt zu machen. Beim Spielen des NSC behaltet ihr dann immer im Hinterkopf, welches Ziel ihr mit diesem verfolgt und was die Person tut, um die Geschichte voranzubringen.

Wenn der NSC jemand ist, den die Spieler*innen lange im Gedächtnis behalten sollen, müsst ihr euch ein paar Merkmale überlegen, mit denen die Person unvergesslich wird. Das kann zum Beispiel ein **besonderer Akzent** sein oder ein **besonderes körperliches Merkmal**, das bei den Spieler*innen direkt Erinnerungen hervorruft. »Wer war nochmal Kapitän Schwarzbeek? Ach, der verrückte Halbling mit dem Stirnband, der sich in der Kneipe geprügelt hat!« Auch wenn solche Merkmale manchmal unrealistisch oder klischeehaft wirken, können sie doch dabei helfen, NSCs einen gewissen Wiedererkennungswert zu geben.

Als Nächstes solltet ihr festlegen, was der NSC den Spieler*innen geben kann und was die Person als **Gegenleistung** möchte. In der einfachsten Form können das Handelswaren sein, wenn ihr einen Händler-NSC erstellt, aber auch kompliziertere Wünsche und Gefallen sind möglich. Wenn die Charaktere einem NSC helfen, den verlorenen Bruder wiederzufinden, hilft er ihnen danach vielleicht in die Burg des Bösewichts einzudringen. Daraus kann sich die Motivation des NSC ableiten, sich überhaupt in das Abenteuer der Spieler*innen einmischen zu wollen, aber auch die Grenzen der Person: Was macht eine Person mit und bei welchen Dingen wird sie die Spielenden verlassen? Natürlich muss nicht jeder NSC eine Motivation und Gründe haben, um in der Story aufzutauchen. Gerade bei wichtigen Personen sollte man sich aber zumindest stichpunktartig Gedanken darüber machen.

Als **Inspiration** kann – gerade bei den nicht so wichtigen NSCs –fast alles herhalten: Menschen aus eurem Alltag, Personen aus Film und Fernsehen oder Charaktere aus Videospielen. Passt diese Personen entsprechend an euer Setting an, sodass eure Spielenden sich nicht direkt erinnern. Deshalb solltet ihr auch keine Angst davor haben, ab und zu NSCs zu benutzen, die nicht unbedingt

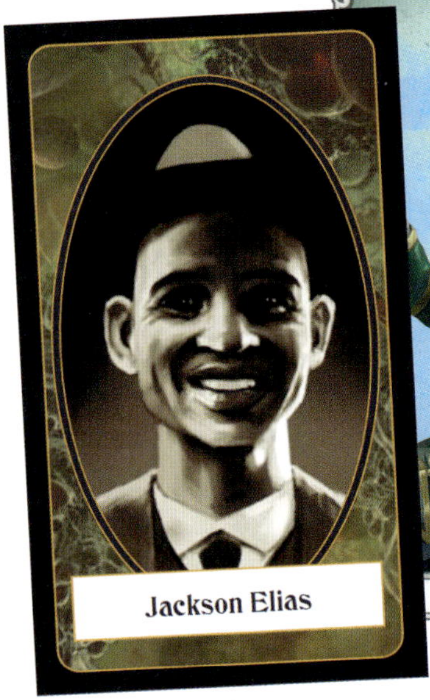

NSC aus Call of Cthulhu »Masken des Nyarlathotep

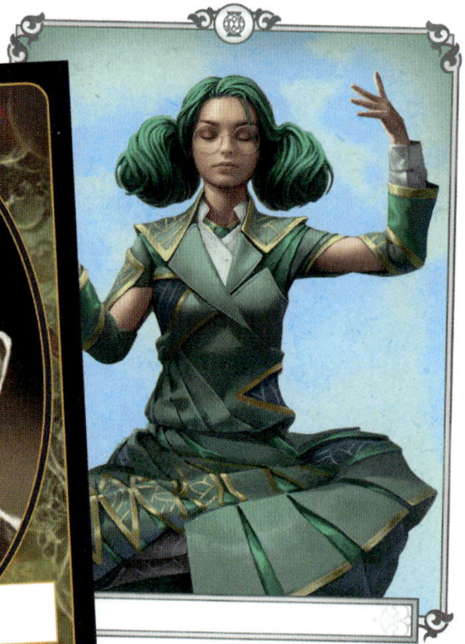

NSC aus »Dungeons and Dragons Strixhaven«

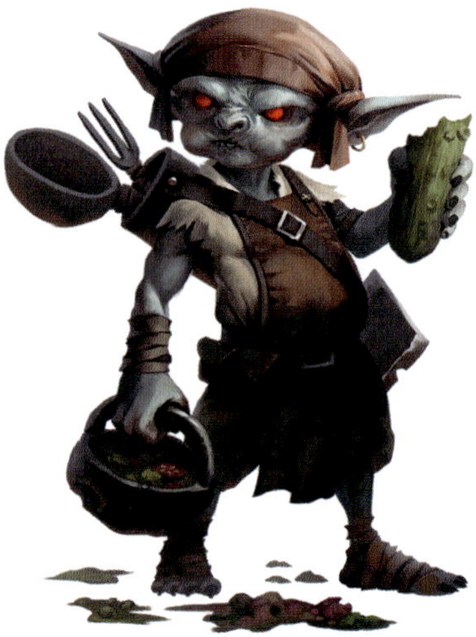

extrem innovativ sind. Wir alle haben schon den grummeligen Tavernenwirt benutzt, der den ganzen Tag Gläser putzt, oder die Nachbarin, die aus dem Fenster schaut und alles kommentiert, was an ihr vorbeiläuft. Manchmal muss man auch nur kleine Aspekte an diesen klischeehaften Charakteren ändern, um sie interessanter und abwechslungsreicher zu gestalten.

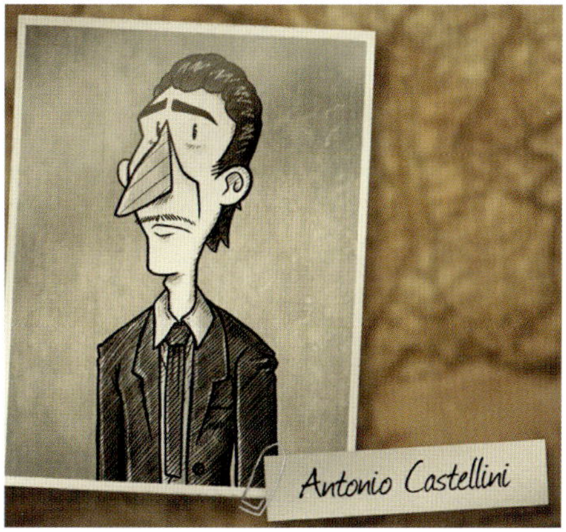

NSC aus »Tor nach Carcosa«

Zuletzt müsst ihr für euch die Frage klären, ob gegen einen NSC gekämpft wird oder eher nicht. Sollte Ersteres zutreffen, müsst ihr nicht von Grund auf eigene Kampfeigenschaften erfinden. Schaut stattdessen im Rollenspiel-Regelwerk eurer Wahl nach entsprechenden Vorlagen und passt diese auf eure Bedürfnisse an. Viele Fantasy-Rollenspiele haben zum Beispiel Werte für generische Banditen oder Stadtwachen, die man relativ einfach an normale Bürger*innen anpassen kann. Ohne Kampf gebt ihr dem NSC nur ein paar Basiswerte. Im Zweifelsfall wird der Charakter dann vielleicht einfach weglaufen, wenn er mit Gewalt konfrontiert wird.

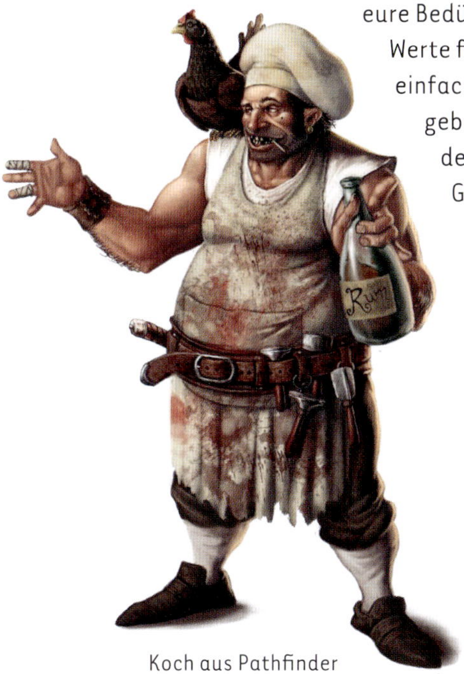

Koch aus Pathfinder

OSR

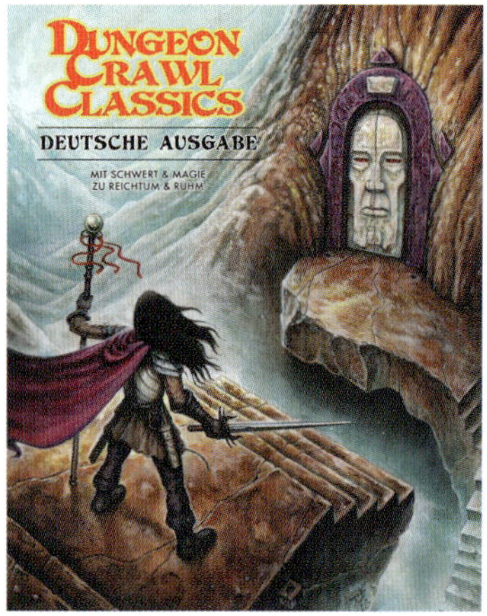

Cover von »Dungeon Crawl Classics«

Wer im Rollenspielladen des Vertrauens durch das Regal streift und Spiele wie **Mörk Borg** oder **Dungeon Crawl Classics** sieht, wird sich vielleicht in die 80er zurückversetzt fühlen. Genau das ist das Ziel einer recht **neuen Bewegung** unter Indie-Rollenspielen, dem sogenannten »Old School Revival«, kurz »OSR«. Auch wenn der Begriff nicht genau definiert ist, so ist er dennoch in den Köpfen vieler Pen & Paper-Fans präsent, da es in den letzten Jahren geradezu einen **Boom** von Indie-Rollenspielen gab, die sich der Bewegung zuordnen.

Wie der Name schon sagt, geht es bei OSR-Rollenspielen darum, die gute alte Anfangszeit der Rollenspiele wiederzubeleben. Sprich, die Zeit der **ersten Edition** von **Dungeons & Dragons**, in der man einfach nur gespielt hat, anstatt sich mit komplizierten Regelsystemen oder Storysträngen zu beschäftigen. Damals war man Kleriker, Magier oder Krieger, ging in ein Verlies, verkloppte ein paar Monster und ging mit Gold und Erfahrungspunkten wieder heraus. Mehr brauchte man nicht zum Spaßhaben und das ist genau das, was viele OSR-Rollenspiele ausmacht. Dabei merkt man aber schnell, dass noch **weitere Aspekte** der alten Rollenspiele in das OSR geflossen sind.

Heldentode

Auch wenn das natürlich nicht für alle OSR-Rollenspiele gelten muss, zeichnen sich viele durch einen gefühlt höheren Schwierigkeitsgrad aus. Das liegt besonders daran, dass OSR-Rollenspiele mehr Freiheiten für die Spielenden bieten. Sie können einen Dungeon frei erkunden, was allerdings ebenfalls bedeutet, dass sie vielleicht auf Monster stoßen, die für sie noch zu stark sind oder in Fallen treten, die zum schnellen Tod des Charakters führen. Dabei geht es weniger darum, sich eine Freude zu machen oder die Spieler*innen leiden zu sehen, sondern eher darum, sie herauszufordern, damit sie als Team kreative Lösungen für Probleme finden. Weil man damals eben nicht jede Tür auf Fallen untersucht

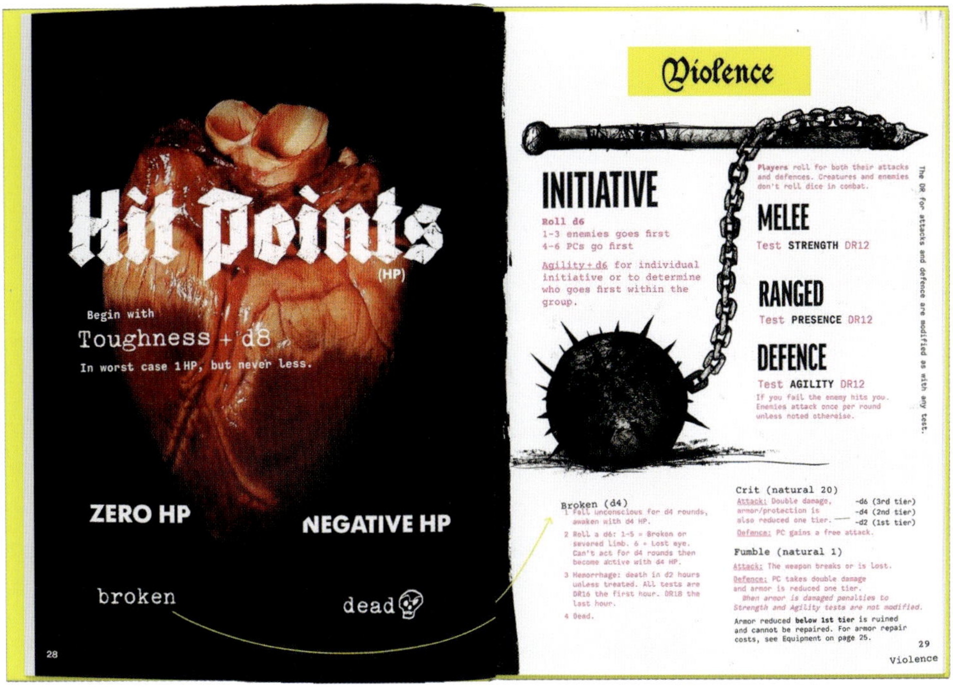

Inhalte von »Mörk Borg«

hat, passierte es dementsprechend schnell, dass man sich einen neuen Charakter auswürfeln musste. Dabei sollte man aber nicht denken, dass OSR-Rollenspiele nur etwas für Experten sind. Das schnelle Ableben der Charaktere gehört einfach zum Konzept. Bei **Dungeon Crawl Classics** wurde dies sogar auf die Spitze getrieben. Dort startet man nicht mit einem Helden der Stufe 1, sondern mit mehreren der Stufe 0, die damit nicht gerade für das Abenteuerleben gemacht sind. So kämpft man sich mit wiederholten Verlusten durch den ersten Dungeon, um am Ende mit etwas Glück einen Charakter zu haben, der auf Stufe 1 aufsteigt und mit dem man dann in das richtige Abenteuer einsteigt.

Zufallsfaktor

Während man heutzutage daran gewöhnt ist, **möglichst viel Kontrolle** über die Ereignisse am Spieltisch zu haben, so fällte der Zufall in früheren Zeiten der Rollenspiele einige bedeutende Entscheidungen. Es wurden z. B. Startwerte für die Charaktere oft ausgewürfelt und es konnte passieren, dass man einen hohen Wert für Intelligenz bekam, obwohl man eigentlich einen Krieger spielen wollte. Dies wird in OSR-Rollenspielen wiederbelebt, weshalb man sich darauf einstellen muss, dass man häufiger die Kontrolle an die Würfel abgibt und vielleicht Charaktere bekommt, die **absolut ungeeignet** für alles sind. Dafür macht es dann umso mehr Spaß zu sehen, wie diese Charaktere sich im Kampf gegen ein großes Übel schlagen.

Unkomplizierte Regeln

Bei vielen OSR-Rollenspielen steht die Maxime »Macht ihr mal!« im Vordergrund. Systeme sind meist nicht so komplex wie bei modernen Rollenspielen und Regeln sind eher dazu da, grobe Rahmen zu schaffen, als harte Schranken für das eigene Spiel zu sein. Die Spielenden werden ermutigt, **eigene Entscheidungen** zu treffen und die Regeln entsprechend ihrer eigenen Vorstellungen anzupassen. Dies führt dazu, dass es meist recht einfach ist, in OSR-Rollenspiele einzusteigen, weil es **weniger Regelmechaniken** gibt, auf die man achten muss. Bei Startcharakteren hat man meist eh noch keine herausragenden Fähigkeiten und man lernt erstmal das Grundsystem kennen, bevor man auf höheren Leveln dann komplexere Dinge wie Zaubern lernt.

Retro-Design

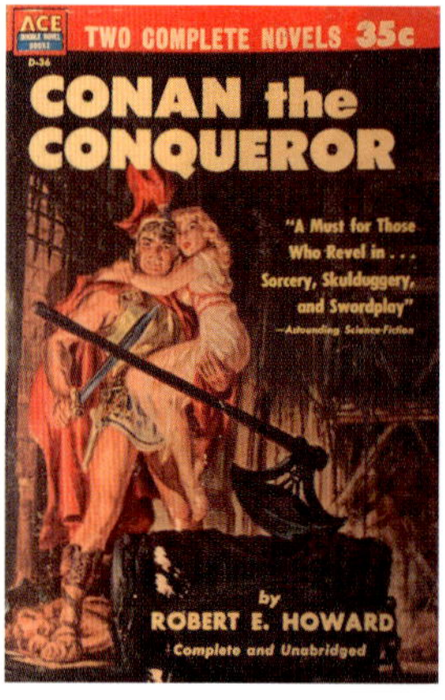

Conan der Barbar, 1953

Dieser Punkt ist natürlich komplett Geschmackssache und gilt lange nicht für alle OSR-Abenteuer. Denn die Wiederbelebung des Geistes alter Rollenspiele findet bei OSR nicht nur in den Regeln, sondern auch beim Aussehen statt. Auf den Covers findet man meist Abbildungen von Charakteren, die direkt aus **Conan der Barbar** stammen könnten. Moderne, vollfarbige Illustrationen sind eher selten und die Monster haben oft einen etwas eigenwilligen Look. Dies liegt nicht an der Unerfahrenheit der Illustratoren, sondern ist komplett gewollt und gehört zum Konzept von OSR-Rollenspielen. Und nur weil etwas irgendwie retro ist, muss es ja nicht schlecht aussehen. Das beweist zum Beispiel das schwedische OSR-Rollenspiel **Mörk Borg**, das durch eine krasse Metal-Ästhetik auffällt und definitiv ein Hingucker im eigenen Regal ist. Zumindest, wenn man keine Angst vor Albträumen hat.

Natürlich erfüllen nicht alle OSR-Rollenspiele jedes dieser Merkmale. Wie schon beschrieben ist OSR weniger ein festgelegtes Genre, sondern eher eine Stilrichtung in Rollenspielen, die frei interpretiert und genutzt werden kann. Das klassische Durchwandern von Hexfeldern auf der Karte von **Forbidden Lands** oder das klassische Fantasy-Gefühl bei **Beyond the Wall** und **Schatten des Dämonenfürsten** scheinen auf den ersten Blick schon sehr »Old School« zu sein. Dennoch wird unter Experten etwas darüber gestritten, welche Spiele denn nun zu OSR zählen und welche nicht. Aber wer entscheidet das schon? Das deutsche Rollenspielamt? Keine Sorge, das gibt es natürlich nicht.

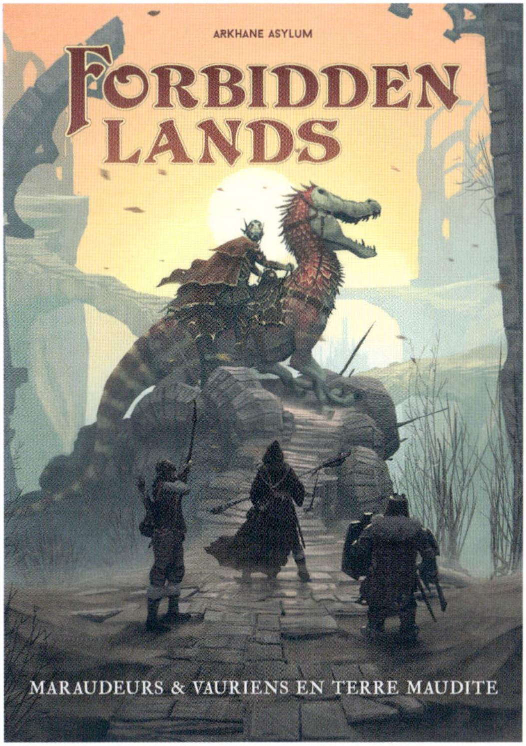

Cover von »Forbidden Lands«

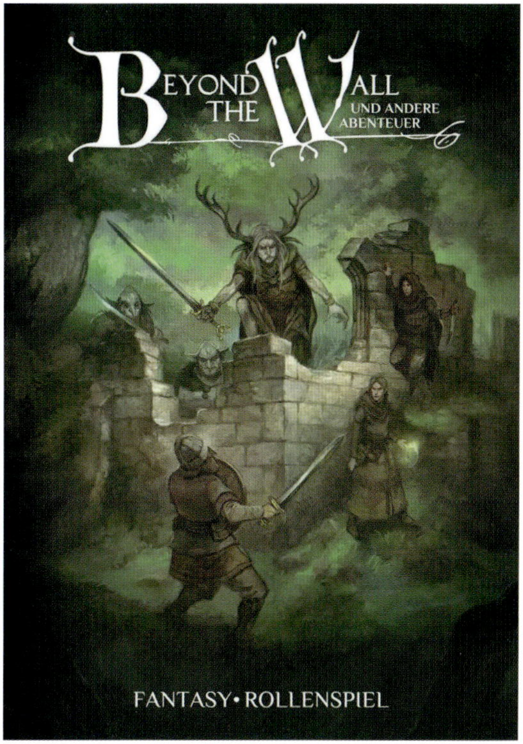

Cover von »Beyond the Wall«

Online spielen

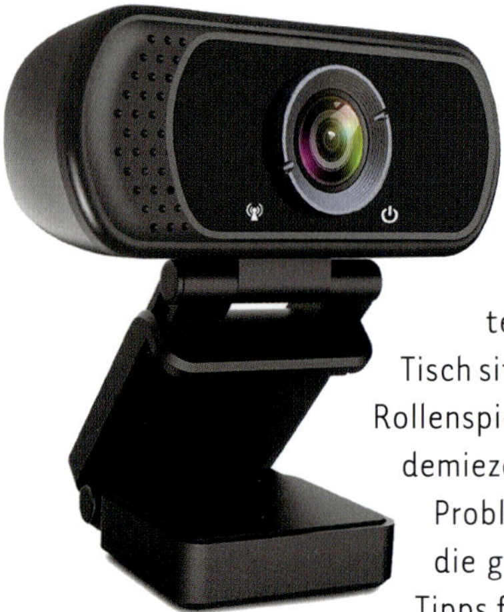

Spätestens mit Beginn der Corona-Pandemie und den dazugehörigen Lockdowns entdeckten immer mehr Menschen die Möglichkeit, online in Verbindung zu bleiben und sich so die Zeit zu vertreiben. Videochat-Tools wie **Zoom** oder **Discord** bekamen immer mehr Nutzer*innen. Webcams und Mikros waren überall vergriffen. Viele Anbieter von analogen Spielen entwickelten eigene digitale Lösungen, weil man nicht gemeinsam an einem Tisch sitzen konnte. So verlagerte sich vieles in den digitalen Raum. Auch Rollenspiele über das Internet wurden immer beliebter. Doch auch vor Pandemiezeiten gab es bereits diese Möglichkeit. Und falls ihr ebenfalls das Problem habt, dass eure Spielrunde quer über ganz Deutschland oder die ganze Welt verteilt ist, dann habe ich in diesem Kapitel ein paar Tipps für euch.

Vorweg ein kurzer Disclaimer: Probiert mindestens einmal das Spielen an einem Tisch aus, auch wenn man heutzutage genauso gut online wie offline spielen kann. Ich selbst spiele zwar mittlerweile fast ausschließlich online. Doch das gemeinsame Sitzen am Tisch, der soziale Umgang miteinander, das Rollen von physischen Würfeln und das gemeinsame Vernichten von Snacks sind für mich ein wichtiger Bestandteil des Gefühls unseres Hobbys. Für mich werden die besten Spielrunden vermutlich die bleiben, bei denen wir in Dunkelheit am Tisch saßen und nur ein kleines Licht unsere Charakterbögen erleuchtete, während wir uns durch ein altes verwunschenes Haus bewegten. Dennoch bringt das Onlinespielen viele Vorteile und wie bei vielen anderen Kapiteln in diesem Buch gibt es auch hier keinen »einzig wahren Weg«.

Doch was benötigt ihr jetzt, um Pen & Paper-Rollenspiele online zu spielen? Als Erstes solltet ihr ein bisschen Geld in Kamera und Ton investieren. Kameras bekommt man schon recht günstig. Viele Laptops haben mittlerweile eingebaute Webcams, die völlig ausreichen. Achtet beim Ton dagegen etwas mehr auf Qualität und setzt unbedingt auf Headsets oder Kopfhörer mit einem USB-Mikrofon. In einem Spiel, in dem es viel um verbale Kommunikation geht, ist es wichtig, dass diese Kommunikation so reibungslos wie möglich läuft. Es gibt nichts Tödlicheres für die Immersion am digitalen Spieltisch, wenn im Hintergrund bei einer Person ständig Geräusche aus der Realität zu hören sind oder man sich doppelt und dreifach hört. Aus letzterem Grund solltet ihr unbedingt auf Lautsprecher verzichten und stattdessen auf Kopfhörer zurückgreifen. Vielleicht habt ihr im Laufe der Pandemie euer Setup für Online-Meetings schon erweitert. Im Übrigen müsst ihr natürlich nicht unbedingt mit Kamerabild spielen. Allerdings kann es dabei helfen, den Gesprächsfluss aufrechtzuerhalten, denn ihr könnt direkt sehen, wenn jemand etwas sagen möchte. Durch die Verzögerung bei Online-Konferenzen kann es ohne Kamera dazu kommen, dass ihr euch sonst ständig gegenseitig ins Wort fallt oder generell nicht wisst, wann ihr etwas sagen könnt. Das ist aber ein Stück Gewöhnungssache. Wenn das Problem in eurer Gruppe nicht im Laufe der Zeit besser wird, sollte eure Spielleitung genauer drauf achten, dass alle Spielenden ihren Redeanteil im Abenteuer bekommen, und zur Not gezielt einzelne Spieler*innen ansprechen.

Neben Kopfhörern und einer Kamera braucht ihr ein Programm, über das euer Gespräch läuft. Hierfür bieten sich die üblichen Programme für Videokonferenzen wie **Microsoft Teams**, **Zoom** oder **Discord** an. **TeamSpeak** ist eine Alternative, wenn ihr auf Video verzichten könnt. Voraussetzung dafür ist aber ein Server, auf dem ihr euch zusammenfinden könnt. Es gibt sehr viele unterschiedliche Programme mit variabler Qualität und unterschiedlichen Preismodellen und oft reichen die kostenlosen Varianten aus. Setzt euren Termin an und achtet darauf, dass bei allen Spielenden Kamera und Ton entsprechend eingestellt sind. Damit hättet ihr quasi schon alles, was ihr für eine Pen & Paper-Runde benötigt. Und mit ein paar weiteren Dingen könnt ihr ganz einfach die passende Stimmung erzeugen.

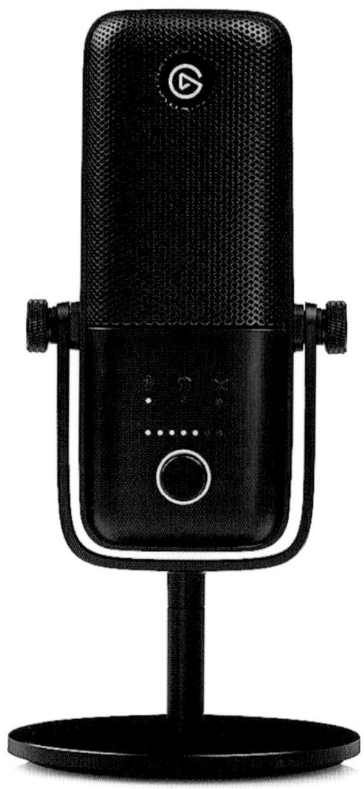

Viele Rollenspieler*innen, die hauptsächlich online spielen, nutzen sogenannte **Virtual Tabletops**, kurz VTTs. Das sind Programme, Apps oder Webseiten, die digitale Spieltische stellen und viele Möglichkeiten für Rollenspiele bieten. In der Regel kann man mit allen VTTs digitale Charakterbögen anlegen und verwalten. So kann man nicht nur die jeweiligen Charaktere aktualisieren, ohne dabei das Radiergummi bemühen zu müssen. Die Spielleitung kann jederzeit in die Charakterbögen reinschauen und Hilfestellung geben oder sich den Status der Charaktere ansehen. Würfeln funktioniert ebenfalls oft problemlos: Meistens klickt man auf die entsprechenden Fähigkeiten und der VTT würfelt automatisch die passenden Würfel und gibt ein Ergebnis aus. Auch das Teilen von Bilddateien wie Kampfkarten oder Ähnlichem ist über viele VTTs kein

Problem. Auf dem Markt findet man mittlerweile viele Lösungen. Damit ihr euch einen groben Überblick verschaffen könnt, habe ich hier einmal die VTTs, die ich nutze, zusammengefasst:

Roll20 ist für mich und meine Spielgruppe meistens der VTT unserer Wahl. Er bietet in der kostenlosen Variante alle oben genannten Elemente und setzt auf viele von der Community erstellte Inhalte. Zu fast jedem Rollenspiel gibt es funktionable und gut aussehende digitale Charakterbögen, die viele Funktionen automatisieren. Das Programm selbst ist recht schlicht gehalten und bietet dennoch interessante Zusatzfeatures. Man kann Dateien wie Handouts oder Charakterbilder hochladen und den Spieler*innen zur Verfügung stellen. Oder man spielt Musik für alle hörbar ein. Kampfkarten können zudem mit Tokens bespielt werden. Es gibt sogar die Möglichkeit, Elemente einer Karte für die Spielenden auszublenden oder Lichtquellen zu definieren, die den Bereich für die Spielenden aufdecken. Roll20 bietet außerdem eine integrierte Videochat-Funktion, die jedoch qualitativ deutlich hinter den üblichen Programmen liegt. Zudem gibt es für große Rollenspiele Extramodule zur Charaktererstellung, die allerdings oft kostenpflichtig sind, und Token-Sets für Kampfkarten. Bei kostenlosen Accounts ist die Größe für hochgeladene Dateien begrenzt. Das ist vor allem nervig, wenn ihr viel auf Musik und hochqualitatives Bildmaterial setzt. Bei Roll20 müssen sich alle Spielenden auf der Plattform anmelden.

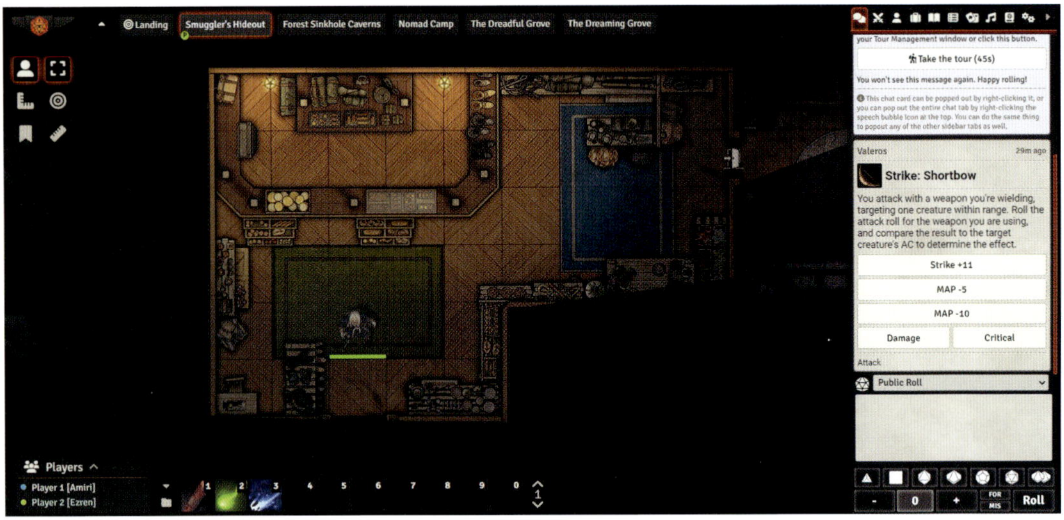

Screenshot aus Foundry VTT

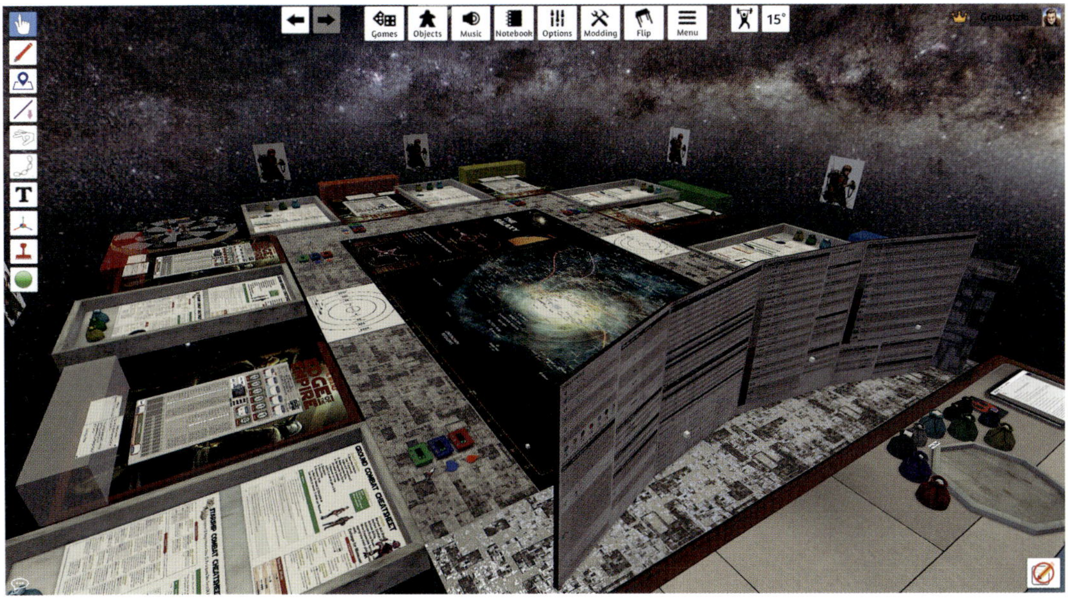

Screenshot aus »Tabletop Simulator«

Foundry VTT wird im Browser genutzt und über ein simples Kaufmodell vertrieben. Mit rund einmalig 50 Euro habt ihr Zugriff auf alle wichtigen Features des VTT. Das Programm hat die gleichen Funktionen wie Roll20, sieht dabei aber deutlich schicker aus. Auch wenn die Steuerung erstmal ungewohnt ist, bietet Foundry für mich eine etwas größere Immersion als Roll20 mit seinem recht nüchternen Design. Foundry setzt ebenfalls auf erstellte Inhalte der Community. Für die meisten Rollenspiele gibt es Module mit Charakterbögen, Würfeln und angepassten HUD-Designs. Allerdings kann das ein oder andere Modul kostenpflichtig sein. Dafür bekommt ihr aber meist die wichtigsten Regeln und Dinge wie Werte für Monster mitgeliefert. Außerdem muss nur die Spielleitung die jeweiligen Module besitzen. Für alle anderen Spielenden ist kein Login notwendig.

Als der **Tabletop Simulator** über Steam herausgebracht wurde, war er zunächst nur ein seltsames Programm, mit dem man einige Brettspiele über ein 3D-Interface spielen konnte. Allerdings verknüpften die Entwickler*innen den Tabletop Simulator mit etwas sehr Mächtigem: dem Steam-Workshop. Über die Jahre hat sich dort eine riesige Datenbank an Brett- und Rollenspielen angesammelt, die kostenlos genutzt werden kann. Neben vollkommen automatisierten Brettspielen gibt es Rollenspiel-Tische, die man mit Werkzeugen wie Musiksteuerung nutzen kann und die den anderen VTTs in der Funktionalität wenig nachstehen. Leider ist die Steuerung in der 3D-Welt nicht sehr intuitiv und teilweise etwas hölzern, vor allem, wenn man in der Navigation ungeübt ist. Es gibt weniger interaktive Charakterbögen, was aber stark von der Popularität des Rollenspiels abhängt. Für rund 20 Euro bekommt man also ein recht umfangreiches Paket, mit dem man sich allerdings erstmal etwas beschäftigen muss, um richtig flüssig zu spielen. Der Tabletop Simulator ist für den Gebrauch in VR optimiert, wie gut das funktioniert, kann ich allerdings nicht sagen.

Talespire, ein recht neuer VTT in der Beta-Phase, wird ebenfalls über Steam vertrieben. Bilder und Videos zum Programm vermitteln sofort einen Eindruck, worin Talespire besonders gut ist: Kampfkarten! Es gibt wahrscheinlich kein anderes Programm auf dem Markt mit so schicken und detaillierten Kampfkarten. Und Hilfe bei der Erstellung gibt es noch obendrauf, denn auch bei Talespire kommt viel Arbeit aus der aktiven Community. Für den Bau von Karten bietet euch das Programm ein einfaches Baukastensystem. Für die Karten auf den Werbescreenshots müsst ihr aber einiges an Zeit investieren und durch die gute Grafik braucht ihr einen vergleichsweise guten PC.

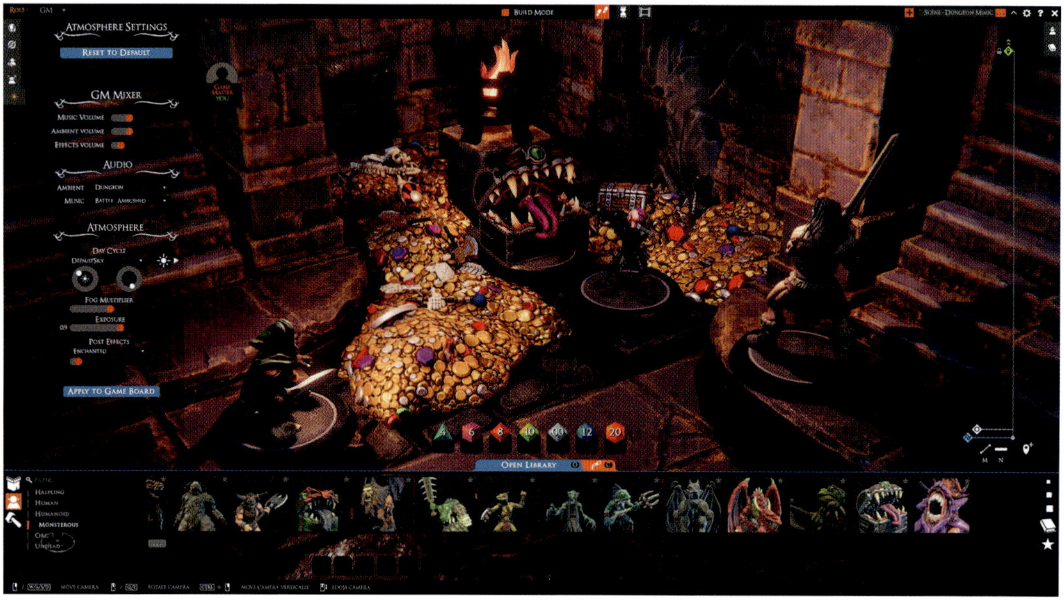

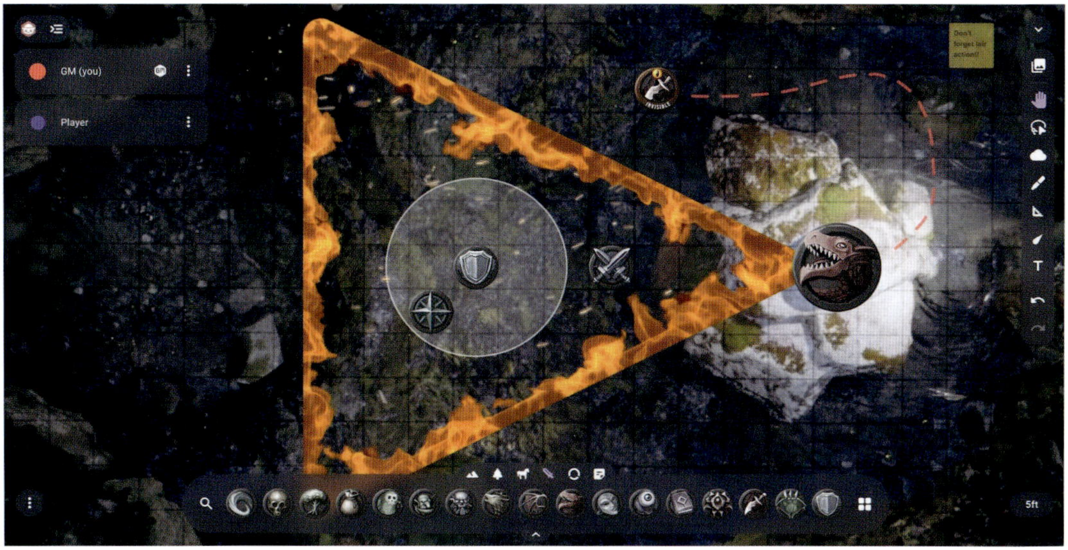

Screenshot von »Owlbear Rodeo«

Natürlich gibt es neben den erwähnten noch unzählige weitere VTTs, wie das recht etablierte **Fantasy Grounds** oder das recht simple **Owlbear Rodeo**. Testet am besten, was für euch funktioniert. Große Rollenspielverlage schauen außerdem selbst, wie sie VTTs für sich nutzen können.

Powered by the Apocalypse

Wer sich auf dem Rollenspiel-Markt in den letzten Jahren mit den kleineren Regelwerken auseinandergesetzt hat, der wird öfters mal auf den Begriff **Powered by the Apocalypse** oder kurz PbtA gestoßen sein und sich gefragt haben, was das genau bedeutet. Bei PbtA handelt es sich um einen Trend, der aktuell immer noch andauert und jede Menge Rollenspiele hervorgebracht hat.

Spiele, die mit dem PbtA-Label herausgebracht werden, haben eines gemeinsam: Sie orientieren sich alle an dem Rollenspiel **Apocalypse World** von **Meguey und Vincent Baker**. Dieses Rollenspiel wurde 2010 veröffentlicht und setzt mit einem innovativen und schlanken Regelwerk seinen Fokus stark auf die Erzählung am Spieltisch. Zusätzlich erlauben die Bakers allen anderen Rollenspiel-Autor*innen, sich an ihrem Regelwerk zu orientieren, ohne dabei umfangreiche Lizenzvereinbarungen treffen zu müssen. Da die Regeln sehr gut sind, fühlen sich viele andere Autor*innen von Apocalypse World inspiriert und seitdem erreichen jedes Jahr mehrere neue PbtA-Rollenspiele die Verkaufstheken. Dabei sind einige Perlen entstanden und so scheint der PbtA-Hype nicht abzuklingen. Deshalb lohnt es sich, hier einmal darüber zu sprechen und euch das Ganze vorzustellen.

Doch warum sind die Regeln von Apocalypse World so beliebt? Es ist die Mischung aus der niedrigen Einstiegshürde und dem Fokus auf das erzählerische Spielen, was diese Rollenspiele so besonders macht. Auch wenn viele alteingesessene Spieler, die sich vielleicht bisher hauptsächlich mit **Dungeons & Dragons** oder **Das Schwarze Auge** beschäftigt haben, sich sicherlich erstmal umgewöhnen müssen. Das System basiert nämlich auf einem einfachen Würfelwurf mit zwei sechsseitigen Würfeln und den sogenannten Spielzügen. Beim Würfelwurf gilt generell, man würfelt mit zwei sechsseitigen Würfeln und zählt entsprechende Boni oder Mali hinzu. Ist das Endergebnis niedriger als sieben, schlägt der Wurf fehl und die Spielleitung kann die Szene für die Spielenden dramatischer machen. Bei einer Sieben bis Neun ist die Probe zwar erfolgreich, allerdings gibt es unvorhergesehene Nebenwirkungen oder das, was erreicht werden soll, wird nur zum Teil erreicht. Bei einer Zehn oder höher ist die Probe vollständig gelungen.

Bei Spielen, die auf PbtA basieren, wird in der Regel nicht dann gewürfelt, wenn die Spielleitung es für sinnvoll hält, sondern wenn einer der sogenannten Spielzüge ausgelöst wird. Diese Spielzüge sind kleine Regelblöcke, die immer einen Auslöser, einen Würfelwurf und einen Effekt besitzen und die genau beschreiben, was die Spielenden tun müssen und welchen Effekt das Ganze hat. Die Idee dahinter ist, dass sich die Spielenden komplett auf die Erzählung konzentrieren können und die Spielleitung genau bestimmen kann, wann gewürfelt werden muss und welche Folge das hat. Welche Spielzüge es genau gibt, ist in den meisten Systemen unterschiedlich. Das liegt daran, dass es extrem einfach ist, eigene Spielzüge zu definieren, die sich perfekt in die eigene Spielwelt einfügen lassen. Um das besser zu veranschaulichen, hier mal ein Beispiel aus dem Rollenspiel **Dungeon World**:

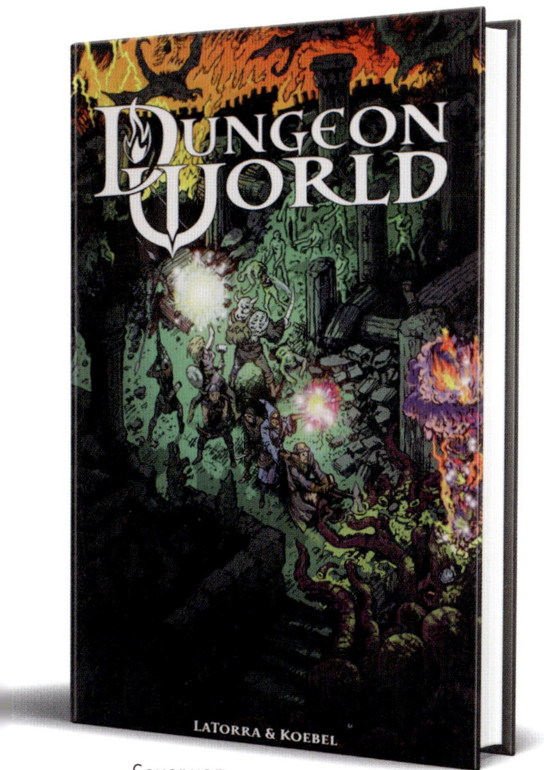

Cover von Dungeon World

»Wissen kundtun – Wenn du dein gesammeltes Wissen über eine Sache heranziehen möchtest, würfle plus deine Intelligenz. Bei einer 10 oder höher wird dir die Spielleitung etwas zu diesem Thema erzählen, was in der aktuellen Situation nützlich ist. Bei einer 7–9 sind die Informationen zwar interessant, aber nicht unbedingt hilfreich. Die Spielleitung kann fragen: »Woher weißt du das?«

Durch diese Spielzüge wird das Spiel sehr einsteigerfreundlich. Man kann die Spielenden theoretisch einfach an einen Tisch setzen und eine Geschichte erzählen lassen, während die Spielleitung ein Auge auf die Spielzüge hat und schaut, wann gewürfelt werden muss. Zusätzlich sind viele der Spielzüge so formuliert, dass sie eine Interaktion zwischen den

Spielenden forcieren oder Szenen dramatischer machen. Dies hilft enorm dabei, Geschichten auch ohne große Vorbereitung zu erleben.

Die Charaktere bestehen meist aus Spielzügen, die in Klassen oder anderen Kategorien zusammengefasst werden. So können sich die Spielenden einfach eine Klasse oder Kategorie auswählen, ein paar Anpassungen vornehmen und direkt losspielen. Das führt zwar dazu, dass Charaktere derselben Klasse sich oft ähneln, weil nicht die Tiefe von größeren Rollenspielen wie **Dungeons & Dragons** erreicht wird, aber PbtA-Rollenspiele sind oft nicht dafür gedacht, mit ihnen jahrelange Kampagnen mit denselben Charakteren zu spielen, obwohl das natürlich möglich ist. Jetzt habe ich ganz viel über PbtA-Rollenspiele geschrieben, doch was sind denn jetzt gute Beispiele aus dem Genre?

Dungeon World

Auch wenn **Apocalypse World** den Anfang der PbtA-Spiele lieferte, wirklich populär wurde das Genre erst durch **Dungeon World**. Dieses Regelwerk fertigte aus den PbtA-Regeln ein klassisches Fantasy-Rollenspiel wie Dungeons & Dragons und Das Schwarze Auge mit strahlenden Helden und bösen Monstern. Doch im Gegensatz zu einem Dungeons & Dragons sind die Regeln so simpel, dass es durchaus weniger Einarbeitungszeit benötigt. Und man findet sofort die klassischen Fantasy-Elemente, die man aus Film, Fernsehen oder Videospielen kennt.

Die Klassen aus **Dungeon World** sind sehr einfach gehalten. Im Regelbuch sind alle bekannten Klassen vom **Barbaren** über **Druiden** und **Kleriker** bis zu **Waldläufern** zu finden. Sämtliche Charakterbögen sind dabei wie Fragebögen aufgebaut, sodass man sich bei der Charaktererschaffung nur an diesen entlanghangeln muss, um innerhalb von Minuten einen spielfertigen Charakter zu haben. Man wählt einfach ein Volk und eine Gesinnung, entscheidet sich für ein Aussehen und für die Startausrüstung. Zusätzlich werden Charaktermotivation und die Beziehung zu anderen Charakteren festgelegt. Außerdem bekommt jeder Charakter noch klassenspezifische Spielzüge und schon ist man bereit fürs Abenteuer.

Dungeon World zeigt **alle Stärken von Powered by the Apocalypse**. Es ist einfach zu lernen, macht wenig Aufwand am Spieltisch und lässt sich einfach durch eigene Inhalte ergänzen. Im Internet gibt es eine Fülle von zusätzlichen Klassen und Monstern, sodass man mit dem Spiel quasi immer neue Dinge entdecken kann. Auch wenn es erstmal eine

Umgewöhnung ist, wenn man von Spielen wie Dungeons & Dragons kommt, ein Ausflug in Dungeon World lohnt sich in jedem Fall!

Mythos World

Wer das Call of Cthulhu-Regelwerk nicht mag, aber dennoch Abenteuer im Stil von Lovecraft erleben will, der sollte sich einmal **Mythos World** ansehen. Denn mit ihm kann man letztendlich die gleichen Abenteuer wie bei Call of Cthulhu erleben, nur im Gewand eines PbtA-Rollenspiels. Dabei ist die Umsetzung sehr ähnlich zu Dungeon World. Die Klassen bei Mythos World sind die typischen Berufe, die man schon aus **Call of Cthulhu** kennt. Von **Reportern** über **Geistliche** bis zur **Lehrerin** ist hier alles dabei, was man benötigt. Und natürlich gilt auch hier, dass man recht einfach eigene Klassen erstellen kann. Außerdem wurde eine Mechanik umgesetzt, die wie bei Cthulhu geistige Stabilität und den Verfall eben dieser abbildet. Und natürlich bietet dieses Buch ein umfangreiches Kapitel zu Monstern aller Art sowie mehrere Kurzabenteuer, die man relativ schnell spielen kann.

Monsterhearts

Das 2012 erstmals veröffentlichte PbtA-Rollenspiel **Monsterhearts** hat mein Herz im Sturm erobert, obwohl das Setting auf den ersten Blick vielleicht etwas seltsam klingt. Die Spielenden schlüpfen in die Rollen von Teenagern mit ihren typischen Problemen. Obendrein sind alle Charaktere Monster verschiedener Ausprägungen, die den Schulalltag irgendwie mit ihrer eigenen Andersartigkeit verknüpfen müssen. Heraus kommt ein Rollenspiel, das nicht nur Fans von Romanen oder **Filmen wie Twilight** anspricht, sondern auch Menschen, die sich im Rollenspiel eher mit tieferen Themen auseinandersetzen möchten. Monsterhearts ist

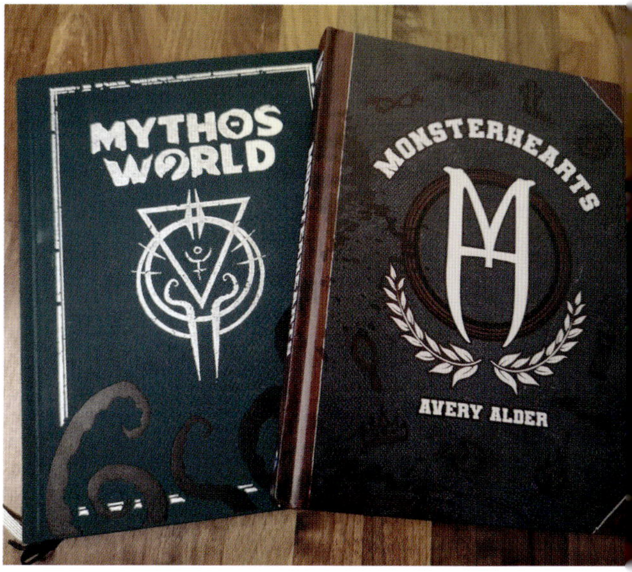

Foto von »Mythos World« und »Monsterhearts«

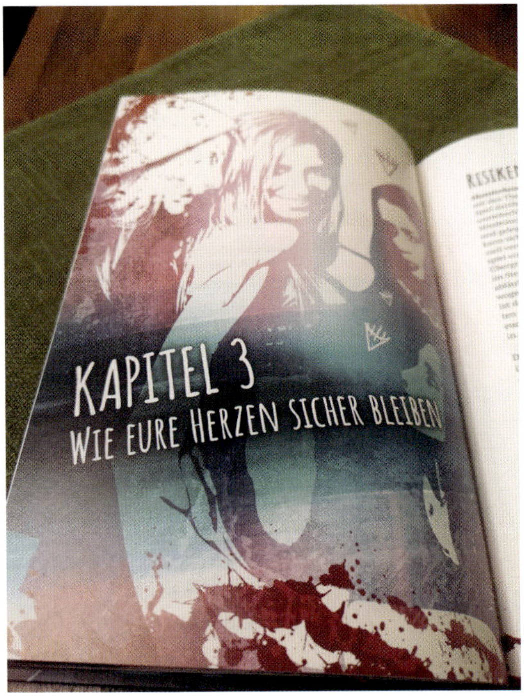

Foto einer Seite von »Monsterhearts«

außerdem für die große Rolle von Sexualität bekannt, die im Leben eines Teenagers durchaus realistisch ist. Zudem gibt die Autorin **Avery Alder** der Spielleitung extrem viele hilfreiche Tipps und Tricks an die Hand, um Rollenspiel-Runden für alle angenehm und sicher zu gestalten. Ein ganzes Kapitel im Regelwerk widmet sich dem Vorbereiten von sicheren Spielrunden und dem Umgang mit schwierigen Themen im Rollenspiel. Durch die Thematik des Andersseins und dem empathischen Umgang damit hat sich das Spiel in der queeren Community einen sehr positiven Ruf erarbeitet. Solltet ihr einmal in diese Themen hineinschnuppern wollen, dann ist Monsterhearts vielleicht genau euer Rollenspiel.

Ähnlich wie bei Dungeon World werden die Charaktere in Klassen eingeteilt. Sie orientieren sich an bekannten Monstern aus der Fiktion. Man kann zum Beispiel **Vampire**, **Ghule** oder **Werwölfe** spielen. Allerdings sind diese Monster nicht auf den ersten Blick ersichtlich. Eure Charaktere sehen nach außen weiterhin aus wie normale Teenager, manche vielleicht etwas bleicher oder behaarter als andere, und nur im Inneren brodelt die Wut dieser Monster in euch. Diese Wut kann allerdings manchmal über das sogenannte »Dunkle Selbst« zum Vorschein kommen und damit große Dramen in das Spiel hineinbringen.

Alle Klassen in Monsterhearts werden als »Masken« bezeichnet. Sie sind wie kleine Fragebögen aufgebaut, bei denen es reicht, die Dinge auszuwählen, die man spannend findet. Eine Besonderheit bei Monsterhearts stellen die Fäden und die Sex-Spielzüge da. Fäden sind Verbindungen zwischen Charakteren oder zu anderen Personen der Geschichte, die auf unterschiedliche Weise genutzt werden können. Fäden kann man einsetzen, um andere unter Druck zu setzen. Sie stellen aber auch Freundschaften zwischen Personen dar. Außerdem gibt es spezielle Sex-Spielzüge, die Intimitäten zwischen Charakteren beschreiben. Dabei geht es nicht um plumpe Beschreibungen, wie Charaktere miteinander schlafen, sondern darum, welche Auswirkung diese Intimität auf die Emotionen eurer Charaktere hat. So erlangen **Hexen** z. B. ein magisches Unterpfand, das später als Hilfsmittel bei Zaubern genutzt werden kann, oder **Werwölfe** knüpfen ein tiefes Band zu ihren Partnern, das ihnen hilft, sie zu beschützen.

Auch wenn Monsterhearts auf den ersten Blick vielleicht wie ein seltsames Teenie-Drama aussieht, steckt in dem Spiel sehr viel mehr: Es ermöglicht ein **tieferes Rollenspiel**, bei dem es nicht darum geht, den nächsten Schatz aus der Drachenhöhle zu bergen, sondern die Charaktere und damit sich selbst und seine Mitspielenden ein bisschen besser kennenzulernen.

City of Mist

Einen interessanten Genre-Mix bietet das 2017 erschienene **City of Mist**. Dabei handelt es sich um ein Rollenspiel, das Elemente des **Noir-Genres** mit klassischen **Superhelden-Geschichten** mischt. Am ehesten kann man das Spiel vielleicht mit der Serie **American Gods** vergleichen. Die Spielenden schlüpfen in die Rolle eines auf den ersten Blick normalen Menschen in einer nicht näher benannten Großstadt. Allerdings erwachen in diesen Menschen langsam **Gestalten aus der Mythologie, Sagen und der Geschichte**, wodurch die Charaktere zusätzliche Kräfte bekommen und rastlos werden. Dabei steht es den Spielenden vollkommen frei, welche Gestalten in ihren Charakteren erwachen. Es ist also durchaus möglich, einen Chirurgen zu spielen, in dem langsam der Geist von Frankenstein erwacht, oder – wie in einer unserer Runden geschehen – einen Buchhalter,

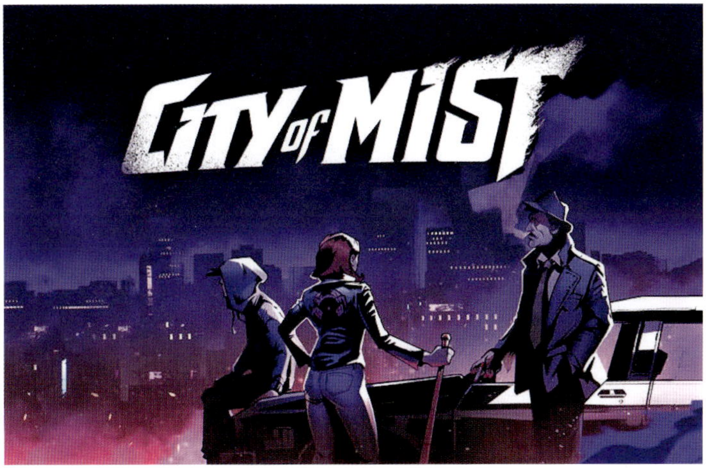

Key Visual von »City of Mist«

der sich langsam zu einer Spielfigur aus dem Videospiel **Fall Guys** entwickelt. Um diese Freiheit umzusetzen, baut City of Mist das PbtA-Regelwerk etwas um.

Bei **City of Mist** wählen die Spielenden keine fertigen Charakterklassen aus, sondern können frei aus einer Liste an übernatürlichen und mundanen Fähigkeiten wählen. Auch bei City of Mist werden den Spielenden bei der Charaktererstellung Fragen gestellt, was helfen soll, interessante und vielschichtige Charakter zu basteln. Wenn man darauf keine Lust hat, kann man auf fertige Charakterkonzepte zurückgreifen. Außerdem wählt man **Aspekte der Crew**, der alle Charaktere angehören. Auch wenn die Spielzüge etwas komplizierter sind als bei anderen PbtA-Rollenspielen, so bietet »City of Mist« etwas mehr Tiefe und Komplexität für Spielende, die sich lieber in ein Regelwerk reinfuchsen möchten, als schnell loszuspielen.

Natürlich kann ich hier nicht alle PbtA-Spiele auflisten. Dafür gibt es mittlerweile einfach zu viele. Doch ich hoffe, ich konnte euch einen kleinen Einblick in dieses sehr interessante Genre geben. Und mit einer PbtA-Umsetzung eines Rollenspiels zur Anime-Serie **Avatar: The Last Airbender** steht uns schon bald das nächste Schwergewicht ins Haus. Powered by the Apocalypse wird uns sicherlich noch eine ganze Weile begleiten.

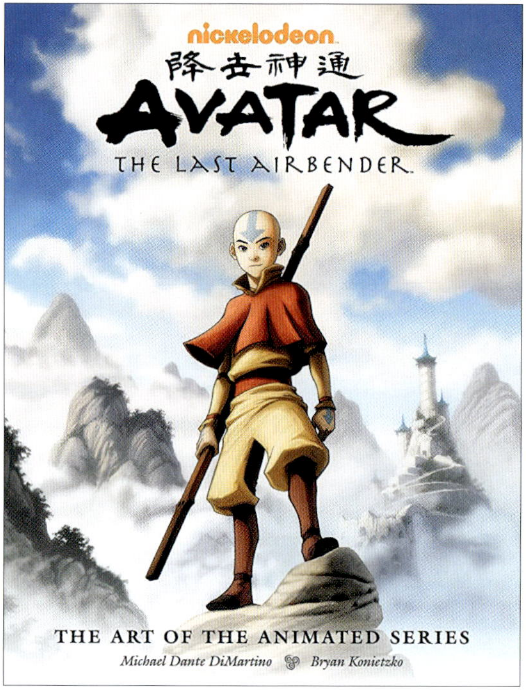

Avatar – The Last Airbender

Pathfinder

Auch wenn ich es selbst nie gespielt habe, so ploppt der Name »Pathfinder« immer wieder bei mir auf. Immer dann, wenn ich nach **Alternativen** zu Dungeons & Dragons oder Das Schwarze Auge suche, kommt mindestens eine Person auf mich zu und sagt: »Du musst unbedingt Pathfinder spielen.« Lange dachte ich, Pathfinder sei einfach nur ein **Klon von Dungeons & Dragons**, aber der Erfolg des Spiels und ein genauerer Blick darauf haben mich mittlerweile vom Gegenteil überzeugt, weshalb ich das Spiel in dieses Buch aufgenommen habe.

Bei Pathfinder handelt es sich um ein klassisches Fantasy-Rollenspiel auf Basis der 3. Edition (bzw. Edition 3.5) von Dungeons & Dragons, das mittlerweile deutlich weiterentwickelt wurde. Der Pathfinder-Verlag **Paizo** brachte zunächst ab 2002 im Auftrag von **Wizards of the Coast** die beiden Magazine »Dungeon« und »Dragon« heraus. Als die beiden Magazine 2007 eingestellt wurden, entschied man sich kurzerhand, ein eigenes Magazin namens »Pathfinder Periodical Line« herauszubringen. In diesem Magazin wurden regelmäßig neue Abenteuer und Kampagnen veröffentlicht und es basierte auf der sogenannten »Open Game License« (kurz OGL), einer Lizenz, die von Wizards of the Coast freigegeben wurde und es Drittherstellern ermöglichte, unter den Bedingungen der Lizenz mit Dungeons & Dragons kompatible Produkte herauszubringen.

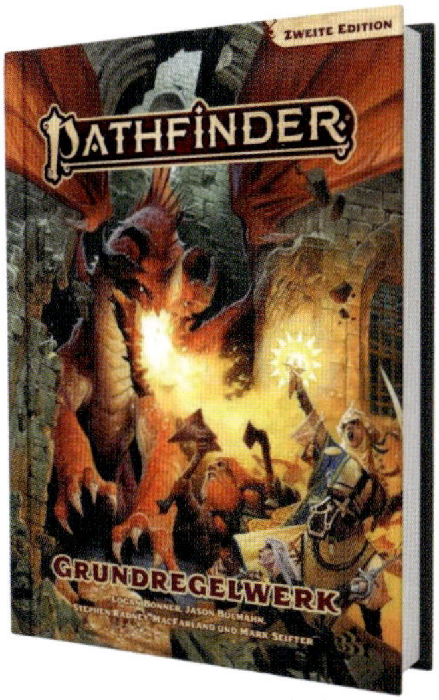

Cover von Pathfinder 2. Edition

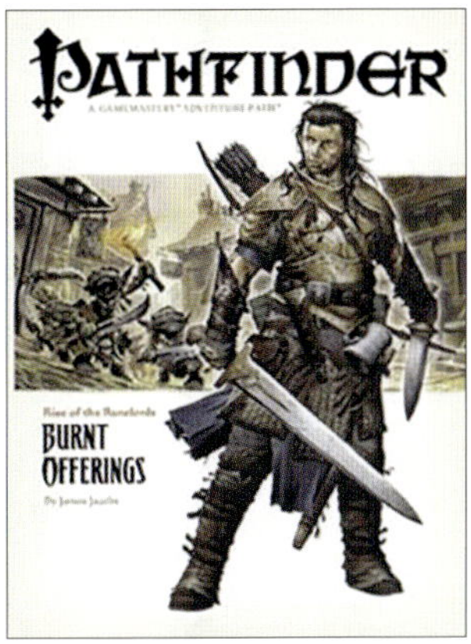

Cover der Pathfinder Periodical Line

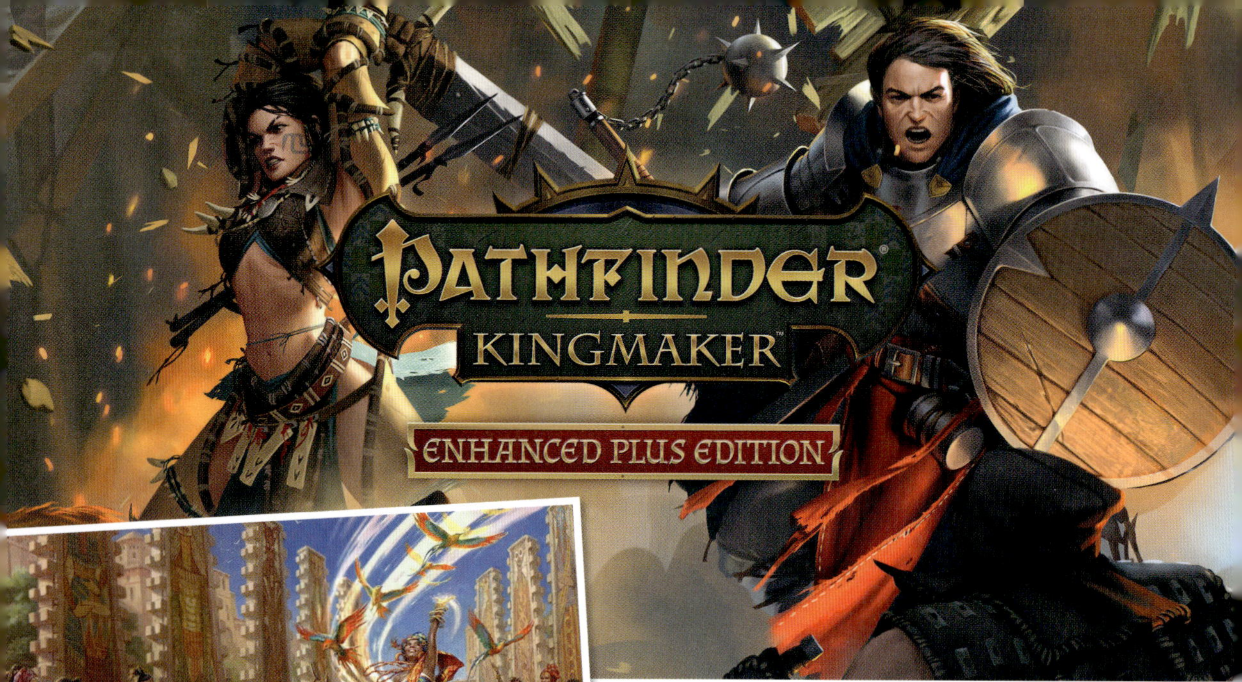

Cover des Pathfinder Videospiels

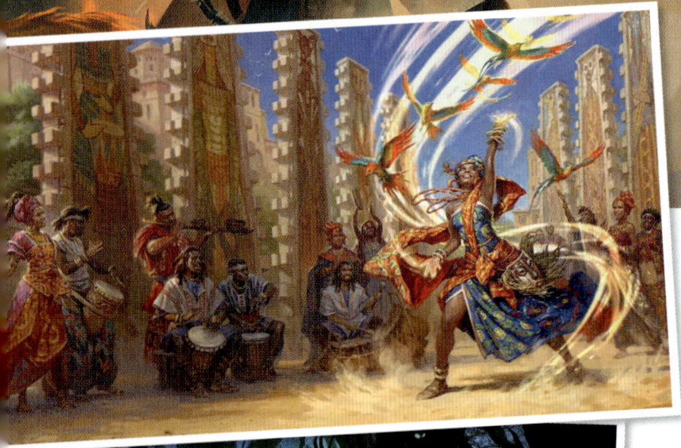

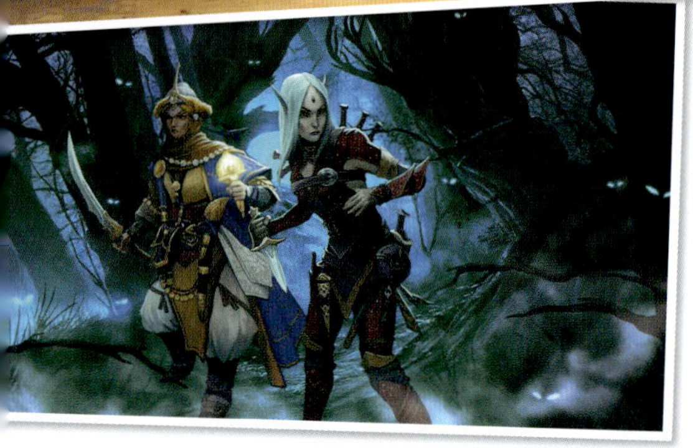

Zwei Screenshots aus der zweiten Edition von Pathfinder

Im August 2007 stand die vierte Edition von Dungeons & Dragons in den Startlöchern und mit ihr eine neue Lizenz für Drittanbieter. Sie war restriktiver als die bisher geltende OGL und so entschied man sich bei Paizo, nicht weiter direkt Dungeons & Dragons zu unterstützen, sondern stattdessen ein eigenes Rollenspiel auf Basis der OGL und Dungeons & Dragons 3.5 herauszubringen. Geboren war **Pathfinder**. Auch wenn sich das Regelsystem sehr an Dungeons & Dragons orientiert, wurden doch viele kleine Änderungen vorgenommen, die das Ganze taktischer machen sollten. Zum Glück für Paizo kam die vierte Edition von Dungeons & Dragons bei den Fans nicht so gut an, was viele dazu verleitete zu Pathfinder zu wechseln. Immerhin war das Spiel quasi eine bessere Version von Dungeons & Dragons

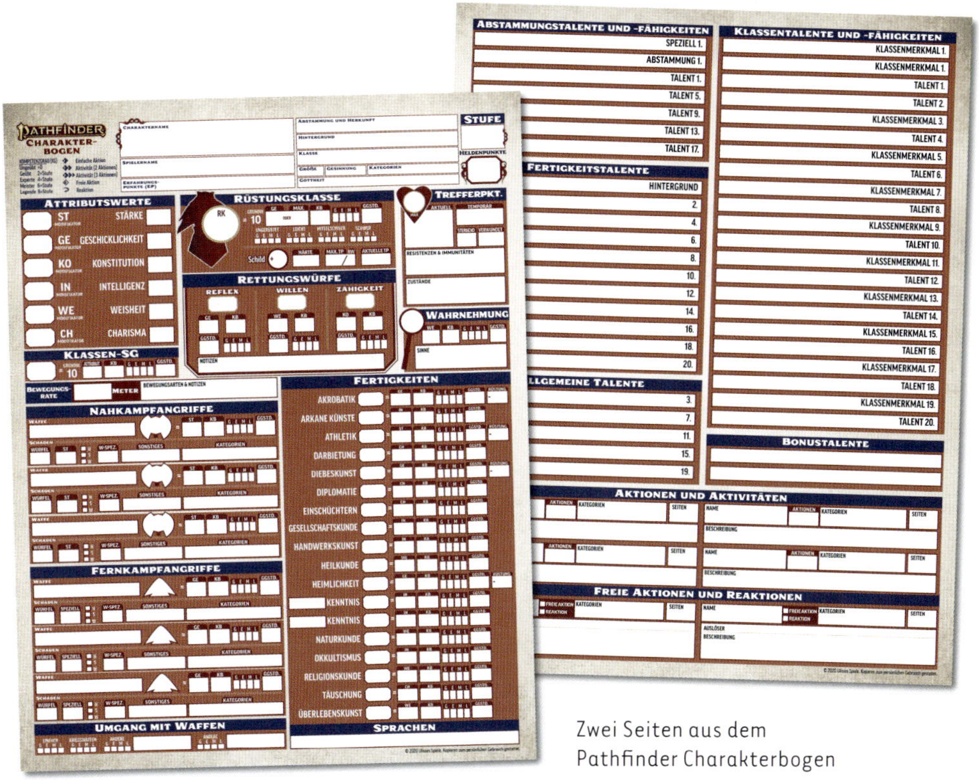

Zwei Seiten aus dem Pathfinder Charakterbogen

und Paizo begann mithilfe der Periodical Line schnell Zusatzinhalte zu veröffentlichen. So wurde Pathfinder zeitweise beliebter als Dungeons & Dragons selbst.

Mittlerweile gibt es die zweite Edition von Pathfinder. Obwohl Dungeons & Dragons mit der fünften Edition wieder an Paizo vorbeigezogen ist, gibt es viele eingefleischte Fans, die Pathfinder weiterhin vorziehen. Doch was sind überhaupt die größten Unterschiede? Durch die Veröffentlichungsform gibt es für Pathfinder mittlerweile eine Vielzahl von Zusatzinhalten, die den Einstieg etwas unübersichtlicher machen können. Auf sie kann man einfach verzichten und sich erstmal nur auf die Grundregeln konzentrieren, die größtenteils identisch mit Dungeons & Dragons sind, allerdings wurden Regeln und Mechaniken im Detail verändert. So existieren zwar noch die genannten Attribute und Modifikatoren, allerdings funktioniert das System rund um kritische Erfolge und Misserfolge ein bisschen anders. Weiterhin gilt eine gewürfelte Eins als schlechtestes und eine gewürfelte 20 als bestes Ergebnis. Jedoch kann man schon einen kritischen Erfolg oder Misserfolg erreichen, wenn

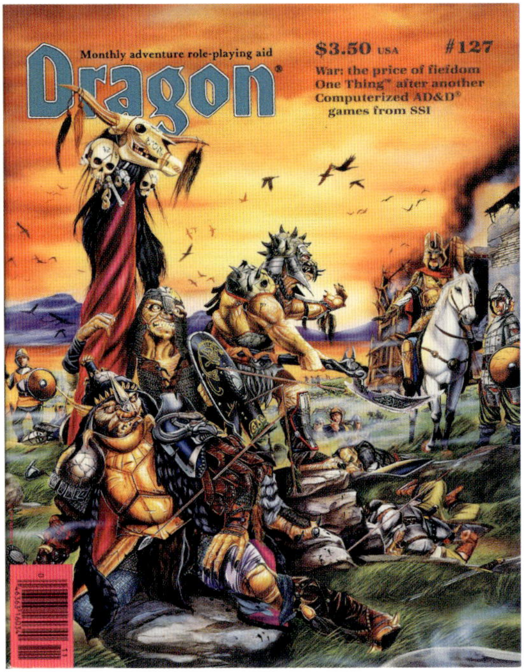

Ausgabe des »Dragon Magazin«

man beim Endergebnis mindestens 10 Punkte über oder unter dem Schwierigkeitsgrad der Probe landet. Will man zum Beispiel einen Gegner mit Rüstungsklasse 15 angreifen und man erreicht eine 26, hat man bereits einen kritischen Erfolg, auch wenn man keine 20 gewürfelt hat. Zusätzlich lösen bestimmte Fähigkeiten oder Waffen bei kritischen Erfolgen und Misserfolgen Sondereffekte aus. Weiterhin hat man bei der Weiterentwicklung des eigenen Charakters mehr Auswahlmöglichkeiten, um ihn zu verbessern.

Ich könnte jetzt noch weit mehr kleinere Unterschiede zwischen Dungeons & Dragons und Pathfinder aufzählen, Fakt ist aber, dass man sich als Dungeons & Dragons-Fan schnell in Pathfinder einfindet und dieser Fakt viel zum Erfolg von Pathfinder beigetragen hat.

Quests

Ja, ich gebe es zu: Es war nicht einfach, ein Wort mit Q zu finden. Glücklicherweise gibt es in unserem fantastischen Hobby ein Wort, das sich ganz gut eignet. **Quest**! Es bedeutet in seiner Form »quest« im Mittelenglischen oder »queste« im Altfranzösischen so viel wie die (lange und beschwerliche) »Suche nach oder Jagd auf etwas«. Ursprünglich kommt das Wort wahrscheinlich aus dem mittelalterlichen Latein, wo es eine ähnliche Bedeutung besaß. Mit dem Aufkommen von Video- und Rollenspielen hat sich seine Bedeutung allerdings ein wenig geändert.

Für die Videospieler*innen unter euch wird Quest vermutlich eine **Aufgabe** sein, die man erledigen muss. Das typische »Fange 10 Hühner« oder »Sammle 344 glühende Leuchtpilze« verfolgt uns durch so ziemlich alle MMORPGs und treibt uns in den Wahnsinn. Wir verbringen so Stunden damit, die nötigen Gegenstände zu suchen, nur um am Ende eine winzige Belohnung zu bekommen, mit der wir unseren Charakter etwas besser machen können. Solche Quests gibt es in Pen & Paper-Rollenspielen glücklicherweise selten. Und doch können wir vielleicht aus Videospielen lernen, um unsere eigenen Quests für Rollenspiele zu schreiben und unsere Spieler*innen auf die Suche zu schicken. Deshalb schauen wir auf die Arten von Quests, die man in Videospielen so findet:

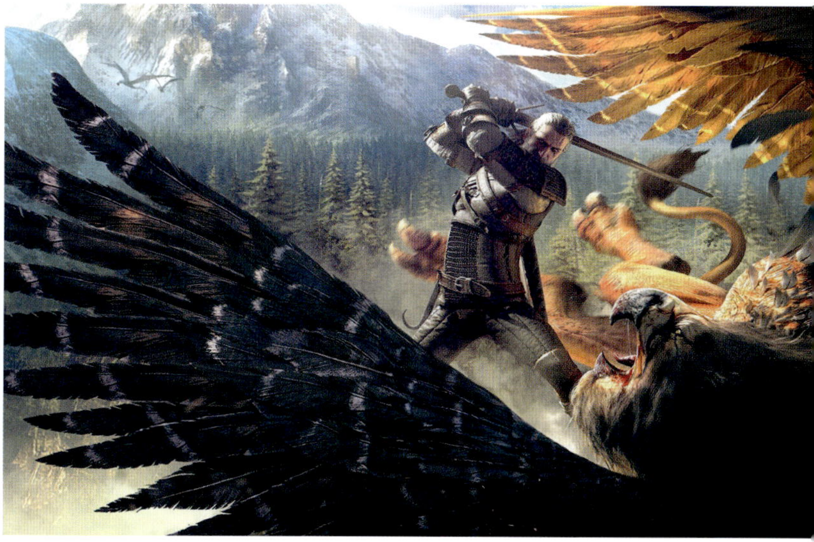

Screenshot aus »Witcher 3: Wild Hunt«

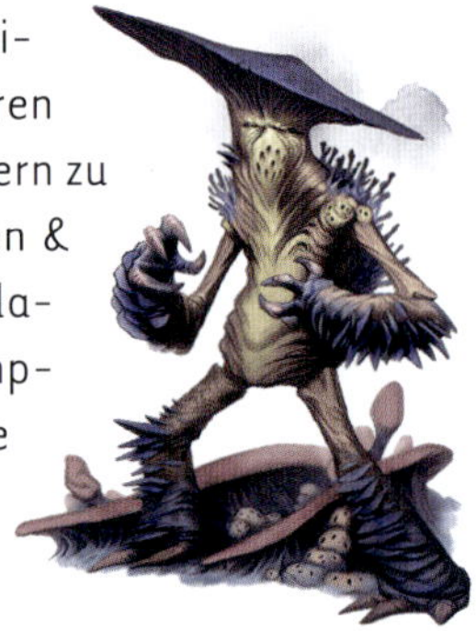

Zu Beginn jedes MMORPGs trifft man auf **Kill-Quests**: Bei »Töte 12 Banditen«, »Bring 6 Federn eines wild gewordenen Straußen« und vielen weiteren Quests geht es nur darum, eine bestimmte Anzahl an Kreaturen oder Gegnern zu besiegen. Diese Art Quest funktioniert in MMORPGs ganz gut, aber für Pen & Paper-Rollenspiele sind sie eher nicht geeignet. Es sei denn, ihr habt Spaß daran, über mehrere Stunden hinweg immer gegen die gleichen Gegner zu kämpfen. Wenn ihr sie für euer Abenteuer adaptieren möchtet, solltet ihr eure Spieler*innen lieber auf die Suche nach einer besonderen Herausforderung schicken. Als Vorbild können hier die **Monsterjagden** aus den Witcher-Videospielen dienen. Bei ihnen geht es meistens nicht darum, mehrere einfache Monster zur Strecke zu bringen, sondern jeweils ein besonderes Exemplar, für das man besondere Taktiken benötigt, um es zu besiegen. So können sich die Spieler*innen während der Quests nicht nur mit dem Töten der Kreatur beschäftigen, sondern müssen vorher Informationen oder besondere Ausrüstung sammeln, um sich dem Schrecken entgegenzustellen.

Auch **Sammel-Quests** findet man überall: »Sammle 12 Knollen des Staubpilzes« oder »Pflücke 4 Bananen« klingt als Aufgabe für Pen & Paper-Rollenspiele nicht so richtig spannend. Hier könnt ihr ähnliche Anpassungen vornehmen wie bei den Kill-Quests. Lasst eure Gruppe nicht nach einer großen Anzahl Kram suchen, den sie an jeder Straßenecke finden, sondern nach etwas Besonderem, das vielleicht nur an einem gefährlichen Ort wächst. Außerdem solltet ihr euch einen guten Grund für diese Reise der Helden einfallen lassen. Zum Beispiel könnten die Charaktere auf einen hohen Berg geschickt werden, um dort eine seltene Pflanze zu pflücken, die eine Krankheit in einem Dorf aufhalten könnte. Auch hier sollte die Reise das eigentliche Abenteuer sein, nicht das Pflücken der Pflanze.

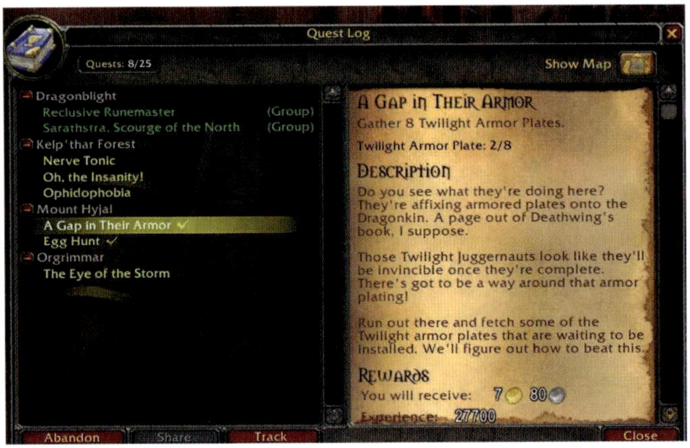

Beispiel eines Sammelquest aus »World of Warcraft«

Nicht selten benötigen digitale Bewohner*innen eines Dorfes einen digitalen Postboten, der ihre digitalen Briefe zu jemand anderem bringt.

Das ist meist keine große Herausforderung und viele dieser **Liefer-Quests** werden in MMORPGs genutzt, um Spieler*innen zu einem neuen Ort zu bringen, wo weitere Quests auf sie warten. Dabei kann man mit solchen Transportmissionen viel interessantere Dinge anstellen. Wenn ihr so eine Quest für euer Abenteuer adaptieren möchtet, solltet ihr euch zunächst überlegen, was die Charaktere transportieren und warum. Auch hier sollte der transportierte Gegenstand etwas Besonderes sein, das vielleicht die Neugier der Charaktere weckt. Eventuell wagen die Charaktere einmal einen Blick in das Paket, obwohl es ihnen strikt untersagt wurde. Gleichzeitig könnten die Personen, zwischen denen das Paket transportiert wird, interessant sein. Warum verschickt ein hochrangiger Beamter einen Brief mit Geldscheinen an den lokalen Mafiaboss? Genau aus diesen Fragen sollten sich am Ende weitere Aufgaben für die Charaktere entspinnen. So ist die Liefer-Quest zwar der Aufhänger fürs Abenteuer, liefert aber deutlich mehr Tiefe, als es zunächst den Anschein hat. Wenn die Spieler*innen sich allerdings akut weigern, das Postgeheimnis zu brechen, kann die Fracht natürlich auch geklaut werden, um den Transport etwas spannender zu gestalten. Ein gutes Beispiel für den Einsatz von Liefer-Quests ist die TV-Serie **Futurama**, wo aus einfachen Lieferaufträgen interessante Geschichten entstehen.

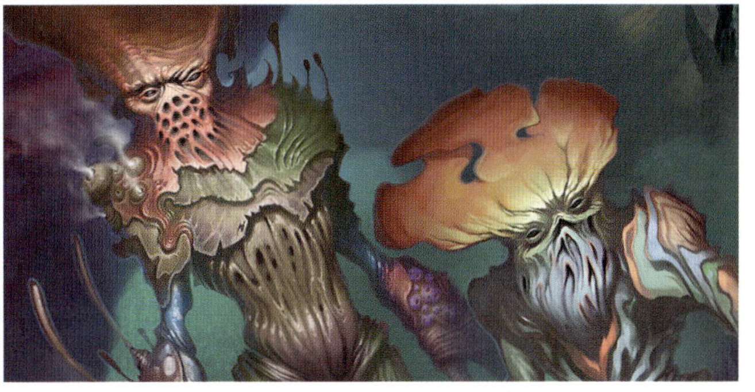

Abbildung eines Pilzwesens aus »Dungeons & Dragons«

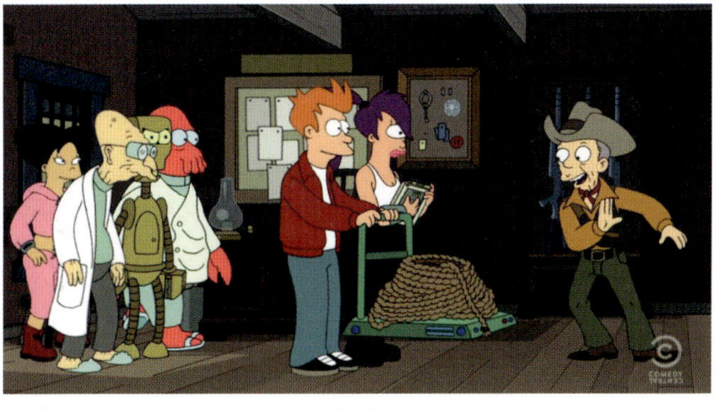

Screenshot aus der Serie »Futurama«

Bei **Eskort-Quests** handelt es sich im Endeffekt um verkleidete Liefer-Quests, bei denen man keine Fracht transportiert und schützt, sondern eine Person. Das ist zumindest in Videospielen oft nervig, weil die eskortierte Person meist jede Menge Ärger auf sich zieht oder in sehr gemächlichem Tempo durch den gefährlichen Wald schleicht. Letztendlich könnt ihr diese Aufgaben genauso adaptieren wie Liefer-Quests. Überlegt euch, was die eskortierte Person interessant macht und wer die Spieler*innen aufhalten könnte, die Person an ihren Bestimmungsort zu bringen. Vielleicht sind aber auch die Orte auf der Reise interessant. Ein wichtiger Bote muss zum Kaiser transportiert werden, eine Forscherin bittet die Held*innen, sie zu einem unterirdischen Tempel zu begleiten, oder der Bürgermeister möchte, dass sein verzogener Sohn aus dem lokalen Partyviertel abgeholt wird. Weigert sich Letzterer, könnte aus der Eskort-Quest schnell eine Entführung werden.

Natürlich gibt es unzählige weitere Arten oder Variationen möglicher Aufgaben, die ihr euren Spielenden stellen könnt. Auch hier müsst ihr das Rad nicht immer neu erfinden, sondern könnt euch überall inspirieren lassen und Dinge adaptieren, die in Videospielen gut funktionieren. Achtet darauf, dass eure Quests nicht zu formelhaft werden und ihr euch immer etwas einfallen lasst, was eure Spielenden überrascht. Und denkt am Ende an eine angemessene **Belohnung**, damit eure Spielenden motiviert werden, weitere Quests von euch anzunehmen.

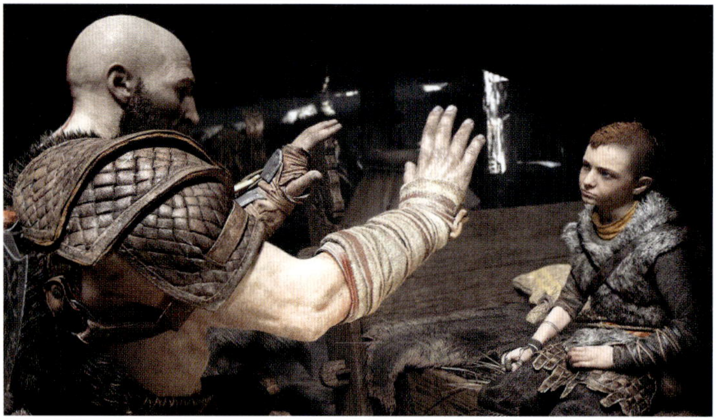

Screenshot aus dem Videospiel »God of War«

Rollenspiel

Kommen wir zu einem Kernthema dieses Buchs: das **Rollenspiel** selbst. In diesem Kapitel soll es nicht um Rollenspiele allgemein gehen, sondern darum, wie ihr als Spieler*innen in eine Rolle schlüpfen könnt und welche Tipps es gibt, um das eigene Rollenspiel zu verbessern. Vorweg möchte ich das festhalten, was ich schon in einigen anderen Kapiteln erwähnt habe: Macht euch keinen Druck, sondern tut das, was euch Spaß macht! Es gibt allgemein keinen richtigen oder falschen Weg, Rollenspiel zu betreiben. Wenn etwas für euch und eure Gruppe funktioniert, dann ist das gut, lasst euch da von niemandem etwas anderes sagen. Ihr solltet eure eigenen Ansprüche an euch selbst und eure Mitspielenden realistisch gestalten. Es kann sein, dass ihr Rollenspiel über verschiedene große Sendungen auf YouTube oder Twitch kennengelernt habt. Fangt nicht an, diese Sendungen als Maßstab für eure Runde zu setzen. Viele Spielende in diesen Sendungen können meist viel mehr Arbeitszeit in die Entwicklung ihres Charakters hineinstecken oder sind professionelle Schauspieler*innen oder Synchronsprecher*innen. Auch wenn ein solches Rollenspiel erstrebenswert erscheint, könnt ihr euch schnell die Freude am Spiel kaputtmachen, indem ihr viel zu hohe Erwartungen an euch und eure Gruppe habt. Viele Gruppen brauchen dieses hohe Maß an Professionalität überhaupt nicht, um sich einmal in der Woche am heimischen Spieltisch die Zeit zu vertreiben. Dennoch ist es natürlich vollkommen in Ordnung, wenn ihr euch selbst verbessern wollt. Deshalb genug der Vorrede und zu den Tipps.

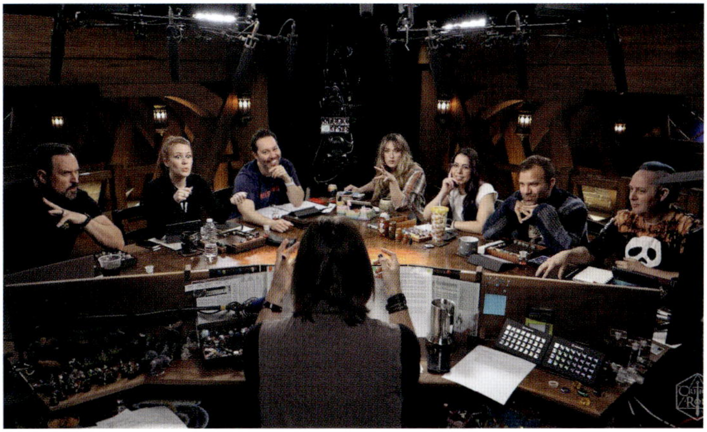

Screenshot aus der YouTube-Serie »Critical Role«

Wie es das Wort schon sagt, geht es im Spiel darum, in eine Rolle zu schlüpfen. Diese Rolle ist **euer gespielter Charakter**, dessen Wesenszüge ihr bestimmt. Das macht das

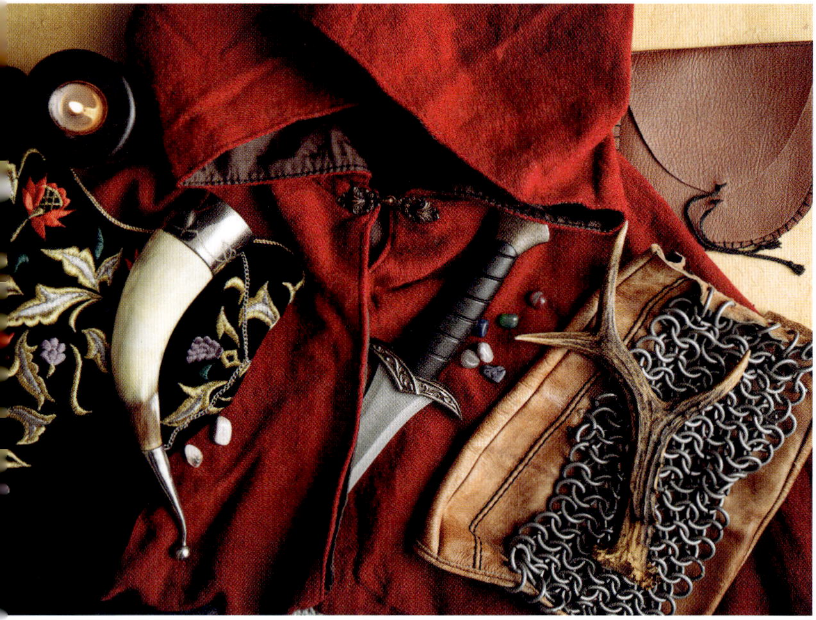

Typische Fantasy-Kleidung

Rollenspiel natürlich nicht so einfach, weil es kaum Richtlinien gibt und man sich frei entscheiden kann, was den eigenen Charakter ausmacht. Im Kapitel »Charaktere« habe ich einige Tipps für euch, wie man einen glaubwürdigen Charakter bauen kann. Wichtig ist, dass du dir Gedanken über die Verhaltensweisen deines Charakters machst und auch, weshalb er sich in bestimmten Situationen so verhält, wie er es tut. Auch wenn du dich nicht auf alle Situationen vorbereiten kannst, durch die Ausarbeitung deiner Hintergrundgeschichte kannst du in der Regel schnell ableiten, wie dein Charakter auf neue Herausforderungen reagieren würde. Du musst keine Romane schreiben, konzentriere dich lieber auf die Elemente des Charakters, die ihn oder sie besonders machen, und, wie der Begriff schon sagt, einen Charakter geben.

Einige Spieler*innen nutzen **besondere Stimmen oder Akzente**, um ihren Charakter darzustellen. Sprache ist ein sehr mächtiges Werkzeug, um Charakteren Leben einzuhauchen. Das müssen nicht immer die Tonlage oder besondere Akzente sein: Die Art und Weise, wie ein Charakter spricht, und die Worte, die er verwendet, können ebenfalls Merkmale sein. Charaktere aus hohem Haus nutzen wahrscheinlich ein weitaus gebildeteres Vokabular als Menschen, die in einem kleinen Dorf aufgewachsen sind. So kann man relativ einfach einen Effekt erzielen, ohne ständig die Stimme verstellen zu müssen. Letzteres kann zwar unterhaltsam sein, ihr solltet euch aber nicht dazu zwingen, wenn ihr diese verstellte Stimme nicht über eine längere Zeit ohne Einschränkungen nutzen könnt. Das Verstellen der Stimme kann für die Stimmbänder auf Dauer sehr anstrengend sein. Achtet deshalb immer darauf, dass sich die Stimme eures Charakters angenehm anfühlt. Testet es einfach mal aus und schaut,

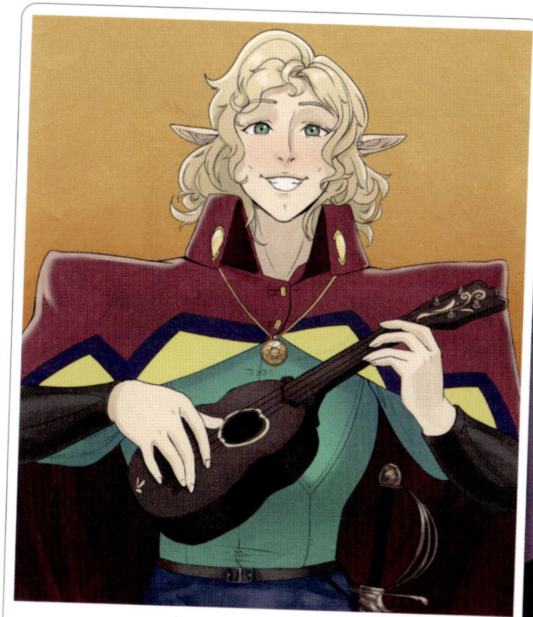
Ein typischer Barde

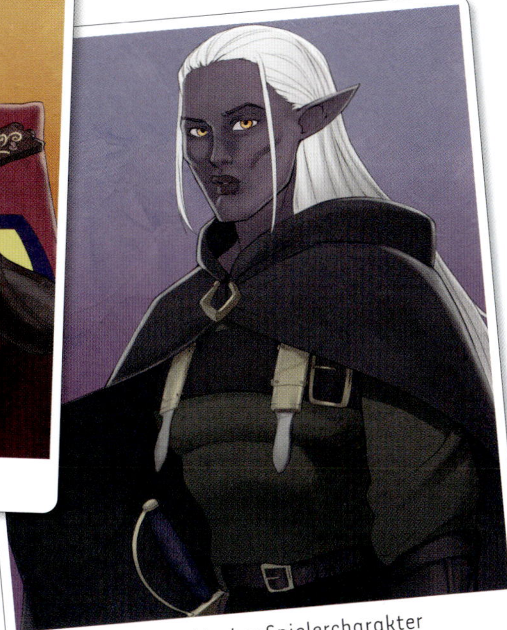
Ein schurkischer Spielercharakter

ob sich euer Hals danach rau anfühlt. Solltet ihr euch bei der Stimme an anderen Kulturbereichen bedienen wollen, denkt daran, respektvoll zu bleiben und Menschen aus anderen Kulturen in eurem Rollenspiel nicht lächerlich zu machen.

Um euch stärker in euren Charakter hineinfühlen zu können, solltet ihr außerdem versuchen, ihn zu visualisieren. Dazu könnt ihr entweder Vorlagen nutzen, selbst den Stift in die Hand nehmen oder sogar echte Künstler*innen bezahlen, um euren Charakter zu malen. Vielen Spieler*innen hilft es enorm, wenn sie das **Bild ihres Charakters** nicht nur im Kopf, sondern direkt vor sich haben. Und die anderen Spieler*innen können sich euren Charakter besser vorstellen und so tiefer in das Rollenspiel eintauchen.

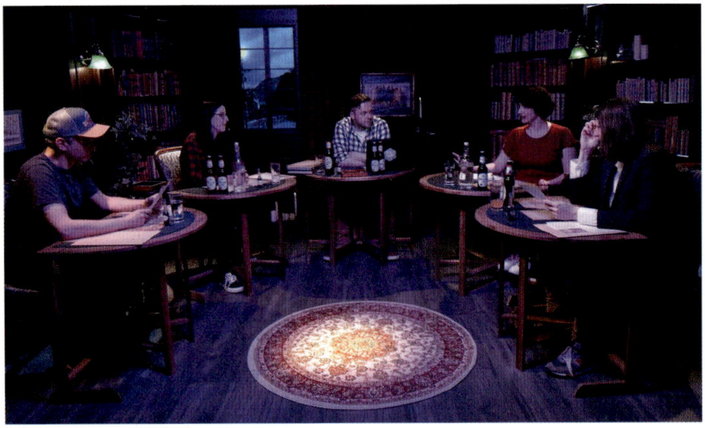

Screenshot aus der Sendung »Tor nach Carcosa 2« von RBTV

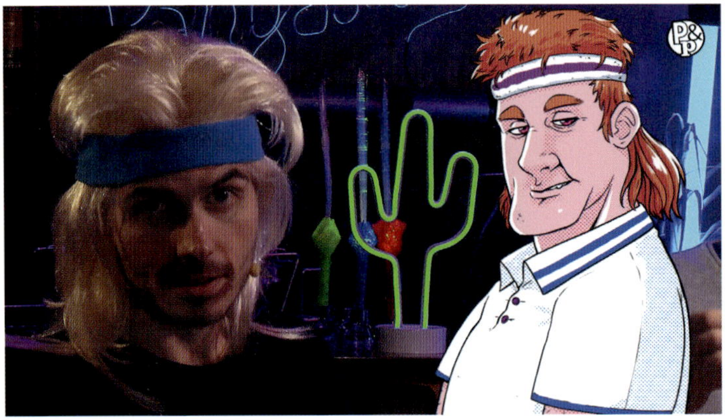

Screenshot aus der Sendung »Pangasius« von RBTV

Neben der Entwicklung des eigenen Charakters gibt es eine weitere wichtige Regel, die ihr immer im Hinterkopf behalten solltet: **Seid Teamplayer**. Beim Rollenspiel geht es um das gemeinsame Spielen und entsprechend gehört zu einem guten Rollenspiel, aufeinander achtzugeben und miteinander zu kommunizieren. Und zu guter Kommunikation gehören zwei Dinge: Gut zuhören und nachfragen. Das ist nicht nur ein Zeichen von Respekt. Wenn ihr euren Mitspielenden gut zuhört, findet ihr besser Möglichkeiten, mit ihnen ins Rollenspiel einzusteigen und die Gruppe voranzubringen. Denkt immer daran, dass es nicht um eure alleinigen Abenteuer geht, sondern eure gesamte Gruppe im Mittelpunkt steht. Versucht, die in einer Szene aktiven Charaktere zu unterstützen, anstatt euch selbst ins Rampenlicht zu stellen. Überlegt euch zum Beispiel in einer Szene, in der eine verschlossene Tür geöffnet werden muss, wer außer euch am besten für diese Aufgabe geeignet ist und wie ihr diesen Charakter unterstützen könnt, statt die Tür auf eigene Faust aufzubrechen.

Das Stellen von Fragen zeigt Respekt und kann den anderen Spieler*innen oder der Spielleitung helfen, neue Gedanken zu ihren Charakteren oder zur Situation zu formulieren. Dabei muss nicht alles hinterfragt werden, durch gezieltes Fragen soll die Situation für alle klarer und die Geschichte vorangebracht werden. Durch Fragen gebt ihr anderen Spieler*innen oder der Spielleitung ganz organisch die Möglichkeit, mehr über ihren Charakter oder die Spielwelt zu erzählen.

Ein weiterer grundlegender Tipp lautet: **Seid kein Arschloch**. Wie überall auf der Welt solltet ihr versuchen, euch mit euren Mitspielenden zu verstehen. Auch eure Charaktere sollten grundsätzlich miteinander auskommen. Warum sind sie sonst gemeinsam unterwegs, wenn sie sich eigentlich nicht leiden können? Natürlich ist es völlig okay, wenn ihr kleinere Rivalitäten oder auch mal Streitigkeiten zwischen euren Charakteren austragt. Allerdings möchtet ihr immer noch miteinander Abenteuer erleben. Und deshalb solltet ihr euer eigenes Verhalten nicht hinter dem des Charakters verstecken. Ein berüchtigtes Negativbeispiel für solches Verhalten ist meist der Satz »Aber so ist mein Charakter nun mal!« oder »Das würde mein Charakter halt tun«. Einige Spieler*innen nutzen diese Argumentation, um ihr Verhalten in der Geschichte von dem eigenen zu trennen. Es ist einfach schlechtes Verhalten und kein gutes Rollenspiel, wenn der Charakter einen anderen Spielercharakter beklaut, obwohl dies im Vorgespräch explizit nicht erlaubt wurde. Ja, vielleicht würde sich euer Charakter in dieser Situation so verhalten, ihr habt aber immer noch die Kontrolle und den Charakter erschaffen.

Zum Abschluss noch ein paar sehr grundlegende Dinge. Versucht immer in eurem Charakter zu bleiben und mit seiner Stimme zu sprechen. Dazu gehört vor allem in der ersten Person Singular zu sprechen: »Ich hebe den Baumstamm hoch« und nicht »Mein Charakter hebt den Baumstamm hoch«.

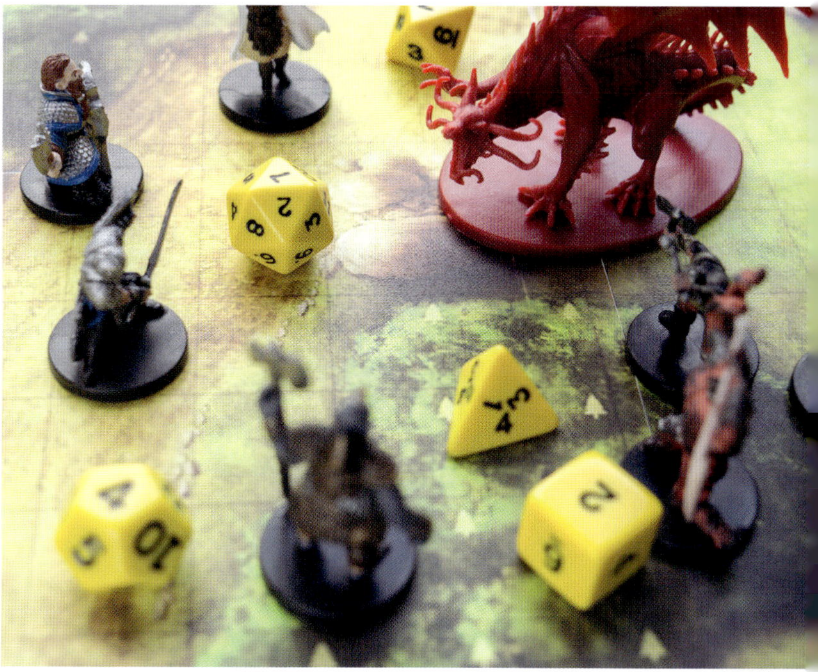

Abbildung eines Rollenspiel-Kampfes

Ihr könnt in der dritten Person von eurem Charakter sprechen, wenn euch das noch schwerfällt. Beschreibt außerdem nicht nur, was euer Charakter sagt. Versucht auch Körperhaltung, Mimik und Gestik zu beschreiben, gerade wenn ihr in Gesprächen mit anderen Personen seid. Das hilft, anderen Spieler*innen und der Spielleitung die aktuelle Gefühlslage eures Charakters zu verstehen und entsprechend zu reagieren. Haltet euch idealerweise an die Tonalität des Abenteuers, wenn ihr sie vorab abgesprochen habt. Es gibt Runden, die eher locker und lustig spielen wollen, aber auch Gruppen, die vielleicht düstere Settings und ernstere Geschichten durchleben möchten. Versucht also die Atmosphäre, die durch die Spielleitung aufgebaut wurde, nicht unnötig zu stören. Plant außerdem immer feste Pausen ein, damit ihr durchschnaufen und das Erlebte gemeinsam verarbeiten könnt. Genauso wie Feedbackrunden sind Pausen wichtig, um neue Energie zu sammeln und sich abzustimmen. Bei düsteren Themen im Rollenspiel kann man sich hier noch einmal vergewissern, dass es allen gut geht.

Ich hoffe, ich konnte euch mit diesen Tipps etwas die Scheu vor dem Rollenspiel nehmen. Behaltet immer im Hinterkopf, dass sich das Spiel für euch gut anfühlen muss. Ignoriert meine Tipps, wenn das nicht der Fall ist, und versucht, den Grund für eure Gefühle herauszufinden.

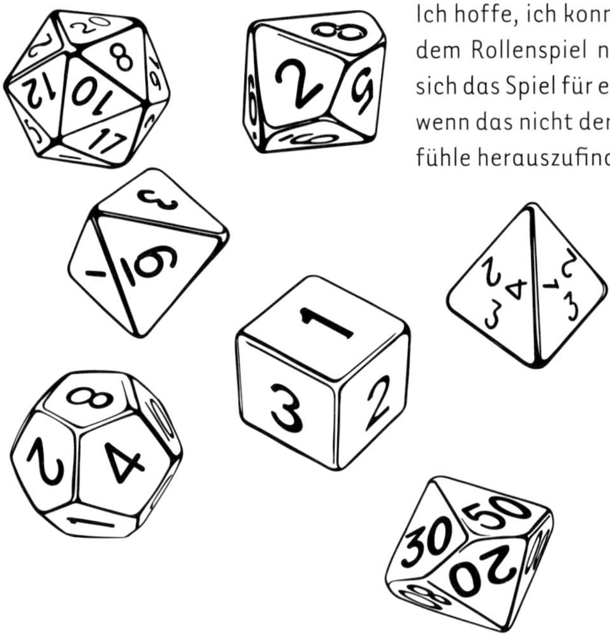

S

Shadowrun

Wir haben jetzt schon über einige der erfolgreichsten Rollenspiele der Welt gesprochen, aber bisher ein sehr wichtiges ausgelassen. Nachdem wir in **Call of Cthulhu** die 20er-Jahre und mit **Dungeons & Dragons** Fantasy-Welten bereist haben, geht es mit **Shadowrun** nun in die dystopische Zukunft des späten 21. Jahrhunderts. Zugegebenermaßen findet man aber ein bisschen was von Cthulhu und Dungeons & Dragons in Shadowrun wieder.

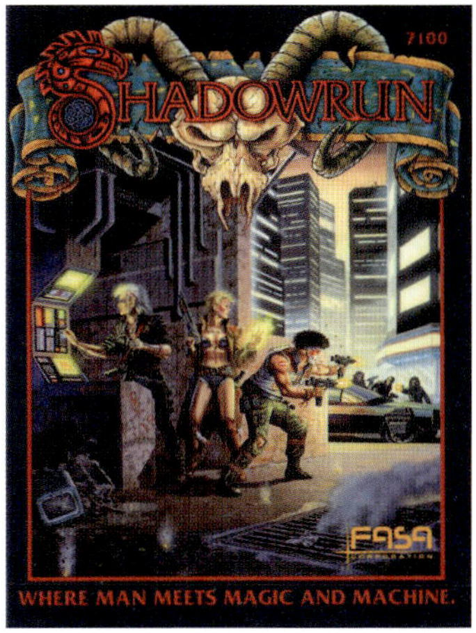

Shadowrun 1. Edition Cover

Shadowrun wurde erstmals 1989 von dem amerikanischen Verlag **FASA** veröffentlicht, der bis zu diesem Zeitpunkt vor allem durch Rollenspiele von **Star Trek** und **Dr. Who** und für sein Miniaturenspiel **Battletech** bekannt war. Doch anstatt sich auf eines dieser Franchisen zu verlassen, hob FASA mit Shadowrun eine ganz neue Spielwelt aus der Taufe, die so einzigartig war, dass sie heute noch viele Fans auf der ganzen Welt hat. Das Science-Fiction-Thema legte FASA dabei nicht komplett ab, sondern verfrachtete Shadowrun in eine dystopische **Cyberpunk-Welt**, die sie mit Elementen aus der Fantasy wie **Elfen**, **Zwergen** und **Magie** anreicherte. Geboren war die Welt von Shadowrun.

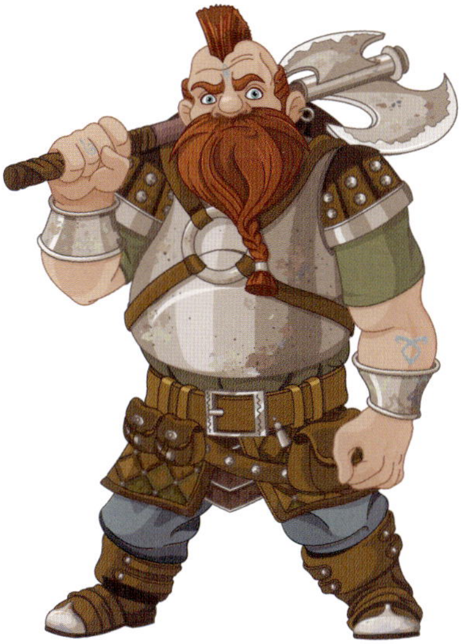

Bei Shadowrun spielt man nicht etwa strahlende Heldinnen und Helden im Kampf gegen das Böse, sondern die namensgebenden **Shadowrunner.** In der nahen Zukunft sind sie eine Mischung aus Söldnern und Verbrechern, die im Auftrag großer Unternehmen Sabotageakte, Diebstähle oder andere Störaktionen auf die Konkurrenz verüben. Da in der Spielwelt viele Konzerne mittlerweile so mächtig geworden sind, dass sie über dem Gesetz stehen, sind Shadowrunner gefragt und Spielerinnen und Spieler

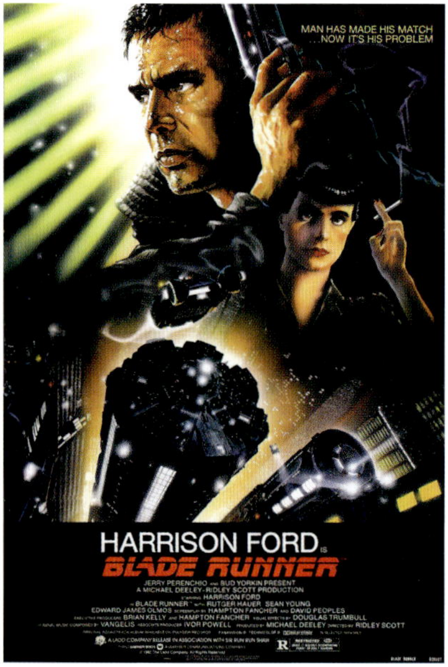

Filmposter von »Blade Runner«

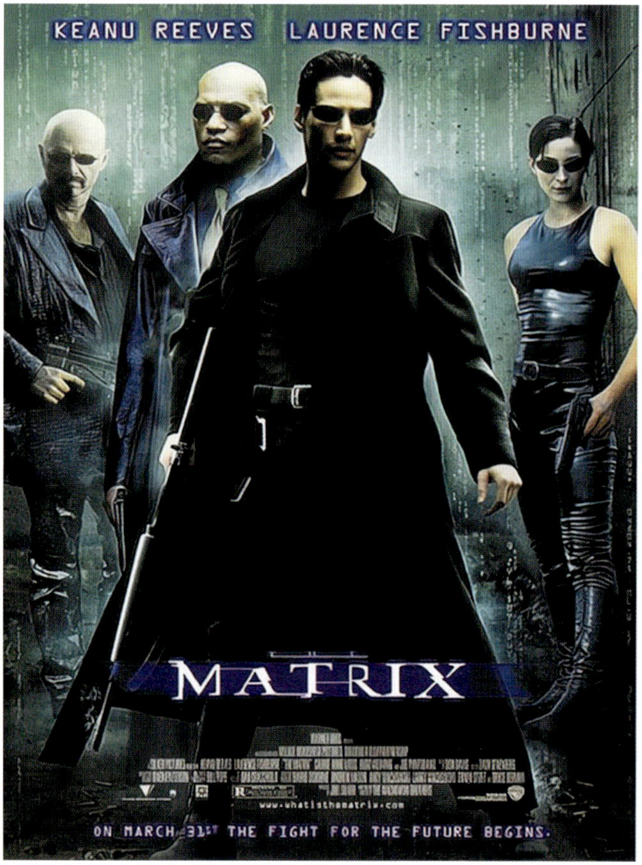

Matrix-Filmposter

haben jede Menge zu tun. Gleichzeitig müssen sie aber auch aufpassen, dass ihre ehemaligen Auftraggeber sie nicht irgendwann selbst loswerden wollen. Ein weiterer wichtiger Aspekt in Shadowrun sind zudem die **Fantasy-Elemente**. Denn in der Spielwelt gibt es nicht nur übermächtige Konzerne und hoch entwickelte Technologie, auch die **Magie** ist auf die Erde zurückgekehrt und hat seltsame Auswirkungen auf die Spielwelt. So werden manche Menschen zu sogenannten **Metamenschen**. In ihnen erwacht die Magie und sie beginnen auszusehen wie **Elfen**, **Zwerge**, **Trolle** und **Orks**. Außerdem manifestieren sich Geister in der Spielwelt: Fauna und Flora erwachen durch den Fluss der Magie zu neuem Leben, um komplett neue Formen anzunehmen. Man kann also bei Shadowrun Untote mit Feuerbällen bekämpfen, während man durch eine Cyberpunk-Stadt flieht, um einem Megakonzern eine wichtige Geheimformel zu stehlen.

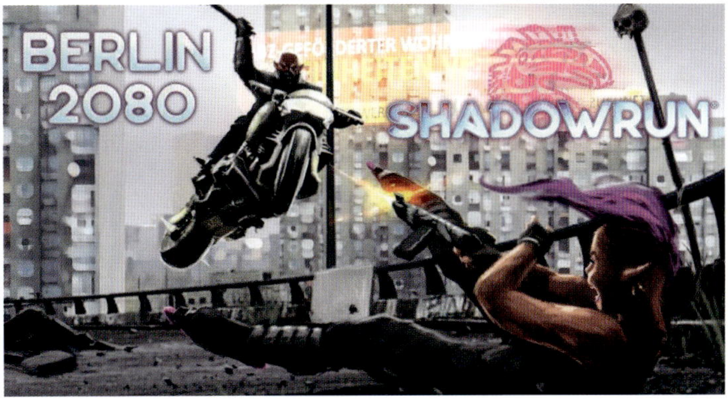

Berlin 2080 Cover

Den Begriff **Cyberpunk** habt ihr vielleicht schon einmal gehört, aber was ist das genau? Cyberpunk beschreibt einen Teilbereich der Science-Fiction, der sich stark auf eher dystopische Themen wie die Abhängigkeit von Technologie, den Zusammenbruch unserer Gesellschaft und die fortschreitende Umweltzerstörung widmet. Außerdem spielen die meisten Geschichten aus dem Genre nicht in der weit entfernten Zukunft, sondern in einer Zeit, die einige von uns vielleicht noch erleben könnten. Shadowrun bespielt aktuell zum Beispiel die Jahre **2060 bis 2080**. Entwickelt hat sich das Cyberpunk-Genre aus der **New Wave Science-Fiction**-Bewegung, zu der unter anderem die Schriftsteller **Philip K. Dick** und **Michael Moorcock** zählten. Seit den 70er-Jahren ist das Genre immer populärer geworden und heutzutage kennt man das Cyberpunk-Genre vor allem durch Filme wie **Blade Runner** und **Matrix** oder durch Videospiele wie **Cyberpunk 2077**. Oder eben auch durch Rollenspiele wie Shadowrun.

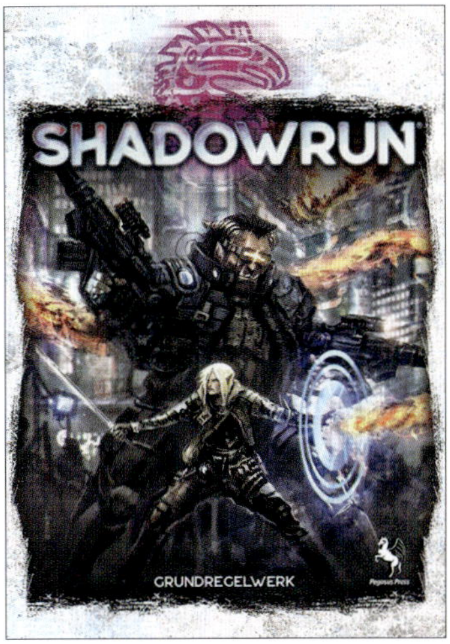

Shadowrun 6. Edition Cover

Für FASA war Shadowrun der Durchbruch bei den Pen & Paper-Rollenspielen. Bis ins Jahr **2001** wurden insgesamt drei Regeleditionen veröffentlicht, wodurch sich Shadowrun weltweit schnell einen Platz unter den erfolgreichsten Rollenspielen eroberte. Ein großes Verkaufsargument war dabei natürlich das ernstere und einzigartige Setting. So konnte sich Shadowrun gegen ähnliche Konkurrenz wie etwa das Rollenspiel **Cyberpunk** durchsetzen, das zwar rund ein Jahr vor Shadowrun veröffentlicht wurde, aber nie ganz den Erfolg von Shadowrun erreichte. Allerdings war 2001 nicht sicher, wie es überhaupt mit Shadowrun weitergehen würde. FASA stellte in diesem Jahr den Betrieb ein, hauptsächlich weil sich die Gründer **Jordan Weisman** und **L. Ross**

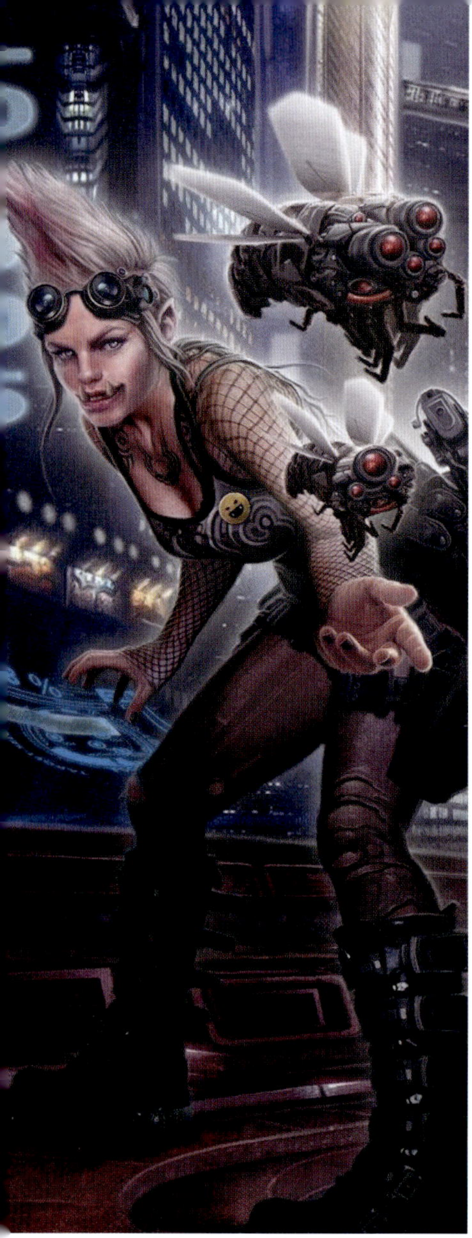

Eine Ork Riggerin

Babcock aus dem Geschäft zurückziehen wollten, solange die Firma noch profitabel war. Dabei wurde die Firma aufgespalten. **FASA Interactive**, die sich vor allem um Videospiel-Umsetzungen von Battletech kümmerten, wurde an **Microsoft** verkauft, während die restliche Firma – und speziell die Rechte an analogen Umsetzungen von Shadowrun – an die neu gegründete Firma **WizKids** ging. Letztere wurde bereits im Jahr 2001 von Weisman aus der Taufe gehoben und so war der Weg frei für weitere Shadowrun-Publikationen. Die deutsche Version wurde übrigens von niemand Geringerem als **FanPro** herausgebracht, das Unternehmen, über das auch **Das Schwarze Auge** herausgebracht wurde.

In der mittlerweile sechsten Edition von Shadowrun haben sich sowohl die Spielwelt als auch das Regelsystem weiterentwickelt. Dabei ist die Kernmechanik von Shadowrun weiterhin das Würfeln mit **sechsseitigen Würfeln**. Bei der Charaktererstellung bekommt man Punkte, die man unter anderem in seine **Attribute** und **Fertigkeiten** stecken kann. Außerdem kann man die Charaktere mithilfe von Vor- und Nachteilen sowie den unterschiedlichen spielbaren Spezies individuell gestalten. So weit, so bekannt. Soll nun eine Probe auf eine entsprechende Fertigkeit gewürfelt werden, nimmt man eine Anzahl von sechsseitigen Würfeln in Höhe des Attributs und der Fertigkeit und würfelt. Jede gewürfelte **Fünf oder Sechs** ist dabei ein Erfolg. Je schwerer die Probe, desto mehr Erfolge benötigt man. Dieses System ist recht simpel. Allerdings ist Shadowrun mittlerweile berüchtigt dafür, dass man mit ganzen Händen voller Würfel würfeln muss. Bei Charakteren mit hohen Werten kann es relativ leicht dazu kommen, dass man mit 15 oder mehr Würfeln würfeln muss. In der sechsten Edition gibt es zudem noch das Attribut **Edge**, das man am ehesten als eine Art Glückswert verstehen kann und das eine besondere Rolle spielt. Man kann Edge-Punkte investieren, um zum Beispiel Würfel neu zu würfeln, eine gewürfelte Vier als einen Erfolg zu werten oder besonders starke Aktionen durchzuführen. Zusätzlich bekommt man noch für alle möglichen Dinge **Bonusedge**, zum Beispiel wenn man in der Überzahl gegen einen Gegner ist oder besondere Ausrüstungsgegenstände dabeihat.

Auf den ersten Blick scheint das Regelwerk von Shadowrun recht simpel zu sein. Allerdings wird es durch viele Sonderregeln und die Besonderheiten für das **Decken** (die Shadowrun-Variante des Hackings) und die Magieregeln schnell unübersichtlich. Das muss nicht unbedingt schlecht sein, denn wenn man erstmal mit den Regeln warm geworden ist, bietet Shadowrun ein äußerst komplexes und detailreiches Regelsystem, das schnell von der Hand geht. Allerdings sollte man sich als Spielleitung im Klaren sein, dass man sich vielleicht nicht das einfachste Regelsystem ausgesucht hat. Doch Shadowrun spielt man meist nicht wegen des Regelsystems, sondern trotz des Regelsystems. Die Welt ist der eigentliche Star der Spielwelt und gerade **Pegasus Spiele**, die Shadowrun aktuell für den deutschen Markt herausbringen, geben immer wieder Quellenbücher heraus, die sich mit Deutschland im Jahre 2080 beschäftigen. Dabei werden sowohl die großen Ballungsräume als auch kleine Regionen berücksichtigt und mit dem Quellenband zu Hamburg hatte mich das Spiel endgültig gewonnen. Es ist unglaublich spannend zu lesen, welche Zukunft sich die Autoren ausmalen, und in dieser Zukunft eigene Abenteuer zu erleben. Und die packende Genremischung, gespickt mit der Liebe fürs Detail und dem ungeheuren Umfang, bringt Shadowrun für mich absolut berechtigt auf das **Podest der beliebtesten Rollenspiele aller Zeiten**.

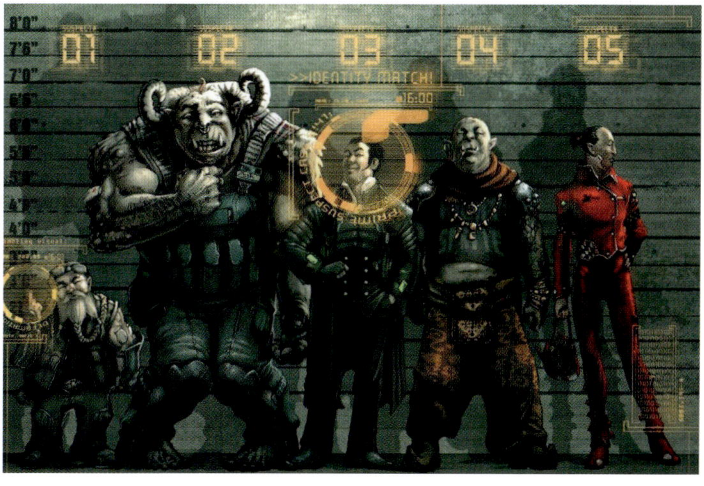

Abbildung von Metamenschen

Satanic Panic

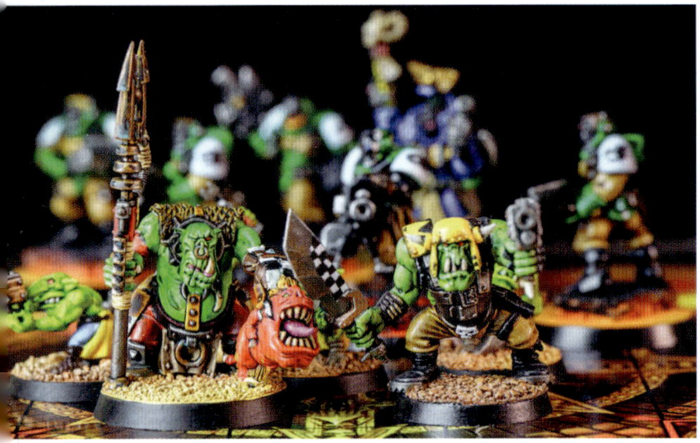

Warhammer-Figuren

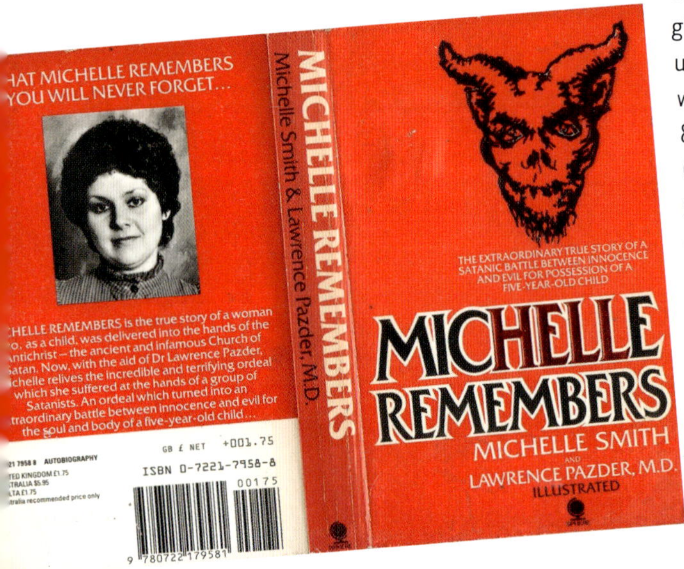

Cover von Michelle Remembers

Ich weiß zwar nicht, wie es bei euch war oder ist, aber mir fiel es immer schwer, meinen Eltern meine Hobbys zu erklären. Rollenspiele gingen immer noch, wobei wir die selten bei mir zu Hause gespielt haben. Meine Mutter redet heute noch davon, dass ich »kleine schwarze Figuren« gesammelt habe und sie nicht wusste, ob mit mir alles in Ordnung war. Es waren **Warhammer**-Figuren, die einfach nicht angemalt waren. Auch wenn es sicherlich ganz normal ist, dass man als Eltern genauer hinschaut, was die eigenen Kinder so treiben, kann das seltsame Ausprägungen erreichen, vor allem wenn die Eltern stark religiös sind und die Kinder im Keller mit Zauberei und Schwertern **Dämonen bekämpfen**. Das war nur ein Grund, weshalb Rollenspiele in den 80ern plötzlich zur Zielscheibe christlicher Gruppen wurden. Deshalb eine Trigger-Warnung vorab: Dieses Kapitel enthält Abschnitte, die oberflächlich mit den Themen Missbrauch und Selbstmord zu tun haben.

Natürlich war es nichts Neues, dass christliche Gruppen andere verdächtigten, den Teufel anzubeten. Bereits im Mittelalter wurden Hexen verbrannt und generell wurde der Vorwurf, jemand sei mit dem Teufel im Bunde, schon immer gern genutzt, um Menschen, die nicht in die Gesellschaft passten oder einer anderen Religion angehörten, loszuwerden.

In den 80ern nahm diese Panik allerdings sehr seltsame und teilweise haarsträubende Züge an. Begonnen hat alles wohl mit einem Buch namens »Michelle Remembers«, das von dem kanadischen Psychologen **Lawrence Pazder** und seiner Patientin **Michelle Smith** geschrieben wurde. In dem autobiografisch angehauchten Buch behauptet Pazder, er hätte bei seiner Patientin verdrängte Erinnerungen an satanische Rituale und Missbrauch hervorgeholt. Das Buch wurde – auch ohne Beweise für diese Aussagen – direkt zu einem Bestseller in den USA und bildete die Grundlage für wilde Theorien. Mit einem Mal wurden im ganzen Land Stimmen laut, die ebenfalls behaupteten, düstere Mächte hätten in satanischen Ritualen Kinder missbraucht oder Menschen getötet. Oftmals konnten keine Beweise für diese Behauptungen gefunden werden, aber die Gerüchte hielten sich hartnäckig. Manchmal gingen sie sogar so weit, dass behauptet wurde, eine globale Elite würde sich satanischer Rituale mit Kinderblut hingeben. Eine Behauptung, die sich bis heute in der **QAnon**-Bewegung wiederfinden lässt.

Im Rahmen der **Satanic Panic**, wie diese Bewegung heute genannt wird, wurden natürlich allerhand Dinge verdächtigt, insgeheim ein Rekrutierungsmittel für diese satanischen Kulte zu sein. **Film und Fernsehen** standen genauso im Mittelpunkt wie **Heavy Metal**, **Fantasy-Bücher** und natürlich auch **Rollenspiele**. Dabei spielten die Medien eine große Rolle, die viele der Anschuldigungen ohne Prüfung übernahmen und so zur Verbreitung der Panik betrugen. Dungeons & Dragons geriet bereits 1979 in das Fadenkreuz der Aktivistinnen und Aktivisten. In dem Jahr verschwand der 16-jährige **James Dallas Eggbert III** aus seinem Zimmer an der Michigan State University. Die Eltern des Jungen engagierten einen Privatdetektiv, der kurzerhand und ohne großes Hintergrundwissen ein seltsames Spiel für das

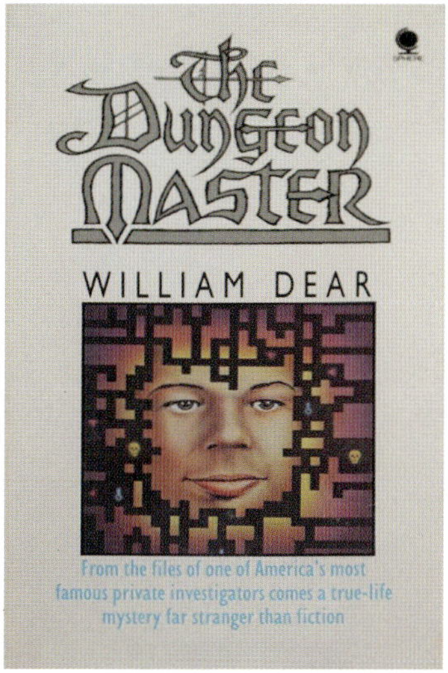

Cover von »The Dungeon Master«

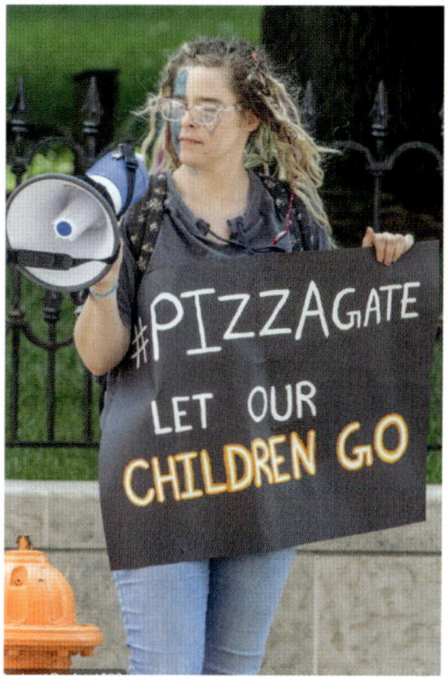

Abbildung einer QAnon Anhängerin mit Protestschild

A DEADLY GAME?

Fantasy play, real tragedies

By BILLY BOWLES
Free Press Southern Bureau

MONTPELIER, Va. — On the afternoon of June 9, 1982, Irving Lee (Bink) Pulling II completed his final examinations at Patrick Henry High School and wrote on the test sheet, "This is the last paper I will ever write, GOODBYE."

That evening, outside his parents' home in Montpelier, he shot himself in the chest with his father's pistol.

Patricia Pulling, Bink's mother, is convinced that his suicide, at 16, resulted from a "curse" placed on him in school earlier that day while he was playing the fantasy game Dungeons & Dragons. He was so distraught over the curse that he killed himself, she said.

Pulling and her husband, Lee, have spent the last three years fighting to have Dungeons & Dragons removed from schools, which sometimes permit it as an extracurricular activity, and to force the manufacturer, TSR Inc. of Lake Geneva, Wis., to put warning labels on Dungeons & Dragons materials.

"We've never asked for the game to be banned from the market," Lee Pulling said. "We want warning labels."

A TSR official said the game is harmless fun and that warning labels are unneeded.

"What's the warning going to say?" said Deiter Sturm, TSR public relations director. "Are you going to put a warning label on automobiles, saying, 'This automobile is for transportation use only, not meant to be a weapon or means of suicide?' Anything we have in life can be misused, be it games, TV, sports, anything that we have."

After her son's death, Patricia Pulling organized BADD — Bothered about D&D — whose newsletter now goes out to 2,000 concerned parents and others who oppose Dungeons & Dragons. BADD says it has linked Dungeons & Dragons to 51 suicides and killings involving young people since 1979.

THE research, however, is unscientific, consisting mainly of Patricia Pulling's interviews with police and parents in cases brought to her attention by newspapers and television. She and her husband want the federal government to investigate the deaths to determine if Dungeons & Dragons was a cause.

DUNGEONS & DRAGONS is a game of the imagination. Dice are used, but there is no board, as there is in Monopoly or backgammon. It is set in medieval times, based loosely on the writings of J.R.R. Tolkien, author of the trilogy "Lord of the Rings" and other fantasy works.

Mrs. Pulling's group and other opponents of Dungeons & Dragons object to its emphasis on violence.

"Dungeons & Dragons is essentially a worship of violence," said Dr. Thomas Radecki of Champaign, Ill., a psychiatrist and chairman of the National Coalition on Television Violence in Washington, D.C.

"It's a very intense war game. Talk to people that have played it. It's very fascinating. It's a game of fun. But when you have fun with murder, that's dangerous. When you make a game out of war, that's harmful. The game is full of human sacrifice, eating babies, drinking blood, rape, murder of every variety, curses of insanity. It's just a very violent game."

Radecki's organization is trying to convince CBS to take its Saturday morning cartoon show "Dungeons & Dragons" off the air.

DUNGEONS & DRAGONS has been controversial almost from its inception, but controversy has only spurred its popularity and growth. TSR's Sturm said in a telephone interview that three to four million people play the game and that many other role-playing fantasy games have appeared since TSR founder Gary Gygax created Dungeons & Dragons in 1973.

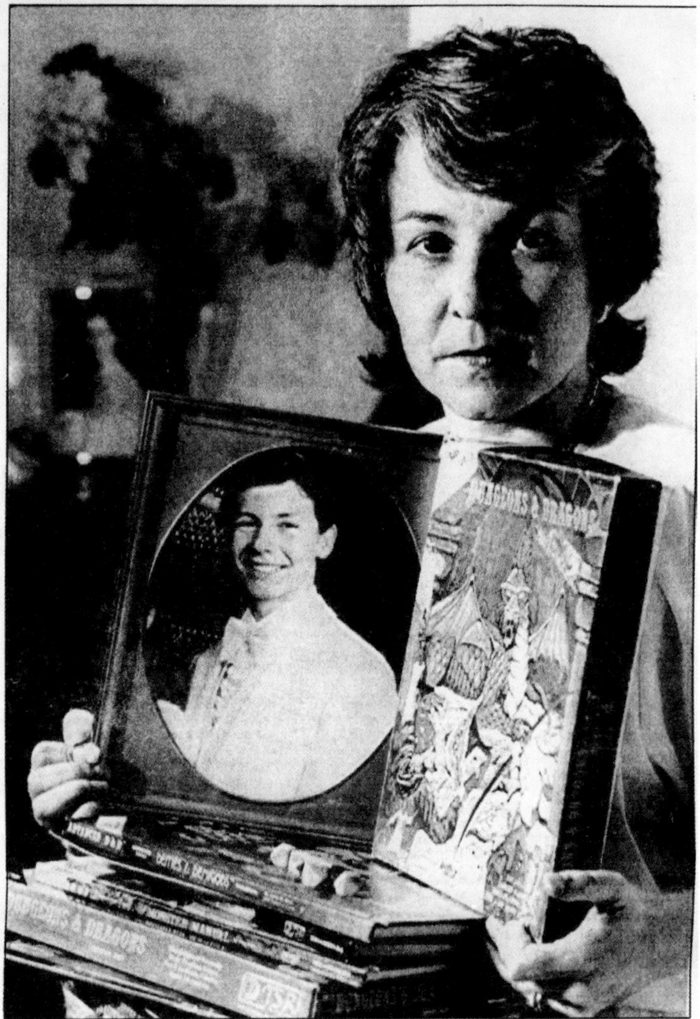

AP Photo

Patricia Pulling holds a photo of her son, Irving Lee (Bink), and some of his books and equipment from Dungeons & Dragons.

Initially, Dungeons & Dragons was played mostly by college students. But the trend in recent years has been toward high school and junior high players. TSR has simplified the instructions to reach the younger market.

Because the game is complicated and requires a vivid imagination, Dungeons & Dragons always has attracted bright young people. Bink Pulling was in a program for the talented and gifted at his high school.

Dungeons & Dragons first gained notoriety in August 1979, when James Dallas Egbert III, a 16-year-old Michigan State University student, disappeared from school. Campus police told reporters that Egbert played Dungeons & Dragons and that his disappearance might be connected with the game. They also said the boy left a note asking that his body, if found, be cremated.

A private investigator, William Dear of De Soto, Tex., searched for Egbert in underground steam tunnels at the university, theorizing that Egbert might be playing a real-life version of Dungeons & Dragons in the tunnels.

Instead, Egbert turned up safe in New Orleans. Appar-

See **DUNGEONS,** Page 6B

Verschwinden des Jungen verantwortlich machte: James war Teil einer Dungeons & Dragons-Runde in der Universität. Es wurden Gerüchte in die Welt gesetzt, dass sich die Runde oft auch in den Wartungstunneln unterhalb der Universität herumtrieb und dort Rollenspiele spielte. Der Vermisste wurde schließlich tatsächlich in den Tunneln gefunden, allerdings macht man heute eher psychische Probleme für das Verschwinden des Jungen verantwortlich. James Dallas Eggbert III beging 1980 Selbstmord und auch hier wurden in den Medien weniger seine psychischen Probleme, sondern mehr das teuflische Spiel Dungeons & Dragons für seinen Tod verantwortlich gemacht.

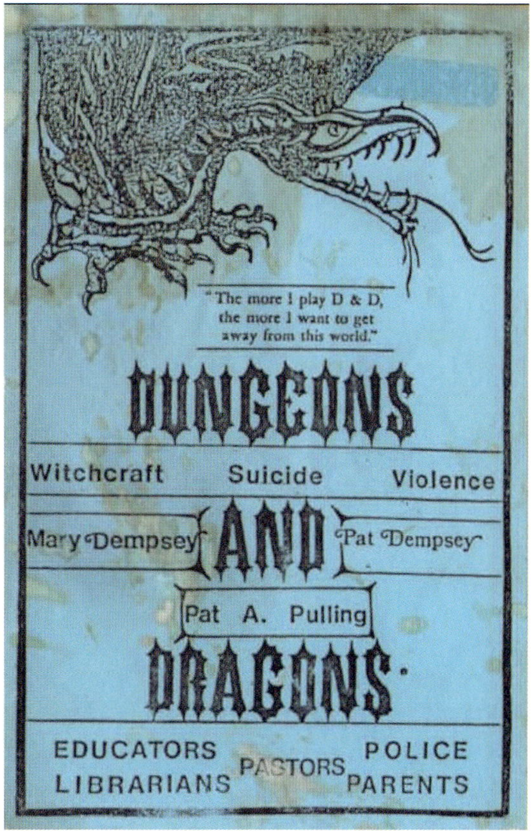

Anzeige von »Bothered about Dungeons & Dragons«

Nach einem ähnlichen Fall 1982, bei dem sich der Schüler **Iriving Lee Pulling** das Leben nahm, war Dungeons & Dragons endgültig in der Mitte einer Hetzkampagne angekommen. Die Mutter des Jungen machte das Spiel und TSR als herausbringende Firma für den Tod ihres Sohns verantwortlich, obwohl Mitschüler*innen immer wieder betonten, dass Pulling Probleme hatte, sich in das soziale Geflecht der Schule einzufügen. Pullings Mutter gründete schließlich **BADD** (Bothered About Dungeons & Dragons) – eine Organisation, die es sich zur Aufgabe machte, die amerikanische Jugend vor dem schlechten Einfluss des Rollenspiels zu schützen. Die Organisation startete nicht nur eine beispiellose Medienkampagne, in der das Spiel in Zusammenhang zum Beispiel mit dämonischen Ritualen, Zauberei, Voodoo gesetzt wurde, sondern sie verklagten auch TSR als Firma hinter dem Spiel. Die Medienkampagne mündete in einer 60-minütigen Sondersendung im Fernsehen,

Zeitungsartikel »A Deadly Game«

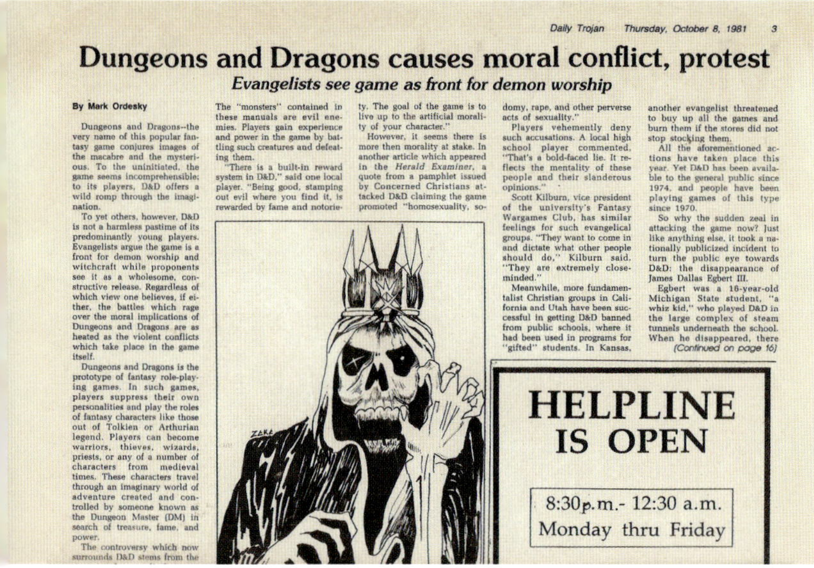

Daily Trojan Thursday, October 8, 1981 3

Dungeons and Dragons causes moral conflict, protest

Evangelists see game as front for demon worship

By Mark Ordesky

Dungeons and Dragons--the very name of this popular fantasy game conjures images of the macabre and the mysterious. To the uninitiated, the game seems incomprehensible; to its players, D&D offers a wild romp through the imagination.

To yet others, however, D&D is not a harmless pastime of its predominantly young players. Evangelists argue the game is a front for demon worship and witchcraft while proponents see it as a wholesome, constructive release. Regardless of which view one believes, if either, the battles which rage over the moral implications of Dungeons and Dragons are as heated as the violent conflicts which take place in the game itself.

Dungeons and Dragons is the prototype of fantasy role-playing games. In such games, players suppress their own personalities and play the roles of fantasy characters like those out of Tolkien or Arthurian legend. Players can become warriors, thieves, wizards, priests, or any of a number of characters from medieval times. These characters travel through an imaginary world of adventure created and controlled by someone known as the Dungeon Master (DM) in search of treasure, fame, and power.

The controversy which now surrounds D&D stems from the

The "monsters" contained in these manuals are evil enemies. Players gain experience and power in the game by battling such creatures and defeating them.

"There is a built-in reward system in D&D," said one local player. "Being good, stamping out evil where you find it, is rewarded by fame and notoriety. The goal of the game is to live up to the artificial morality of your character."

However, it seems there is more then morality at stake. In another article which appeared in the *Herald Examiner*, a quote from a pamphlet issued by Concerned Christians attacked D&D claiming the game promoted "homosexuality, sodomy, rape, and other perverse acts of sexuality."

Players vehemently deny such accusations. A local high school player commented, "That's a bold-faced lie. It reflects the mentality of these people and their slanderous opinions."

Scott Kilburn, vice president of the university's Fantasy Wargames Club, has similar feelings for such evangelical groups. "They want to come in and dictate what other people should do," Kilburn said. "They are extremely close-minded."

Meanwhile, more fundamentalist Christian groups in California and Utah have been successful in getting D&D banned from public schools, where it had been used in programs for "gifted" students. In Kansas, another evangelist threatened to buy up all the games and burn them if the stores did not stop stocking them.

All the aforementioned actions have taken place this year. Yet D&D has been available to the general public since 1974, and people have been playing games of this type since 1970.

So why the sudden zeal in attacking the game now? Just like anything else, it took a nationally publicized incident to turn the public eye towards D&D: the disappearance of James Dallas Egbert III.

Egbert was a 16-year-old Michigan State student, "a whiz kid," who played D&D in the large complex of steam tunnels underneath the school. When he disappeared, there

(Continued on page 16)

HELPLINE IS OPEN

8:30p.m.- 12:30 a.m.
Monday thru Friday

Abbildung eines Zeitungsartikel mit Hilfe Hotline

in der Pulling direkt auf Gary Gygax, den Erfinder von Dungeons & Dragons, traf. BADD agierte noch bis in die frühen 90er, auch wenn bis dahin die Panik schon abgeebbt war und viele Studien belegten, dass es keinen Zusammenhang zwischen Dungeons & Dragons und Selbstmorden bei Kindern und Jugendlichen gab.

Aus heutiger Sicht kann man durchaus über die Geschichte schmunzeln. Dass religiöse und konservative Kreise in den Vereinigten Staaten überall den Teufel vermuten und dabei als Erstes auf Rollenspiele blicken, in denen Magie und Dämonenanbetung »praktiziert« wird, ist schon etwas lustig. Wenn ich mir heute allerdings die Fälle Pazder und Pulling ansehe, kann ich ein bisschen verstehen, warum für einige Eltern die fremde Welt der Rollenspiele bedrohlich wirkte. Deshalb ist es umso wichtiger, dass wir als Rollenspielende unserem Umfeld erklären, welche Faszination hinter Rollenspielen steckt, um so Vorurteile abzubauen und Aufklärung zu betreiben.

Safety Tools

Wir alle spielen Rollenspiele, weil wir Spaß am Spieltisch haben, epische Geschichten erleben oder emotional gepackt werden wollen. Gute Rollenspielrunden lassen die Spielenden noch jahrelang davon schwärmen und Erinnerungen an Lieblingscharaktere, die vielleicht heroisch das Zeitliche segnen, bleiben im Gedächtnis. Aber wir alle denken sicherlich auch an Runden, die nicht so gut gelaufen sind, die uns mit einem negativen Gefühl zurückgelassen haben oder durch die sogar Gruppen zerbrochen sind. Ich kann mich noch an eine Auseinandersetzung mit einem meiner besten Freunde erinnern, an dessen Ende nicht nur unsere beiden Charaktere tot waren, wir haben danach auch nie wieder in dieser Runde gespielt. Glücklicherweise gibt es im modernen Rollenspiel fantastische Werkzeuge, die euch helfen sollen, eure Spielrunden zu einem schönen Erlebnis für alle werden zu lassen. Bühne frei für **Safety Tools**, die vielleicht am besten mit »Sicherheitsmechanismen« übersetzt werden können.

Safety Tools sollen – wie der Name schon sagt – für Sicherheit an eurem Spieltisch sorgen. Einige davon sind vergleichbar mit der Notbremse eines Zuges, andere vielleicht mit einer Altersempfehlung bei Filmen oder Videospielen. Andere Werkzeuge nutzt man zu Beginn oder während des Spiels. Im besten Fall bereitet eure Spielleitung die Safety Tools vor. Es liegt in der Verantwortung aller Personen am Spieltisch, diese Mechanismen am Ende umzusetzen. Gerade wenn ihr mit einer neuen Gruppe spielt oder mit Menschen, die ihr nicht so gut kennt, können Safety Tools hilfreich sein, um Vertrauen und Sicherheit in der Spielrunde aufzubauen. Wichtig ist, dass ihr über diese Tools sprecht und sie gemeinsam einführt. Ich habe schon mehrfach in diesem Buch erwähnt, dass das Rollenspiel ein **soziales Hobby** ist und man entsprechend seine Mitspielenden respektieren sollte. Nun aber genug der Vorrede.

Fangen wir bei der Vorbereitung eurer Spielrunde an. Zunächst solltet ihr immer eine sogenannte **Session 0** einführen. Das ist eine Gesprächsrunde, die vor dem Start des Abenteuers stattfindet und in der die Spielleitung den Spielenden den Ablauf und die grobe Vorstellung mitteilt. Ihr solltet euch in der Session 0 außerdem auf Dinge einigen wie Charakterauswahl,

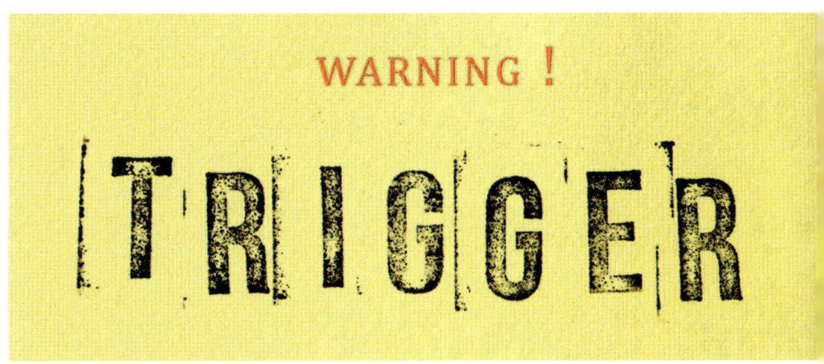

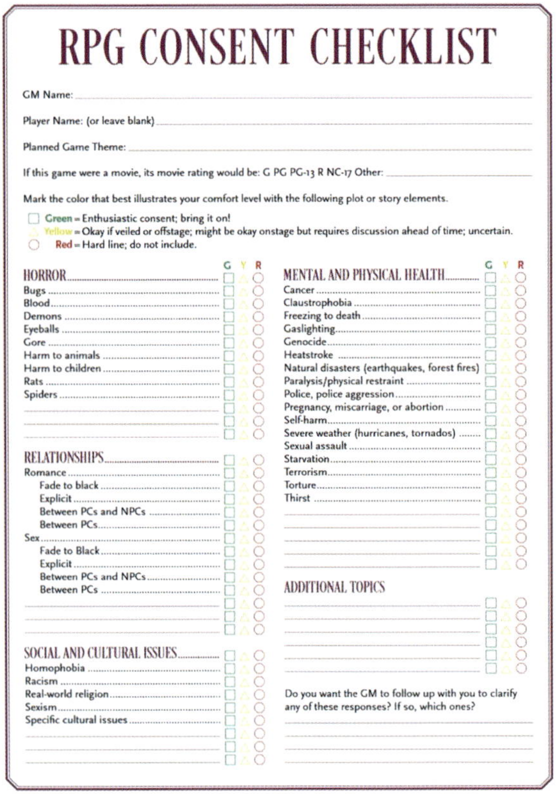

RPG CONSENT CHECKLIST

GM Name:

Player Name: (or leave blank)

Planned Game Theme:

If this game were a movie, its movie rating would be: G PG PG-13 R NC-17 Other:

Mark the color that best illustrates your comfort level with the following plot or story elements.

Green = Enthusiastic consent; bring it on!
Yellow = Okay if veiled or offstage; might be okay onstage but requires discussion ahead of time; uncertain.
Red = Hard line; do not include.

	G	Y	R
HORROR			
Bugs			
Blood			
Demons			
Eyeballs			
Gore			
Harm to animals			
Harm to children			
Rats			
Spiders			
RELATIONSHIPS			
Romance			
Fade to black			
Explicit			
Between PCs and NPCs			
Between PCs			
Sex			
Fade to Black			
Explicit			
Between PCs and NPCs			
Between PCs			
SOCIAL AND CULTURAL ISSUES			
Homophobia			
Racism			
Real-world religion			
Sexism			
Specific cultural issues			

	G	Y	R
MENTAL AND PHYSICAL HEALTH			
Cancer			
Claustrophobia			
Freezing to death			
Gaslighting			
Genocide			
Heatstroke			
Natural disasters (earthquakes, forest fires)			
Paralysis/physical restraint			
Police, police aggression			
Pregnancy, miscarriage, or abortion			
Self-harm			
Severe weather (hurricanes, tornados)			
Sexual assault			
Starvation			
Terrorism			
Torture			
Thirst			
ADDITIONAL TOPICS			

Do you want the GM to follow up with you to clarify any of these responses? If so, which ones?

Startlevel u. ä. Für das Rollenspiel solltet ihr aber auch rote Linien definieren und hier kommen schon unsere ersten beiden Safety Tools zum Einsatz: das **Consent Sheet** und **Lines and Veils**. Beide Werkzeuge haben dabei dasselbe Ziel: sich gemeinsam darüber abzustimmen, welche Themen im Rollenspiel angesprochen werden sollen und welche nicht. Beim »Consent Sheet« wird eine Vielzahl möglicher Trigger-Themen aufgelistet und dann von allen in ein Ampelsystem einsortiert. Grün bedeutet in diesem Fall »Kann problemlos angespielt werden«, Gelb »Kann ausgespielt werden, aber bitte keinen Fokus drauflegen« und Rot »Soll bitte nicht angespielt werden.« **Vorlagen** für diese Consent Sheets findet ihr kostenlos im Internet. Achtet darauf, ggf. euren Mitspielenden die Möglichkeit zu geben, ihr Sheet anonym abzugeben. Danach solltet ihr die Punkte gemeinsam durchgehen und eventuell weitere Fragen klären. Fangt aber nicht an, über einzelne Themen zu diskutieren. Eure Mitspielenden werden gute Gründe haben, wenn sie bestimmte Themen rot gekennzeichnet haben. Respektiert die Entscheidung.

Ähnlich funktioniert das »Lines and Veils«-System. Hier schreiben alle Mitspielenden entweder einzeln oder gemeinsam Themen auf eine Liste und sortieren sie in »Lines« und »Veils« ein. **Lines** sind die Themen, die auf dem Consent Sheet rot eingestuft würden, also rote Linien, die nicht Teil des Rollenspiels sein sollen. Die zweite Kategorie **Veils** beschreibt Themen, die man hinter einem imaginären Schleier verstecken will. Sie entsprächen auf dem Consent Sheet der Kategorie Gelb. Man darf sie anspielen, aber sie sollen keinen großen Raum einnehmen bzw. nicht explizit ausgespielt werden. Auch hier solltet ihr euren Mitspielenden die Möglichkeit geben, ihre Wünsche anonym zu äußern, und diese Wünsche schließlich auch akzeptieren.

Wenn ihr euch gut vorbereitet und euer Consent Sheet oder die Lines und Veils definiert habt, dann habt ihr schon einmal viel getan, um Missverständnissen oder Problemen während des Rollenspiels vorzubeugen. Natürlich kann es im Rollenspiel trotzdem zu unangenehmen Situationen kommen. In solchen Fällen hilft die **X-Karte** – ein Werkzeug, das ein bisschen als eine Art Notbremse fungieren soll. Die X-Karte ist entweder eine **physische Karte** oder ein **Zeichen**, auf das man sich einigt (zum Beispiel gekreuzte Arme vor der Brust). So soll signalisiert werden, dass einer Person am Spieltisch die Rollenspielsituation unangenehm ist. In einem solchen Fall solltet ihr die aktuelle Szene zurückspulen und neu beginnen oder eine kurze Pause einlegen. Die Spielleitung kann entweder in der Pause oder im Nachhinein mit der Person sprechen, um das Problem für beide Seiten zu klären. Auch hier solltet ihr nicht die Gefühle der anderen Person hinterfragen, sondern annehmen und selbst reflektieren, was an der Situation falsch gelaufen sein könnte. Falls es während einer Session zu mehreren Einsätzen der X-Karte kommen sollte, solltet ihr euch vielleicht überlegen, ob ihr die problematischen Themen wirklich alle berücksichtigt oder ihr in eurer Gruppe fundamental andere Wünsche und Ansichten zum Rollenspiel habt. Im Kapitel »X wie X-Karte« findet ihr eine Karte zum Kopieren.

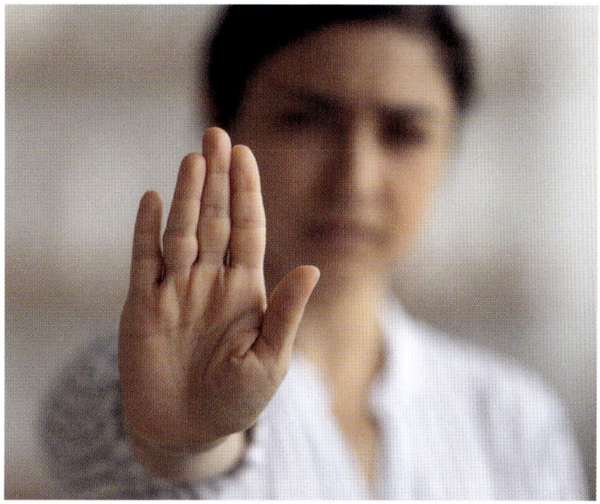

Habt ihr eine Rollenspielsession erfolgreich abgeschlossen? Herzlichen Glückwunsch! Damit die nächsten Sessions mindestens genauso gut werden, solltet ihr euch am Ende der Runde ein bisschen Zeit nehmen, um miteinander über das Erlebte zu sprechen und Feedback zu teilen. Seid dabei aber unbedingt konstruktiv und sprecht auch Dinge an, die euch besonders gut gefallen haben. Wenn euch das Geben von Feedback schwerfällt, dann könnten euch **Stars** und **Wishes** (Sterne und Wünsche) weiterhelfen. Dabei handelt es sich um eine relativ einfache Feedbacktechnik, bei der Positivität im Mittelpunkt steht. Reihum verteilen die Spielenden **Sternchen** (ja wie damals in der Grundschule) für besonders **gelungene Situationen**, **gutes Rollenspiel** oder **bewegende Momente**. Dabei können Sternchen sowohl an die Mitspielenden als auch an die Spielleitung verteilt werden. Als Nächstes formulieren die Spielenden Wünsche, also Dinge, die sie in der nächsten Session gerne mehr sehen würden. Hier kann man viel der eher negativen Kritik umformulieren und so viel besser vermitteln. Statt »Ich fand es voll kacke, dass es nur einen Kampf heute gab« könnte man zum Beispiel »Ich würde mir beim nächsten Mal mehr Kämpfe wünschen« als Feedback geben. Ihr könnt das Ganze natürlich diskutieren und die Spielleitung sollte alles für die nächste Session umsetzen.

Nun habt ihr ein paar Werkzeuge kennengelernt, die euch helfen werden, eine **sichere Atmosphäre am Spieltisch** zu erzeugen. Natürlich gibt es noch viele weitere Tools und einige moderne Rollenspiele geben euch in den Regelwerken ebenfalls Werkzeuge an die Hand, die ihr nutzen könnt. Einen Hinweis möchte ich euch noch mit auf den Weg geben: Passt aufeinander auf. Rollenspiele sollen Eskapismus und eine Möglichkeit sein, dem schwierigen und stressigen Alltag zu entfliehen. Wenn ihr merkt, dass sich jemand aus eurer Spielgruppe bei einer Szene anders verhält oder nach dem Spiel vielleicht schnell die Runde verlässt, dann gebt der Person ein bisschen Zeit und bietet eure Hilfe an. **Kommunikation** und **Empathie** in einer Rollenspielgruppe sind eure wichtigsten Safety Tools. Wenn ihr das im Kopf behaltet, werdet ihr mit allen Situationen fertig.

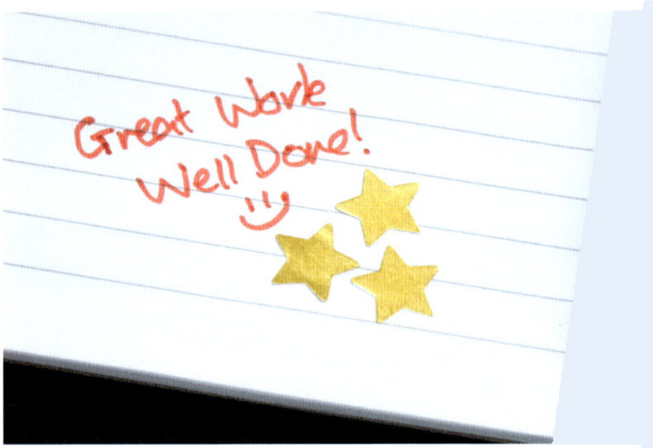

Tod

Der Tod begleitet uns durch unser ganzes Leben. Auch im Rollenspiel ist er oft präsent, entweder als drohende **Gefahr für lieb gewonnene Charaktere** oder **großer Bösewicht**. Im Rollenspiel können wir den Tod allerdings anders angehen und ihm ein bisschen seine Endgültigkeit nehmen. Und wie bei anderen Dingen gibt es auch hier mehrere Variationen.

In der Frühzeit des Rollenspiels war der Tod stets die überall lauernde Gefahr, vor der es kein Entrinnen gab. Früher oder später wurde der eigene Charakter von einer Falle getötet oder einem Monster gefressen. Die Spielphilosophie war meist: Pech gehabt! Viele Spielende konnten sich oft nur einen neuen Charakter auswürfeln. Dieses Prinzip wird heute noch von vielen Rollenspielen des OSR-Genres, aber auch von **Cthulhu** und **Shadowrun** angewendet. Obwohl diese Art des Todes hart klingt: Sie ist realistisch und lehrt die Spielenden Vorsicht walten zu lassen. Wer in eine Höhle hineinrennt, ohne auf Fallen oder die Bewohner*innen zu achten, muss eben mit etwas Pech schnell einen neuen Charakter bauen. Gleichzeitig ist das der größte Nachteil: Manchmal sind den Spielenden die Würfel nicht gewogen, was aus Pech zu Charaktertoden führen kann. Oft fühlt sich das für die Spielenden wie eine Bestrafung an, da sie Fortschritt in Form von Erfahrungspunkten und Ausrüstung verlieren. Sprecht vorher in eurer Gruppe, ob ihr ein solches Rollenspiel wählen möchtet, und stellt sicher, dass alle mit der Entscheidung einverstanden sind.

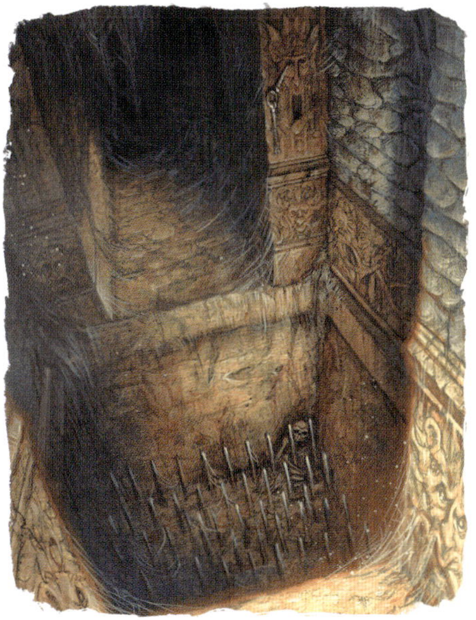

Eine Falle aus »Dungeons & Dragons«

Moderne und leichtere Rollenspiele wie Dungeons & Dragons sind ein bisschen gnädiger mit dem Tod von Charakteren: Die Person ist zunächst für eine gewisse Zeit bewusstlos und nicht direkt tot, wenn die Lebenspunkte eines Charakters auf null sinken. Andere Spielende können in dieser Zeit versuchen, ihren

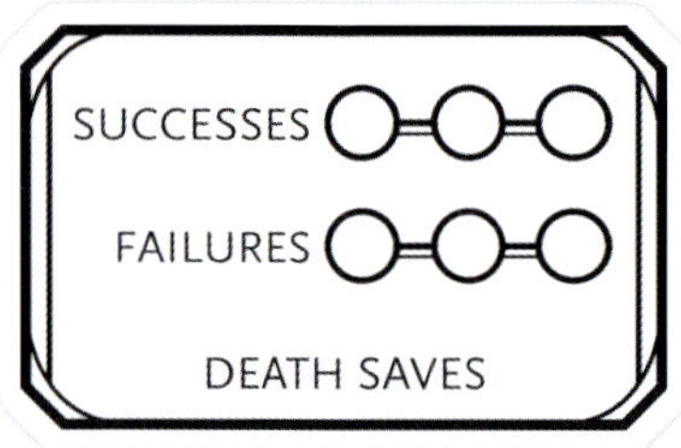

Anzeige für Todesrettungswürfe für »Dungeons & Dragons«

Freund*innen zu helfen und sie so zu retten. Sollte es doch einmal zum Äußersten kommen und ein Charakter stirbt, können Zauber oder göttliches Wirken den Charakter aus dem Reich des Todes zurückzuholen. Damit verliert der Charaktertod schon etwas den Schrecken und es ist unwahrscheinlicher, durch Würfelpech Charaktere zu verlieren. Charaktere werden allerdings wahrscheinlich etwas wagemutiger, wenn sie nicht direkt fürchten müssen, den Löffel abzugeben. Das bringt eurem Spiel mit Sicherheit eine etwas andere Tonalität, kann aber auch zu spannenden Geschichten führen, wenn die Spieler*innen auf der Suche nach bestimmten Gegenständen sind, um ihren verstorbenen Begleiter zurückzuholen.

Manche Rollenspiele bieten eine Variation dieses Umgangs mit dem Tod an. Bei **Dungeon World** sind Charaktere mit null Lebenspunkten zwar tot, sie können aber noch einmal würfeln, um dem Tod von der Schippe zu springen. Mit etwas Glück macht der Tod ihnen ein Angebot und sie können wieder in die Welt der Lebenden zurückkehren, wenn sie es annehmen. Damit bleibt der Tod eine ernstzunehmende Gefahr, er kann aber auch interessante neue Einblicke und Abenteuerelemente liefern. Bei Rollenspielen wie **Warhammer Fantasy** büßt man zunächst Gliedmaßen ein oder bekommt bleibende Narben. Auch so kann der Schrecken bewahrt bleiben, Charaktere sind aber nicht direkt nach einer falschen Entscheidung verloren.

Revivify

3rd level necromancy

Casting Time: 1 action
Range: Touch
Target: A creature that has died within the last minute
Components: V S M (Diamonds worth 300 gp, which the spell consumes)
Duration: Instantaneous
Classes: Artificer, Cleric, Druid, Paladin, Ranger
You touch a creature that has died within the last minute. That creature returns to life with 1 hit point. This spell can't return to life a creature that has died of old age, nor can it restore any missing body parts.

»Revivify«-Zauber von »Dungeons & Dragons«

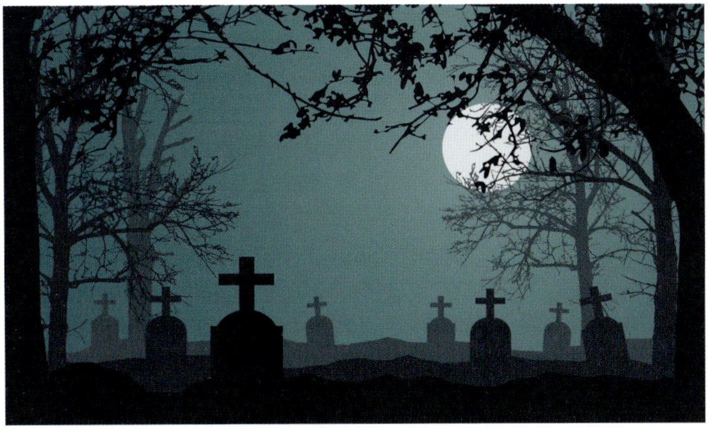

Falls ihr ein Rollenspiel mit potenziellen Charaktertoden spielt und vor dem schlimmstmöglichen Fall steht, solltet ihr als Spielleitung zumindest vorbereitet sein, den Tod möglichst würdig darzustellen. Zunächst muss aber allen Spielenden, vor allem der Person, deren Charakter gerade Gefahr läuft, das Zeitliche zu segnen, der Ernst der Lage bewusst sein. Macht euren Spielenden klar, in welcher Gefahr sie sich befinden und was auf dem Spiel steht. Es gibt nichts Frustrierenderes, als einen Charakter zu verlieren, weil durch ein Missverständnis die Gefährlichkeit einer Situation nicht klar war. Binde die Person in die Erzählung ein, wenn sich der Tod eines Charakters nicht mehr abwenden lässt. Besprecht euch vielleicht vorab unter vier Augen oder lass sie erzählen, wie der Charakter das Zeitliche segnet. Gönne dem Charakter noch eine letzte heroische Aktion oder lass ihn noch etwas sagen. Drück dabei auch mal ein Auge zu, die Person muss schließlich bald einen neuen Charakter basteln. Nach der Situation sollten alle die Möglichkeit haben, den Tod ihres Freundes zu verarbeiten. Vielleicht möchten sie eine kleine Zeremonie für die Person abhalten oder denken noch einmal an die schönsten Momente. Nehmt euch Zeit dafür und verabschiedet den Charakter würdig.

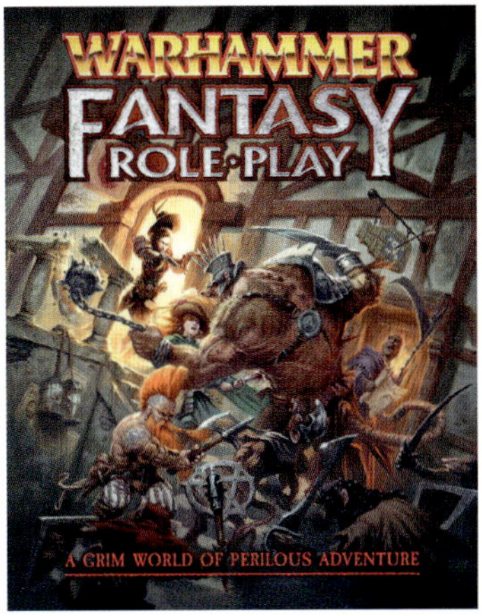

Cover des Rollenspiels »Warhammer Fantasy«

Natürlich sollte sich niemand gezwungen fühlen, sich auch noch im Rollenspiel mit dem schweren Thema Tod zu beschäftigen. Rollenspiele sind auch Eskapismus von der Realität. Deshalb gibt es Rollenspiele, die den Tod komplett ausblenden. Gerade bei vielen Erzählspielen, wo es weniger darum geht, Abenteuer mit Charakteren zu erleben, sondern spannende Geschichten zu erzählen, verzichten viele komplett auf Mechaniken wie Lebenspunkte und Charaktertod. Hier könnt ihr euch zum Beispiel

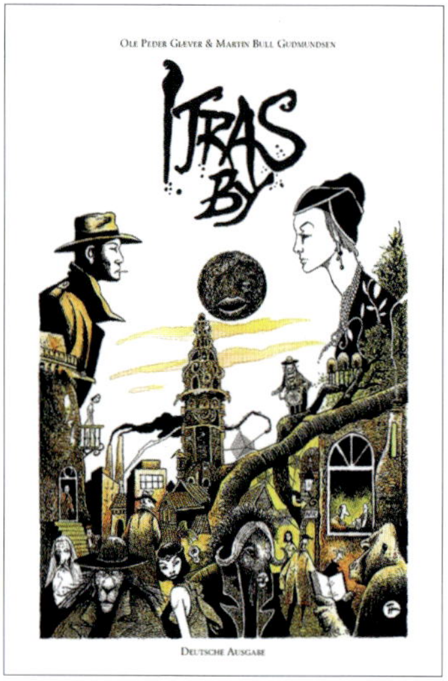

Cover des Rollenspiels »Itras By«

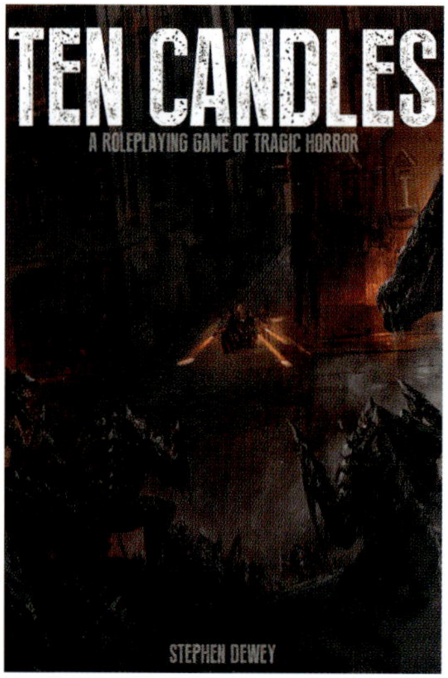

Cover von »Ten Candles«

an dem fantastischen **Itras By** orientieren.

Falls ihr aber die Unüberwindbarkeit des Todes zu einem zentralen Aspekt eures Rollenspiels machen wollt, dann schaut euch einmal das Indie-Rollenspiel **Ten Candles** an. Dort startet ihr mit der Sicherheit, dass alle eure Charaktere nach und nach sterben werden. Das Spielprinzip ist sehr spannend und intensiv, allerdings ist es auch nichts für schwache Nerven.

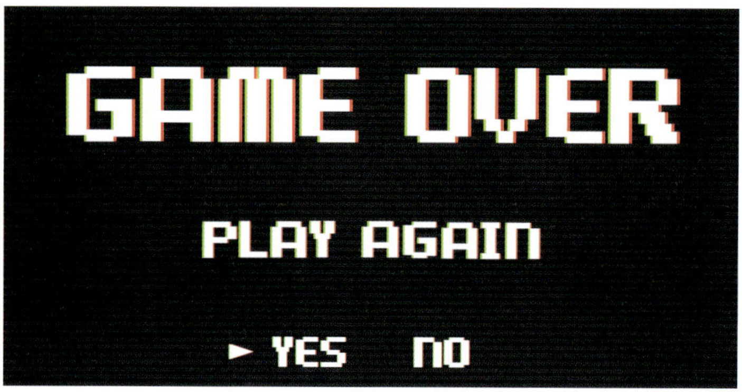

Universelle Systeme

Jetzt habe ich euch schon einige Rollenspiele vorgestellt. Falls ihr aber sehr spezielle Vorstellungen für euer Setting habt, werden euch vielleicht die universellen Regelsysteme weiterhelfen. Unter universellen – oder manchmal auch generischen – Systemen versteht man Regelsysteme, die ohne festgelegtes Setting auskommen und die sich problemlos auf verschiedene Genres anpassen lassen. Wenn ihr zum Beispiel gern das Genre wechselt, aber nicht immer neue Regelbücher kaufen und lernen wollt, dann schnappt euch einfach eines der universellen Systeme und baut euch darauf ein neues Setting auf. Der Nachteil an diesen Systemen ist allerdings oft, dass sie ein bisschen Anpassung benötigen, um sie genau auf die eigenen Vorstellungen zurechtzuschneiden. Gleichzeitig ist das eine der größten Stärken dieser Regelwerke, denn letztendlich kann man damit fast alles spielen. Für viele dieser Systeme gibt es zudem erstellte Settings von anderen Autoren und einige sehr erfolgreiche Rollenspiele. Ein Beispiel hierfür ist das Weird-West-Rollenspiel **Deadlands**. Jetzt aber genug geredet, hier eine Kurzvorstellung populärer Regelsysteme dieser Kategorie.

Savage Worlds

Wahrscheinlich ist **Savage Worlds** eines der bekanntesten Universal-Rollenspiele. Es wurde von **Shane Lacy Hensley** auf der Grundlage von Deadlands entwickelt, wobei Deadlands ebenfalls von Shane Lacy Hensley stammt und zunächst für das Miniaturenspiel **Deadlands: the Great Rail Wars** umgebaut wurde. 2003 wurde das Regelsystem noch einmal entschlackt und aus ihm wurde das heutzutage bekannte **Savage Worlds**, das direkt auf dem Markt wie eine Bombe einschlug. Seitdem gab es mehrere Neuauflagen des Regelwerks und einige andere Publisher sicherten sich eine Lizenz für ihre Rollenspiele.

Wenn ihr **Savage Worlds** spielen wollt, müsst ihr euch eigentlich nur eine Zahl merken: **vier**! Denn so ziemlich alle Würfelproben werden genau mit dieser Zahl abgehandelt. Beim Würfeln muss in der Regel für eine einfache Probe eine Vier oder höher erreicht werden. Der Clou dabei ist, dass man unterschiedliche Würfel für die Würfelproben benutzt. Ist ein Charakter untrainiert, so steht ihm vielleicht nur ein **vierseitiger Würfel** zur Verfügung,

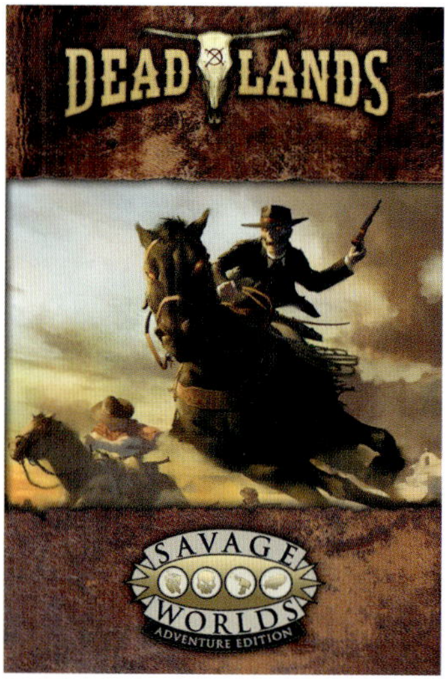

Cover von »Deadlands Savage Worlds«

während Spezialisten in einem Gebiet meist einen **12-seitigen Würfel** nutzen können. Um unausgebildeten Charakteren dennoch eine Chance bei schwierigeren Proben zu geben, gibt es die Möglichkeit, Würfel **explodieren** (keine Sorge nur metaphorisch) zu lassen. Würfelt man bei einer Probe das höchstmögliche Ergebnis auf einem Würfel, so darf dieser erneut gewürfelt und das Ergebnis zur vorherigen Zahl hinzuaddiert werden. Welche Attribute und Skills dabei den Charakteren zur Verfügung stehen, ist euch als Spielrunde überlassen und individuell anpassbar. So lassen sich mit **Savage Worlds** wahrscheinlich alle denkbaren Szenarien abbilden.

Eine weitere Besonderheit von **Savage Worlds** ist die Initiative. Wird ein Kampf ausgelöst, dann wird zunächst bestimmt, wer zuerst handeln darf. Dies ermittelt man nicht wie üblich mit einem Würfel, sondern mit einem Set aus **Spielkarten**, aus denen die Kontrahenten ihre Initiative ziehen.

Fate und Turbo Fate

2003 kam ein weiteres universelles Rollenspiel auf den Markt, das bis heute noch Fans hat. Und **Fate** basiert eigentlich auf dem System **Fudge** und deshalb fange ich erstmal damit an.

Fudge (kurz für »Freeform Universal Donated Gaming Engine«) wurde bereits 1992 von **Steffan O'Sullivan** entwickelt und sollte den Rollenspielenden ein einfaches, aber vor allem anpassbares und frei verfügbares Set an Regeln liefern. **O'Sullivan** war der letzte Punkt besonders wichtig, weshalb eine relativ alte Version des Regelwerks heute noch kostenlos zur Verfügung steht. Im März 2004 wurde das Copyright von **Grey Ghost Press** gekauft, die es schließlich unter der **Open Gaming License (OGL)** herausbrachten. Das Kernprinzip von **Fudge** basiert auf

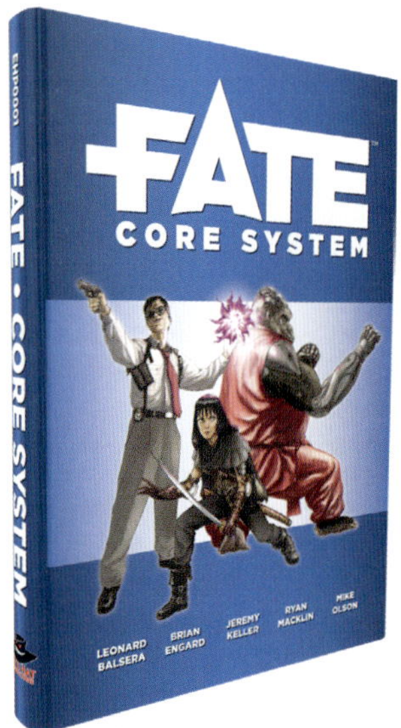

Cover von »Fate«

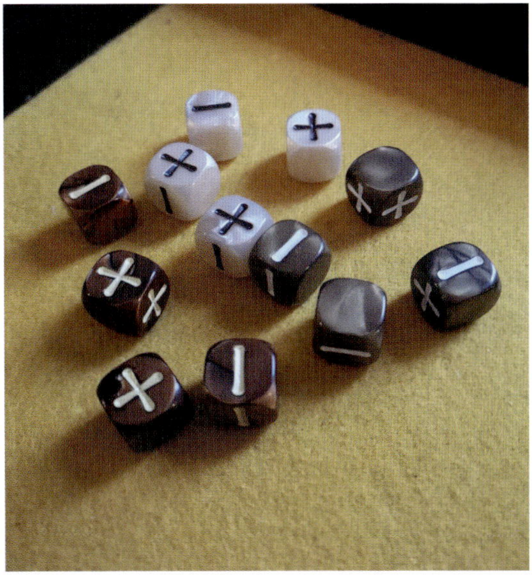

Fudge-Würfel

den sogenannten **Fudge-Würfeln**. Dabei handelt es sich um vier klassische **sechsseitige Würfel**, die auf jeweils zwei Seiten ein Plus, ein Minus und eine leere Seite besitzen. Jedes Plus steht für **plus eins**, jedes Minus für **minus eins** und die leeren Seiten für **null**. Bei einer Probe würfelt man und zählt die Ergebnisse zusammen. Sie werden dann von der ausgewählten Fertigkeit abgezogen oder hinzuaddiert. Will man zum Beispiel eine Wand hinaufklettern und hat einen Wert von drei in Klettern, kann nach dem Wurf ein Endergebnis von minus eins (falls man das Pech hat, viermal Minus zu würfeln) bis zu sieben (bei vier gewürfelten Plus) entstehen. Auch bei Fudge steht es den Spielenden völlig frei, welche Fertigkeiten sie für ihre Charaktere auswählen.

Fate erweiterte das Regelsystem von Fudge noch ein wenig. So wurden die namensgebenden **Fate-Punkte** und die **Aspekte** eingeführt, die dem Spiel etwas mehr Tiefe verleihen. Die Spielenden und die Spielleitung starten mit einer vordefinierten Anzahl an **Fate-Punkten**, die eingesetzt werden können, um **Aspekte** zu aktivieren und so Boni auf Würfelwürfe zu bekommen. **Aspekte** sind freie Charaktereigenschaften oder Sonderfertigkeiten, die bei der Charaktererstellung festgelegt werden. Dabei besitzt jeder Charakter ein **Konzept**, das den gesamten Charakter in einem Satz beschreibt (z. B. Wilhelm, scharfsinniger Kapitän auf hoher See), und ein **Dilemma**, das von der Spielleitung eingesetzt werden kann, um es den Spielenden etwas schwerer zu machen. Zusätzlich kann die Spielleitung in manchen Szenen weitere **Aspekte** einführen, die zum Geschehen passen. Gießt zum Beispiel ein Charakter in einer Verfolgungsjagd rutschiges Öl aus, könnte die Spielleitung dieses Ereignis als **Aspekt** einführen und sowohl die Spielleitung als auch die Spielenden können diesen **Aspekt** nun bis zum Ende der Szene nutzen.

Neben der aktuell vierten Edition von **Fate** gibt es noch eine etwas entschlackte Variante namens **Turbo Fate** (oder **Fate Accelerated** im Original). Hier wurden einige

Spielelemente heruntergebrochen und vereinfacht, um es den Spielenden zu erlauben, möglichst schnell ins Spiel einzusteigen. Da beide Versionen von **Fate** heutzutage unter der Open Gaming License herausgegeben werden, sind mit dem **Fate**-Regelwerk mehrere Rollenspiele entstanden. Das bekannteste ist wahrscheinlich **Dresden Files**, ein Rollenspiel, das auf der gleichnamigen Buchreihe basiert.

Cypher System

2013 brachte **Monte Cook Games** das etwas seltsame, aber dennoch großartige Rollenspiel **Numenera** mit einem relativ neuen und einfachen Regelsystem heraus. Dieses Regelsystem wurde anschließend angepasst und weiterentwickelt und schließlich 2015 als **Cypher System** veröffentlicht. Das System ist noch ziemlich neu und ein universelles Rollenspiel, das man recht einfach an unterschiedliche Settings anpassen kann.

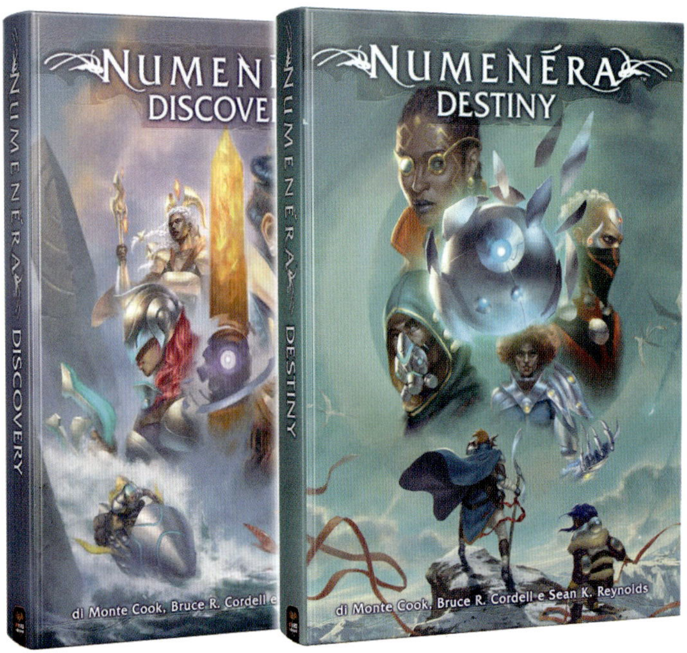

Cover der Numenera-Grundregelwerke

Den Kern des **Cypher Systems** bildet ein **einfaches Regelset** aus Schwierigkeitsgraden, Würfelwürfen und Pools, die genutzt werden können. Jeder Probe wird ein Schwierigkeitsgrad zwischen 0 (Routine) und 10 (unmöglich) zugewiesen. Dieser Schwierigkeitsgrad wird mit drei multipliziert. So erhält man die Zielzahl, die man mit einem 20-seitigen Würfel erreichen muss. Jetzt werden einige von euch stutzen und sich fragen: »Hä? Wie soll man denn mit einem 20-seitigen Würfel einen Schwierigkeitsgrad von sieben oder mehr schaffen?« Und genau hier kommen **Pools** und

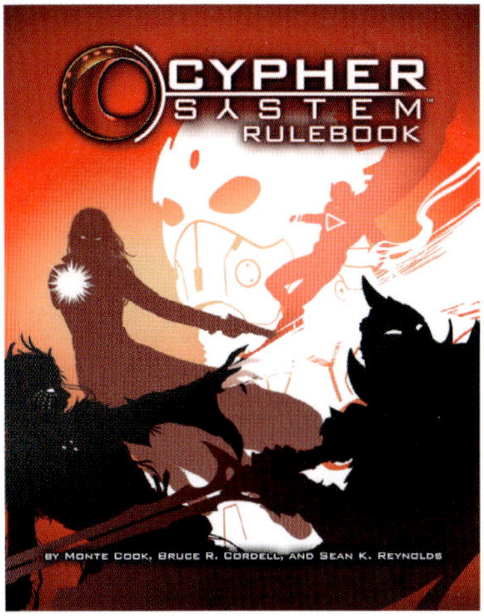

Cover des
Cypher System- Regelbuchs

die gelernten Fähigkeiten der Charaktere ins Spiel. Ist ein Charakter in einer Fähigkeit geübt oder sogar spezialisiert, verringert sich der Schwierigkeitsgrad um eine oder zwei Stufen. Gibt es im Inventar des Charakters noch einen nützlichen Gegenstand, dann verringert sich die Schwierigkeit ein weiteres Mal. Ist man dann immer noch nicht davon überzeugt, die Probe schaffen zu können, kann man drei Punkte einer der drei Pools ausgeben. Diese Pools werden den Attributen **Kraft**, **Geschwindigkeit** und **Intellekt** zugeordnet und dienen nicht nur als Ressourcen, um Proben zu vereinfachen, sondern auch als Lebenspunkte. Deshalb sollte man sich gut überlegen, ob es wirklich notwendig ist, Punkte für eine Würfelprobe auszugeben. Auch Gegner werden über dieses recht einfache System abgehandelt, indem sie entsprechende Schwierigkeitsgrade und Fertigkeiten besitzen. Dabei würfelt die Spielleitung niemals selbst, sondern Gegner greifen an, falls ein Angriff eines Spielenden misslingt. Vorbei sind also die Zeiten, in denen man die Spielleitung für das eigene Würfelpech verantwortlich machen konnte!

Eine weitere Besonderheit des **Cypher Systems** ist die Charaktererstellung. Dabei wird jeder Charakter mit einem einfachen Satz beschrieben: »Ich bin ein X, Y der/die Z.« X steht hierbei für einen auszuwählenden **Deskriptor**, Y für einen **Typ** und Z für einen **Fokus**. Bei der Wahl eines **Typs** kann man aus vier verschiedenen Möglichkeiten wählen, die im Grunde ähnlich funktionieren wie Charakterklassen. **Krieger** sind eher für körperliche Auseinandersetzungen da, **Adepten** sind in irgendeiner Form magisch oder wissenschaftlich veranlagt, **Kundschafter** erkunden dunkle Orte und Sprecher sind besonders geübt in sozialer Interaktion. Je nachdem, welchen Typ man auswählt, bekommt man unterschiedliche Startfertigkeiten, Werte für die jeweiligen Pools und Sonderfertigkeiten, die man wählen kann. **Deskriptoren** sind Adjektive, die den Charakter zusätzlich beschreiben und weitere Boni geben. Hat man zum Beispiel den **Deskriptor flink** gewählt, so bekommt man einen Bonus auf **Geschwindigkeit** und kann besser ausweichen. Am Schluss muss man sich noch für einen Fokus entscheiden. Dadurch kann man besondere Fähigkeiten bekommen und zusätzliche Startausrüstung. Natürlich lässt sich das alles wunderbar an die eigene Kampagne anpassen.

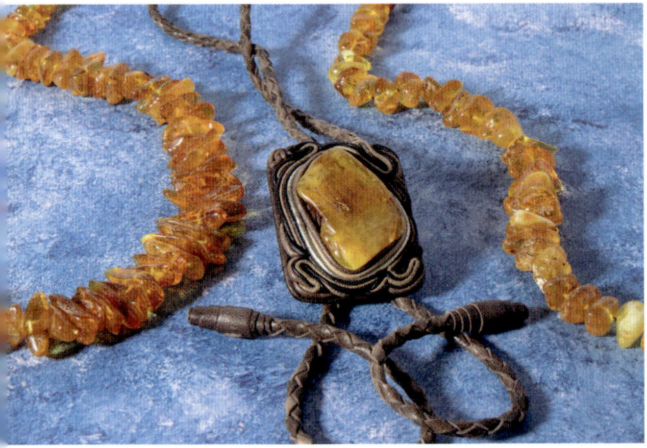

Jetzt stellt sich nur noch die Frage, warum das Regelsystem **Cypher System** heißt. Die namensgebenden **Cypher** sind magische oder technische Gegenstände, die einmalig genutzt werden können, um besondere Effekte zu erzeugen. Dabei sollen die Charaktere diese Gegenstände explizit nicht die ganze Zeit mit sich herumschleppen, sondern aktiv einsetzen, um so den Spielspaß am Tisch zu erhöhen. Rollenspieler*innen neigen sonst dazu, alles, was sie finden können, einzusacken, aber nie einzusetzen, aus Angst davor, beim Kampf gegen das große Übel diesen Gegenstand vielleicht nochmal gebrauchen zu können. Wie viele Heiltränke, magische Amulette oder andere Gegenstände dabei in den Rucksäcken der Helden verschimmelt, verrostet oder einfach abhandengekommen sind, weiß sicherlich nicht einmal die Spielleitung. Jedenfalls löst das **Cypher System** dieses Problem damit, dass die Charaktere einfach alle naselang **Cypher** finden und diese entsprechend genutzt werden wollen. Natürlich ist die Verwendung von Rollenspiel zu Rollenspiel unterschiedlich. Zu den bekanntesten Rollenspielen mit diesem System zählen wahrscheinlich das bereits erwähnte **Numenera** und das ebenfalls von **Monte Cook** herausgebrachte **The Strange**.

V Vampire: The Masquerade

Ihr mögt Vampire? Eher die, die Blut aus Kristallgläsern trinken, während sie auf einer Party in einer alten Kirche über Politik philosophieren, und weniger die Vampire, die im Sonnenlicht glitzern? Dann solltet ihr vielleicht einmal einen Blick auf **Vampire: The Masquerade** werfen. Auch wenn ihr euch nicht dafür interessiert, so gehört **Vampire** wohl zu den einflussreichsten Rollenspielen unseres schönen Hobbys. Ein guter Grund, sich ein bisschen genauer damit zu beschäftigen.

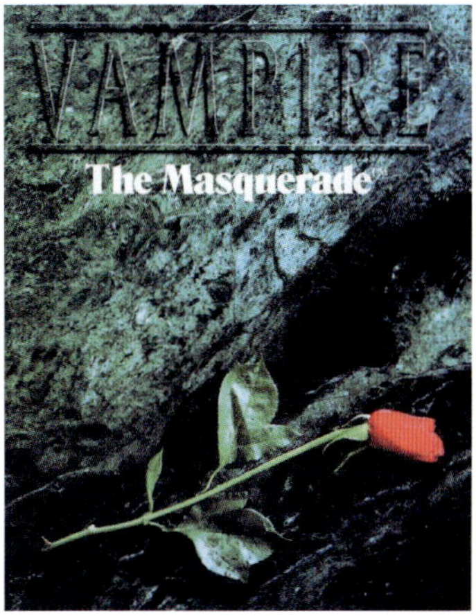

Cover der 1. Edition

Vampire: The Masquerade entstand 1991. Es wurde vom US-Amerikaner **Mark Rein-Hagen** geschrieben und von **White Wolf Publishing** herausgebracht. Zu dieser Zeit waren Rollenspiele mit eher klassischen Dungeons im Mittelpunkt immer noch am erfolgreichsten, auch wenn mit Spielen wie **Call of Cthulhu** schon erste Rollenspiele auf dem Markt waren, die einen viel größeren Fokus auf die Geschichten und die Interaktion zwischen den Charakteren legten. Zur letzteren Kategorie gehört auch **Vampire: The Masquerade**, das gerade in den 90ern populär war. Vor allem das düstere Setting brachte neue Zielgruppen – insbesondere weibliche oder queere Spielende – ins Hobby und der **interessante Mix** aus Machtfantasie, Politik und Horror ist bis heute spannend und fühlt sich frisch an.

Die Spielenden schlüpfen in die Rollen von Vampiren, die sich in einer Art Parallelgesellschaft in unsere moderne Welt eingenistet haben und heimlich die Fäden der Macht in den Händen halten. Aber keine Sorge, es handelt sich hier nicht um die verqueren Vorstellungen eines Verschwörungstheoretikers. Die Charaktere werden durch den Biss eines Vampirs in ihre neue Rolle geworfen und müssen sich ihren Platz in der Gesellschaft der Vampire erkämpfen, ohne dabei die **Maskerade**, die Tarnung, die diese Parallelgesellschaft vor den normalen Menschen

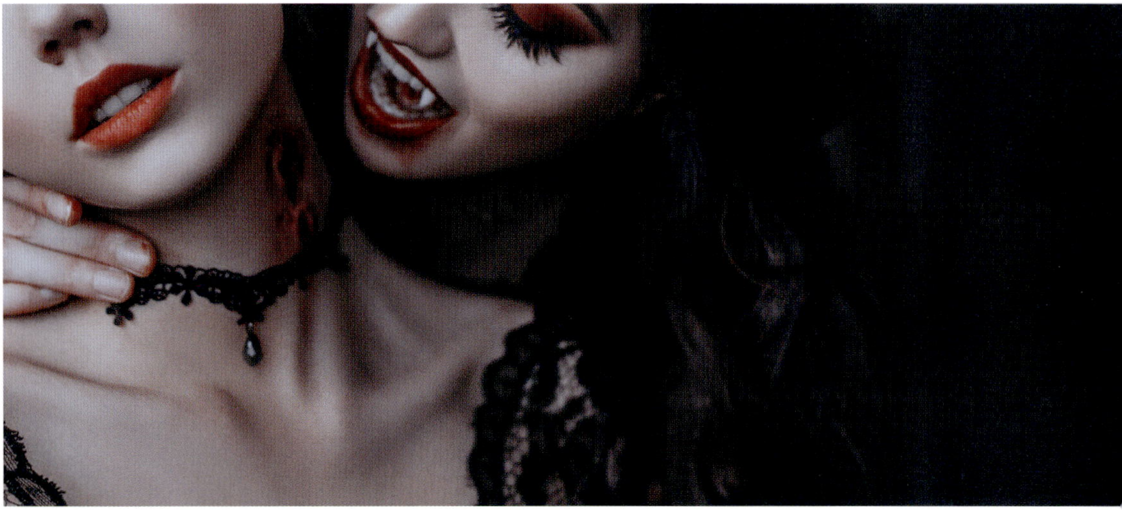

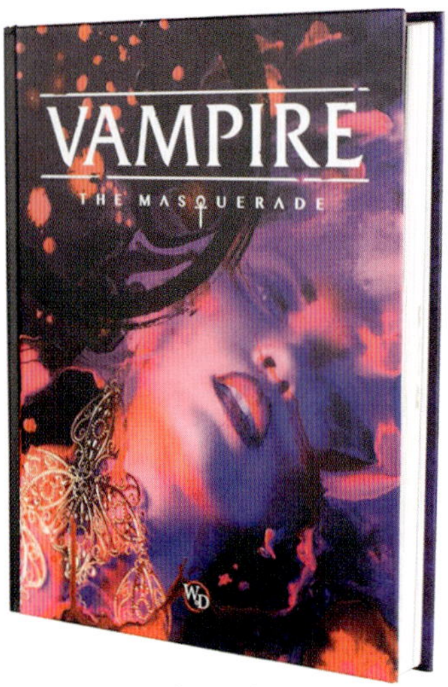

Cover der aktuellen Edition

verbirgt, aufzuweichen. Dabei steht weniger der Kampf im Mittelpunkt, sondern Intrigen zwischen den verschieden Vampirclans, die Politik der Gesellschaft und das Sammeln einer eigenen Anhängerschaft. Genau dieses Ausspielen einer Machtfantasie, das politische und intrigante Ringen um Einfluss ist das, was **Vampire: The Masquerade** eine solche Anziehungskraft verleiht.

Mittlerweile ist die fünfte Edition von **Vampire: The Masquerade** auf dem Markt. Allerdings war die Veröffentlichungsgeschichte gerade in der jüngsten Zeit etwas turbulent für das Rollenspiel. Bis 2004 brachte **White Wolf** insgesamt drei Versionen des Rollenspiels heraus: eine erste und zweite Edition sowie eine überarbeitete Version der letzteren. Dann wurde **Vampire: The Masquerade** erstmal der Pflock ins Herz gerammt und durch **Vampire: The Requiem** ersetzt. Parallel zu **Vampire: The Masquerade** erschienen bereits weitere Rollenspiele, die unter dem Titel **World of Darkness** in derselben Welt spielten. Diese Spiele waren allerdings vollkommen eigenständig und man brauchte zum

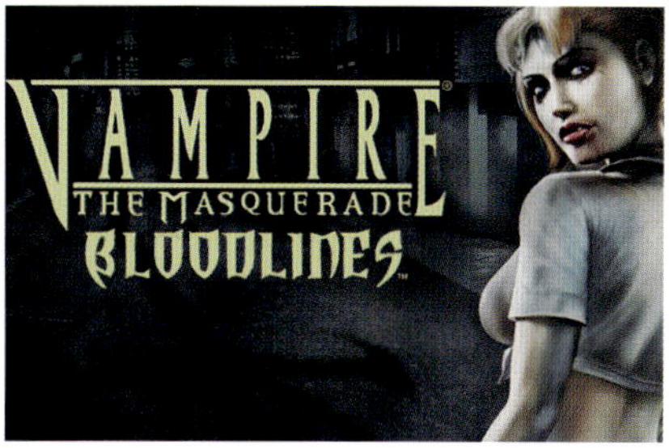

Spielen nur das jeweilige Buch, um loslegen zu können. Als die Serie 2004 komplett neu aufgelegt wurde, brach man mit diesem Prinzip und **White Wolf** veröffentlichte ein zentrales **World of Darkness**-Regelwerk, das man dann mit den entsprechenden Erweiterungsbänden in den jeweiligen Settings spielen konnte. Neben **Vampire: The Requiem** erschienen zum Beispiel **Werewolf: The Apocalypse** oder **Mage: The Ascension**.

Als 2006 **White Wolf** und alle Rechte an der **World of Darkness** vom Videospielentwickler **CCP Games** gekauft wurden, wurde es erst einmal ruhiger um das Rollenspiel. Viele Mitarbeitende von **White Wolf** wurden für ein großes Online-Rollenspiel in der **World of Darkness** abgezogen und es gab zunächst keine weitere Edition. Stattdessen gründete einer der führenden Entwickler von **White Wolf** ein eigenes Unternehmen unter dem Namen **Onyx Path Publishing**, das weitere Erweiterungsbücher für **World of Darkness** herausbrachte. Erst 2011 ging es mit **Vampire: The Masquerade** weiter, als die alte Version in Form einer Sonderausgabe zum 20. Jubiläum wiederbelebt wurde. Viel mehr kam dann nicht von **CCP Games**. Das Online-Rollenspiel wurde nie fertig und man verkaufte **White Wolf** und alle Rechte an den **World of Darkness**-Regelwerken kurzerhand an den schwedischen Videospielpublisher **Paradox Interactive**. Und die räumten erst einmal auf.

Um Verwirrung zu vermeiden, wurden die Original-Regelwerke, zu denen **Vampire: The Masquerade** zählte, in **World of Darkness** und die neueren Regelwerke in **Chronicles of Darkness** umbenannt. Auch wenn die Regelwerke sich sehr ähnelten, wollten viele der alteingesessenen Vampire-Fans das 90er-Gefühl des Originals nicht aufgeben und so entschloss man sich, diese beiden Produkte voneinander zu trennen und gleichzeitig den Spielenden das zu geben, was sie wollten: eine neue Edition des klassischen **Vampire: The Masquerade**. Eine bereits von **Onyx Path Publishing** geplante vierte Edition wurde kurzerhand über den Haufen geworfen und **Paradox** gab die Entwicklung einer eigenen fünften Edition bekannt, die weiterhin von **White Wolf** herausgebracht werden sollte. Doch als 2018 die Edition auf den Markt kam, fingen die Probleme erst an.

Im Juli 2018, knapp einen Monat vor der Veröffentlichung der fünften Edition, wurden Stimmen im Internet laut, die **White Wolf** eine Nähe zu Neo-Nazis vorwarfen. Grund für diese Vorwürfe waren Auszüge aus dem Regelwerk, die Spielende auf den ersten Blick ermutigten, Neo-Nazis als Charaktere zu spielen. Diese Passagen wurden als Beispiele für mögliche Ausprägungen einer der Vampir-Clans aufgeführt. Zusätzlich wurde in einem Auszug aus einem Spieltest von 2017 eine Referenz auf einen Charakter gefunden, der Blut von Kindern trinkt. Bluttrinken gehört sicherlich zum Vampirdasein dazu. Allerdings ist bei **Vampire** der Akt des Bluttrinkens immer mit einer leicht sexuellen Konnotation versehen, weshalb einige Personen **White Wolf** vorwarfen, Pädophilie zu verherrlichen. Der Skandal wurde abgerundet, als weitere Passagen des Regelwerks mit der Sprache der US-amerikanischen **Alt-Right-Bewegung** in Zusammenhang gesetzt und noch einige weitere mindestens fragwürdige Textpassagen entdeckt wurden. Deshalb entschloss sich **Paradox** schließlich **White Wolf** direkt in das Unternehmen zu integrieren und einige der Verantwortlichen zu entlassen. Verkäufe wurden zunächst eingestellt und das Material wurde mithilfe von **Onyx Path Publishing** und den Rollenspiel-Experten von **Mödiphius** überarbeitet. Und dort stehen wir heute.

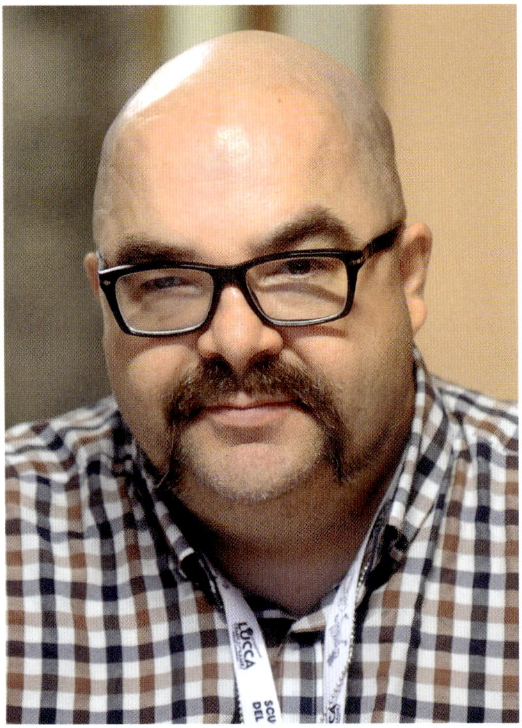

Mark Rein-Hagen

Das Regelsystem von **Vampire: The Masquerade** hat sich über die Jahre im Grunde kaum verändert. Für die Erstentwicklung holte sich **Mark Rein-Hagen** einen **Shadowrun**-Veteranen ins Boot, weshalb es viele Ähnlichkeiten zwischen den beiden Regelsystemen gibt. Wie bei **Shadowrun** werden bei Proben Würfelpools gebildet. Sie setzen sich immer aus einem Attribut und einer Fertigkeit zusammen. Der größte Unterschied dabei ist, dass man Pools aus zehnseitigen Würfeln bildet und alles, was höher als eine Sechs ist, als ein Erfolg gilt. Zweimal eine 10 mit einem Wurf ist ein kritischer Erfolg, der im Endeffekt dann für vier Erfolge zählt. Die Probe ist gelungen, wenn man die von der Spielleitung vorgegebene Anzahl an Erfolgen erreicht hat. Überzählige Erfolge können eingesetzt werden, um bestimmte Sondereffekte zu erzielen.

Spannung bringen spezielle **Hungerwürfel** in das System. Als Vampire müsst ihr euch natürlich darum kümmern, immer genug Blut zu euch zu nehmen. Sollte euch das einmal nicht gelingen, dann steigt euer Hunger immer weiter an. Das führt dazu, dass spezielle rote Würfel bei Würfelproben hinzukommen. Sie werden erstmal als ganz normale Würfel behandelt. Zumindest solange, bis sie eine Eins oder eine Zehn zeigen. Erreicht man einen kritischen Erfolg bei einer Probe und zeigt einer dieser Würfel eine Zehn, erzielt man weiterhin einen Erfolg. Allerdings verliert der Charakter kurzerhand die Kontrolle über die innere Bestie und tut vielleicht unüberlegte Dinge. Ist man gerade in einem Kampf, kann es sein, dass euer Charakter den Kontrahenten tötet und ihn direkt noch um ein bisschen Blut erleichtert. Würfelt man eine Eins auf dem **Hungerwürfel** und hat man nicht genug Erfolge, um die Probe zu schaffen, so erzielt man einen besonderen kritischen Fehlschlag: Man besteht nicht nur die Aufgabe nicht, sondern verliert dabei auch noch die Kontrolle und zieht vielleicht unangenehme Aufmerksamkeit auf sich.

Natürlich hat man als Vampir auch noch Zugriff auf spezielle Fähigkeiten, die sich von Clan zu Clan etwas unterscheiden. Jeder Clan hat zu Beginn Zugriff auf drei verschiedene **Disziplinen**, die sich im Laufe einer Charakterentwicklung verbessern und weiterentwickeln lassen. Diese Disziplinen sind recht verschieden und reichen von verstärkten Sinnen über das Unsichtbarmachen bis hin zu Möglichkeiten der Verwandlung.

Abschließend möchte ich noch einmal betonen, dass **Vampire: The Masquerade** ein ziemlich einzigartiges Rollenspiel ist, für das man ein gewisses Maß an Feingefühl braucht. Durch den Fokus auf das soziale Spiel solltet ihr euch ein wenig mit **Safety Tools** auseinandersetzen, bevor ihr mit einer Session anfangt und ihr solltet in eurer Gruppe offen ansprechen, wenn sich Themen ergeben, die für euch unangenehm werden. Denn letztendlich ist **Vampire: The Masquerade** kein einfaches Horror-Rollenspiel, sondern es spielt mit viel tieferen psychologischen Themen über das Menschsein, soziale Zusammenhänge und Macht. Wenn ihr diese Aspekte beherzigt, könnt ihr viel düsteren Spaß mit **Vampire** haben.

Würfel

Würfel: Sie entscheiden über Schreie der Freude oder der Verzweiflung, über Glück und Unglück und manchmal sogar über das Leben eines geliebten Charakters. Sie bringen das »Spiel« ins Rollenspiel und sind seit jeher ein fester Bestandteil unseres liebsten Hobbys. Auch wenn es heutzutage andere Möglichkeiten gibt, das Ergebnis einer Aktion zufällig bestimmen zu lassen, haben sich Würfel doch durchgesetzt und sind für viele nicht nur Spielmaterial, sondern auch **Sammelobjekt**. Doch bevor wir uns der Frage widmen, wann und wie man überhaupt würfeln sollte, machen wir einen kleinen Abstecher in die Geschichte.

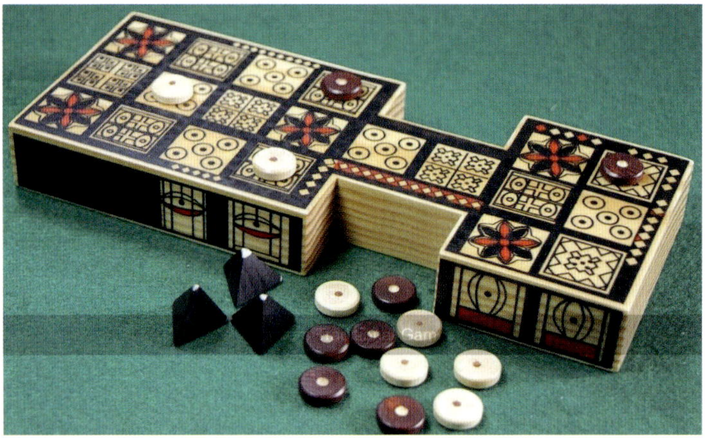

Das königliche Spiel von Ur

Würfel können auf eine fast 4 000 Jahre alte Geschichte zurückblicken. Seit es Spiele gibt, sind auch Würfel ein fester Bestandteil der Kultur. Die frühesten Funde noch erhaltener Würfel datieren bis ins alte Ägypten und zu den Sumerern zurück. Und in der Antike wurden neben dem sechsseitigen Würfel ganz unterschiedliche Formen verwendet. Für das sumerische »königliche Spiel von Ur«, eines der ältesten gefundenen Brettspiele, wurden entweder **vierseitige Würfel** genutzt, die an unterschiedlichen Ecken markiert wurden, oder **vierseitige Stäbe**. Auch im alten Ägypten griffen die Menschen auf Würfel in Form von markierten Stäben zurück, die man in die Höhe warf, um das Ergebnis abzulesen. Im antiken Rom und Griechenland wurde ebenfalls gewürfelt. Hier allerdings mit sogenannten **Astragali**, den Sprunggelenkknochen von Paarhufern wie Ziegen oder Schafen. Sie waren so geformt, dass sie beim Werfen auf einer von vier unterschiedlichen Positionen liegen bleiben konnten, und wurden auch

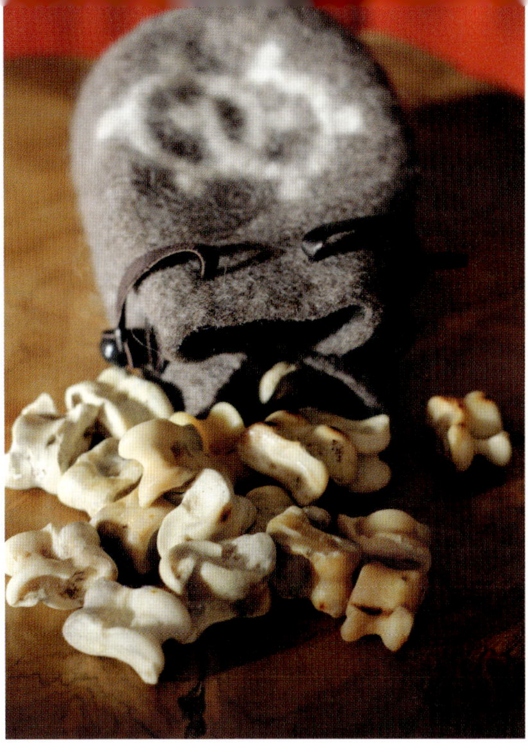

Astragali

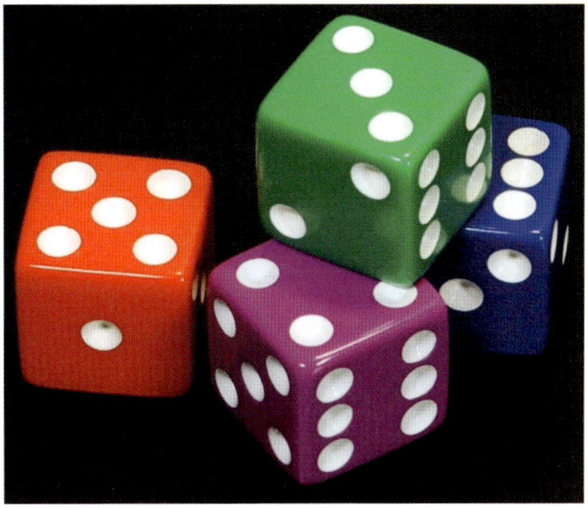

Klassische sechsseitige Würfel

für die Wahrsagerei benutzt, was vielleicht heute noch die teilweise mystische Wirkung der kleinen mathematischen Körper erklären könnte.

Im Laufe der Zeit setzte sich der sechsseitige Würfel (kurz W6) immer weiter durch. Statt der klassischen Augen wurden auch andere Symbole oder Bildchen auf die sechs Seiten geprägt. Im Mittelalter tauchten die ersten Spielhäuser auf und Würfel wurden immer populärer. Das ging sogar so weit, dass man um 1300 in Einzelfällen Würfel für die Auflösung von Rechtsstreitigkeiten nutzte. Mit den Tabletop-Spielen kamen andere Würfel ins Spiel. Als Gary Gygax den **W20** für Dungeons & Dragons nutzte, war endgültig dieser Würfel und nicht der W6 als nahezu internationales Symbol für unser Hobby etabliert. Heute besteht ein klassisches Dungeons and Dragons-Würfelset aus den fünf platonischen Körpern (W4, W6, W8, W12 und W20) sowie dem W10. Dieses Set wird für viele andere Rollenspiele genutzt. Moderne Rollenspiele setzen für die Generierung von Zufallsergebnissen auch auf andere Möglichkeiten wie Spielkarten, um über Erfolg oder Misserfolg zu entscheiden. Und das Spiel **Dread** nutzt sogar einen Jenga-Turm. Mehr Nervenkitzel geht wahrscheinlich nicht. Die wahrscheinlich seltsamsten Würfel bietet das Rollenspiel **Dungeon Crawl Classics**, das unter anderem einen W7 mit ungleichmäßigen Flächen nutzt.

Statt Würfeln aus Knochen oder Holz nutzt man heutzutage hauptsächlich **Kunststoffe** zur Herstellung. Für sein Equipment zu Hause kann man

Würfel aus Resin herstellen. Wer es etwas exotischer mag, der findet in entsprechenden Läden **Würfel aus Halbedelsteinen** wie Labradorit oder aus **Quarzen** wie Amethyst. Würfel aus Metall sind im privaten Gebrauch ebenfalls zu finden.

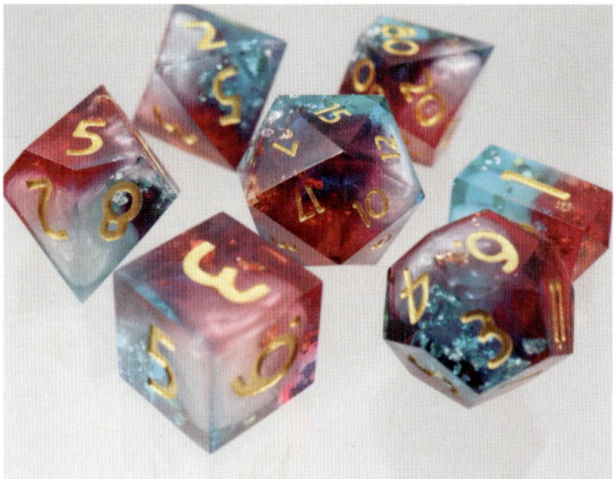

Foto eines vollständigen Würfelsets für »Dungeons & Dragons«

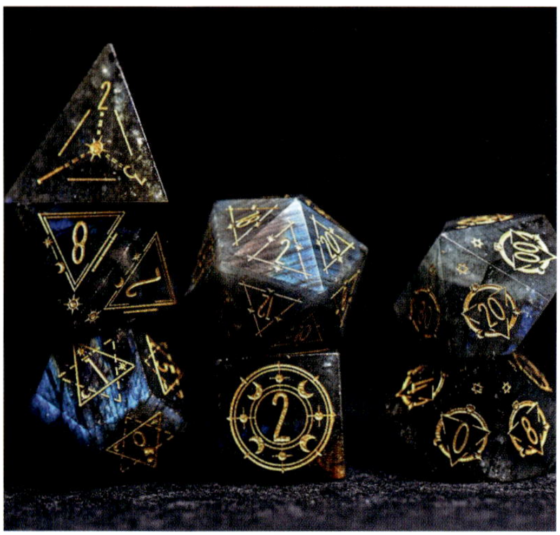

Würfelset aus Labradorit

Doch wann sollte man im Rollenspiel eigentlich würfeln? Auch hier gilt – wie bei so vielen Tipps in diesem Buch – es ist Geschmackssache. Einige von euch werden gar nicht oft genug würfeln können, während andere sich vielleicht beschweren, dass es das Rollenspiel stört. Letztlich liegt die Wahrheit wieder irgendwo dazwischen und es hängt auch stark vom Rollenspiel ab, wie oft ihr tatsächlich würfeln solltet. Eine Grundregel lautet: Würfelt nur, wenn das Ergebnis eine Auswirkung hat. **Würfelproben** sind dazu da, um Abenteuer spannender zu gestalten und den Zufallsfaktor über etwas entscheiden zu lassen. Wenn es für einen Charakter extrem einfach ist, eine Probe zu bestehen, solltet ihr euch überlegen, ob ihr dann noch würfeln müsst. Verbergt aber niemals wichtige Elemente des Abenteuers hinter Würfelproben. Im schlimmsten Fall habt ihr den wichtigsten Gegenstand in einer Truhe versteckt, die niemand knacken kann, und schon habt ihr eure gesamte Runde in eine Sackgasse manövriert. Für solche Fälle hat man besser immer einen Plan B in der Hinterhand.

Kontrovers diskutiert wird, ob man als Spielleitung für die Spieler*innen offen würfeln sollte. Klassischerweise hat man als Spielleitung einen **Sichtschirm** und würfelt im Verborgenen. Das soll den Spielenden zum Beispiel keine Infos über die Werte von Monstern oder einen Hinterhalt im Dunkeln verraten. Meiner Meinung nach trägt das sehr zur Spannung am Spieltisch bei. Es kann aber sein, dass das verdeckte Würfeln eure Spieler*innen eher misstrauisch macht. Offenes Würfeln sorgt auch für Dramatik am Tisch. Deshalb solltet ihr offen würfeln, wenn vom Würfelwurf das Überleben eines Charakters abhängt oder der Bösewicht mit einem guten Wurf entkommen kann. So könnt ihr allen die Dramatik der Situation erklären und zeigen, dass ihr bei einem solchen wichtigen Wurf nicht schummelt. Schummeln sehe ich meist nicht so tragisch. Ihr als Spielleitung seid schließlich für die Geschichte verantwortlich. Wenn durch pures Würfelglück ein einfacher Gegner einen Charakter versehentlich umbringt, dann kann man das Glück etwas zu Gunsten der Spielenden drehen. Das ist aber nur meine Meinung!

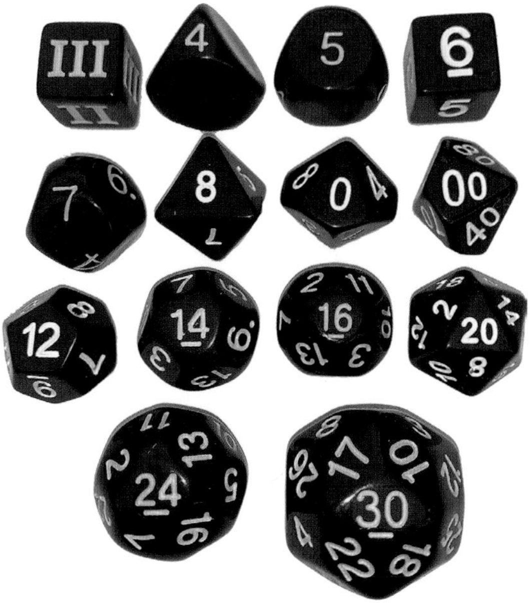

Würfelset von »Dungeon Crawl Classics«

Zum Schluss möchte ich noch ein bisschen Werbung für das Auswürfeln von Charakteren machen. Bei vielen Rollenspielenden, mit denen ich im Laufe der Zeit zu tun hatte, war das Auswürfeln von Charakterwerten eher verpönt. Schließlich will man sich manchmal nicht das perfekt ausgedachte Charakterkonzept von einem Würfelwurf kaputtmachen lassen und das kann ich verstehen. Dennoch lege ich euch ans Herz, gerade bei einzelnen Abenteuern auch mal die Würfel rollen zu lassen. Der Zufall nimmt manchmal herrliche Züge an und kann zu spannenden und unverhofft vielschichtigen Charakteren führen. Falls eure Mitspielenden von der Idee nicht so begeistert sind, muss man nicht gleich in die Vollen gehen, sondern kann sich vorsichtig herantasten. Versucht es doch einmal, wenn ein Regelsystem diese Möglichkeit anbietet!

Westmarches

Habt ihr das **Luxusproblem**, dass ihr in eurer Spielgruppe zu viele Spieler*innen habt? Oder vermisst ihr bei eurer Spielgruppe die Eigeninitiative und das Suchen nach freien Terminen wird zu einer absoluten Qual? Dann ist vielleicht eine »Westmarches«-Kampagne etwas für euch.

Westmarches ist ein Spielstil, der von **Ben Robins** entwickelt wurde. Der Autor hatte in seiner Spielgruppe das Problem, dass die Spielenden sich zwar regelmäßig trafen, aber es **wenig Ambitionen und Eigeninitiative** bei den Spielenden gab. Sie setzten sich eher an den Tisch und erwarteten von der Spielleitung, bespaßt und durch das Abenteuer geführt zu werden. Für Robins war dies ein Problem, weil für ihn der **größte Pluspunkt** am Rollenspiel die große Freiheit war, die man als Charakter erleben konnte. Außerdem waren die meisten seiner Freunde mittlerweile Erwachsene, deren Kalender sich immer mehr mit Terminen füllten und von denen die wenigsten **regelmäßige Spieleabende** abhalten konnten. Deshalb schrieb er eine Sandbox-Kampagne, die dieses Problem nachhaltig angehen sollte. Das, was Ben Robins entwickelte, ist heute als »Westmarches«-Kampagne bekannt. Benannt wurde sie nach der Region von **Ben Robins Spielwelt**, in der er die Kampagne spielen ließ.

Die wichtigste Grundlage einer Westmarches-Kampagne lautet: **Jede Initiative geht von den Spielenden aus**. Deshalb gibt es als Kernelemente die folgenden drei Grundregeln:

- Es gibt **keine festen Spielzeiten**. Die Spielenden entscheiden, wann sie zu einem Abenteuer aufbrechen wollen.
- Es gibt **keine festgelegte Spielrunde**. Die Spielenden sprechen sich ab und entscheiden, wer auf das Abenteuer mitkommen will.
- Es gibt **keine festgelegte Story**. Die Spielenden entscheiden, wo sie nach Abenteuern suchen.

Was bedeutet das nun konkret? Stellt euch ein **leeres Blatt Papier** vor, das in eurer Runde auf dem Tisch liegt. Dieses Blatt ist die Spielwelt, die von den Spielenden erkundet werden kann. Vielleicht ist auf dieser Karte schon ein kleines Dorf eingezeichnet, in dem die Spielenden starten. Ansonsten ist

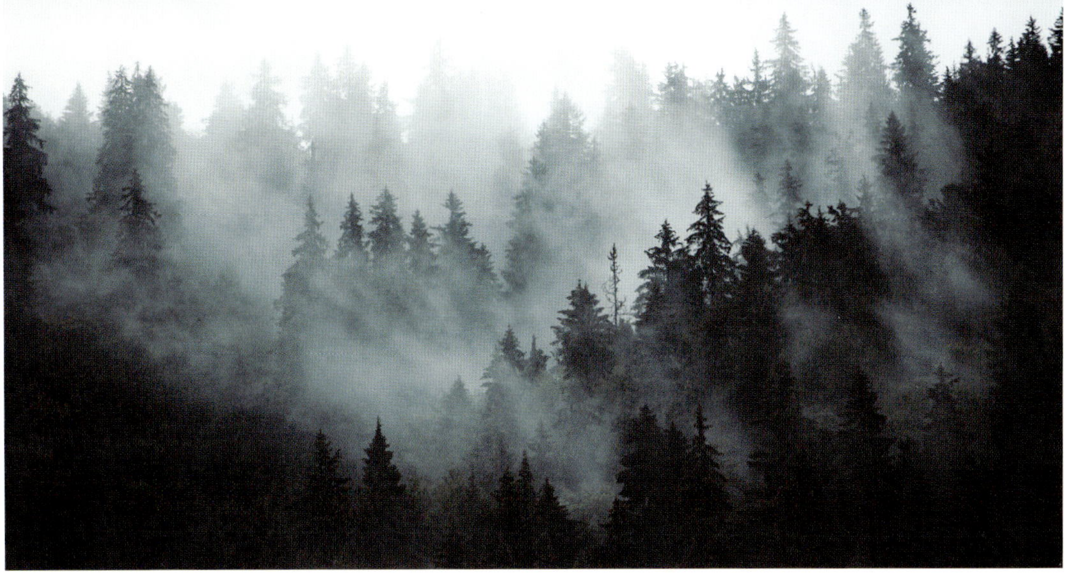

Wald im Nebel

die Karte aber komplett leer. Um die Eigeninitiative der Spielenden zu fördern, wird ihnen die Verantwortung über die Spielrunde komplett anvertraut. **Ohne die eigene Motivation** der Spielenden gibt es keine Spielrunde. Man kann sich nicht zurücklehnen und warten, dass die Spielleitung alles übernimmt. Man muss selbst aktiv werden, wenn man spielen will. Das heißt, wenn eine Spielrunde stattfinden soll, muss jemand unter den Spieler*innen zur Spielleitung gehen und sagen, wer was mit wem erledigen möchte. Eure Spieler*innen müssten also zu euch kommen und so etwas sagen wie: »Harald, Eva und ich wollen den Tempel am Rande des Sumpfes erkunden, wann passt es dir?« Danach einigt ihr euch auf einen Termin und du als Spielleitung hättest dann bis zu diesem Termin Zeit, dir zu überlegen, was sich in dem Tempel befindet.

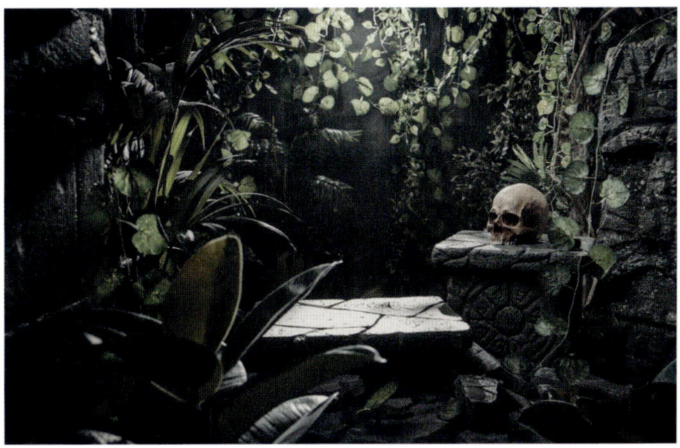

Eine Ruine im Dschungel

Um den Spielenden eine Motivation zur Erkundung der Spielwelt zu geben, gebt ihnen Informationen, die auf **interessante Orte**, **Schätze** oder **Aufträge** hinweisen. Wichtig ist hier, dass ihr alle Informationen nur einzelnen Spielenden mitteilt und niemals der gesamten Runde. So werden eure Spieler*innen dazu gezwungen, miteinander zu sprechen und gemeinsam ihre nächsten Schritte zu planen. Hier ist es zudem empfehlenswert, eine Art **kleines Protokoll** zu führen, damit Spieler*innen, die nicht bei der letzten Session dabei waren, wissen, was bei der Erkundung des Tempels gefunden wurde. Auf diese Weise können sich **schnell neue Gruppen** mit eigener Agenda formen, wenn im Protokoll der letzten Sitzung von Untoten im Tempel die Rede ist und die Klerikerin einen Zauber im Repertoire hat, welcher Untote vertreibt. Bei der nächsten Tour an diesen Ort sollte man diese Klerikerin also dabeihaben. Vielleicht hat sich ja aber schon eine andere Gruppe versammelt, um den Mitspielenden zuvorzukommen?

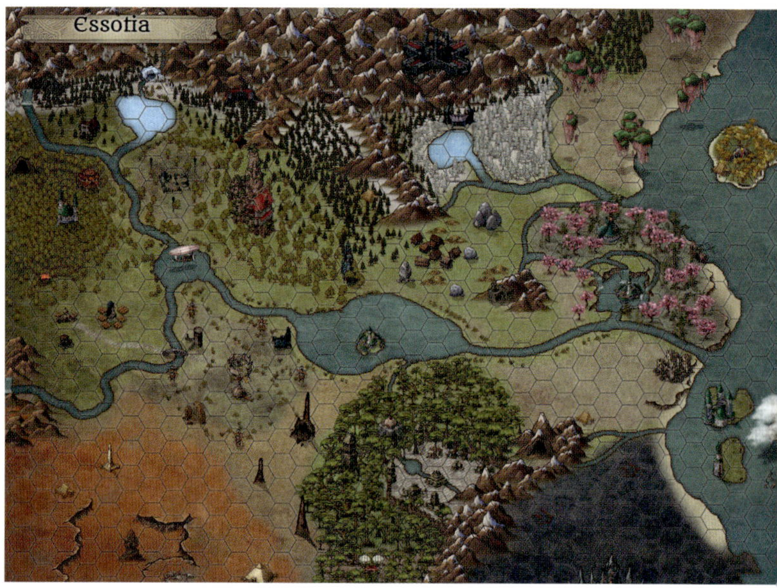

Eine Westmarches-Karte

Außerdem solltest du deinen Spielenden Folgendes klarmachen: Die **Wildnis** ist gefährlich. **Zivilisation** ist sicher. Wenn man Abenteuer erleben möchte, muss man sich außerhalb des Dorfes in neue Gebiete vorwagen und kann nicht den ganzen Tag in der Sicherheit des Dorfes herumsitzen. Deshalb macht es Sinn, eine **Karte der Umgebung** anzulegen, auf der wichtige Orte mit offenen Aufgaben oder Rätseln markiert werden können. Dabei solltet ihr als Spielleitung Werkzeuge wie ein **Hexfeld-Papier** und **Stifte** bereitstellen und für euch ungefähr die Lage aller Orte kennen. Ihr solltet aber auf keinen Fall die Spielenden korrigieren, falls sie einen Ort falsch einzeichnen. Dann wird sich eben die nächste Gruppe auf dem Weg zu diesem Ort verlaufen. Das gehört einfach zum Leben als Abenteurer dazu.

Das Ganze klingt jetzt sicherlich sehr kompliziert. Vielleicht kann ich es etwas plastischer erklären, wenn ich euch von meiner Westmarches-Kampagne berichte. Da bei Rocket Beans TV viele Nerds arbeiten, hatten dort natürlich entsprechend viele Menschen Interesse an regelmäßigen Pen & Paper-Rollenspielen. Also habe ich mich bereit erklärt, etwas zu schreiben und zu leiten. Wir hatten allerdings das Problem, dass die Zahl der Interessenten auf mehr als zehn Personen anstieg und es unmöglich war, einen gemeinsamen Termin mit allen zu finden. Also versuchte ich eine Westmarches-Kampagne im Stil von Ben Robins aufzuziehen und orientierte mich dabei stark an dem damals recht neuen Rollenspiel **Die verbotenen Lande**. Bei »Die verbotenen Lande« reist man ebenfalls mit einer Gruppe über eine vorher noch größtenteils verdeckte Karte aus Hexfeldern und erkundet die Spielwelt nach und nach. Gleichzeitig arbeitet das Spiel viel mit **Zufallstabellen**, die ich relativ einfach für mich zweckentfremden konnte. Allerdings entschied ich mich für das Regelwerk von Dungeon World, um den Spielenden jederzeit einen Ein- oder Ausstieg zu ermöglichen, ohne den Anschluss an die anderen zu verlieren.

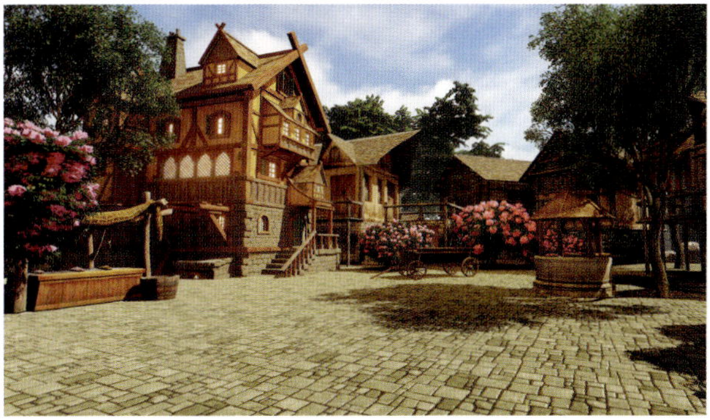

Ein mittelalterlicher Dorfplatz

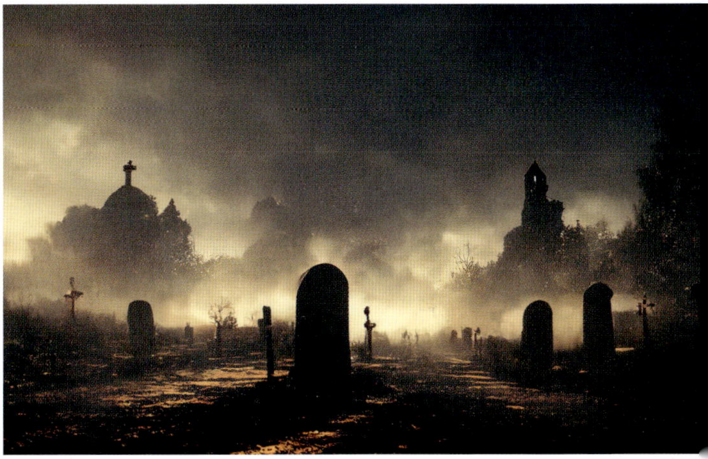

Ich erklärte den Spielenden die Grundstory und die Spielregeln und fertigte für jeden Charakter einen speziellen **Gegenstand** sowie eine **geheime Information** an, die nur der jeweilige Charakter besaß. Das konnten **Hinweise auf Orte** in der Nähe sein oder **Gerüchte** über seltsame Ereignisse. Ich zeichnete auf der Karte das Dorf, in dem die Spielenden starteten, und ließ ihnen vom Bürgermeister drei Aufgaben geben, die sie als Erstes erledigen konnten. Gleichzeitig entwarf ich ein System, mit dem

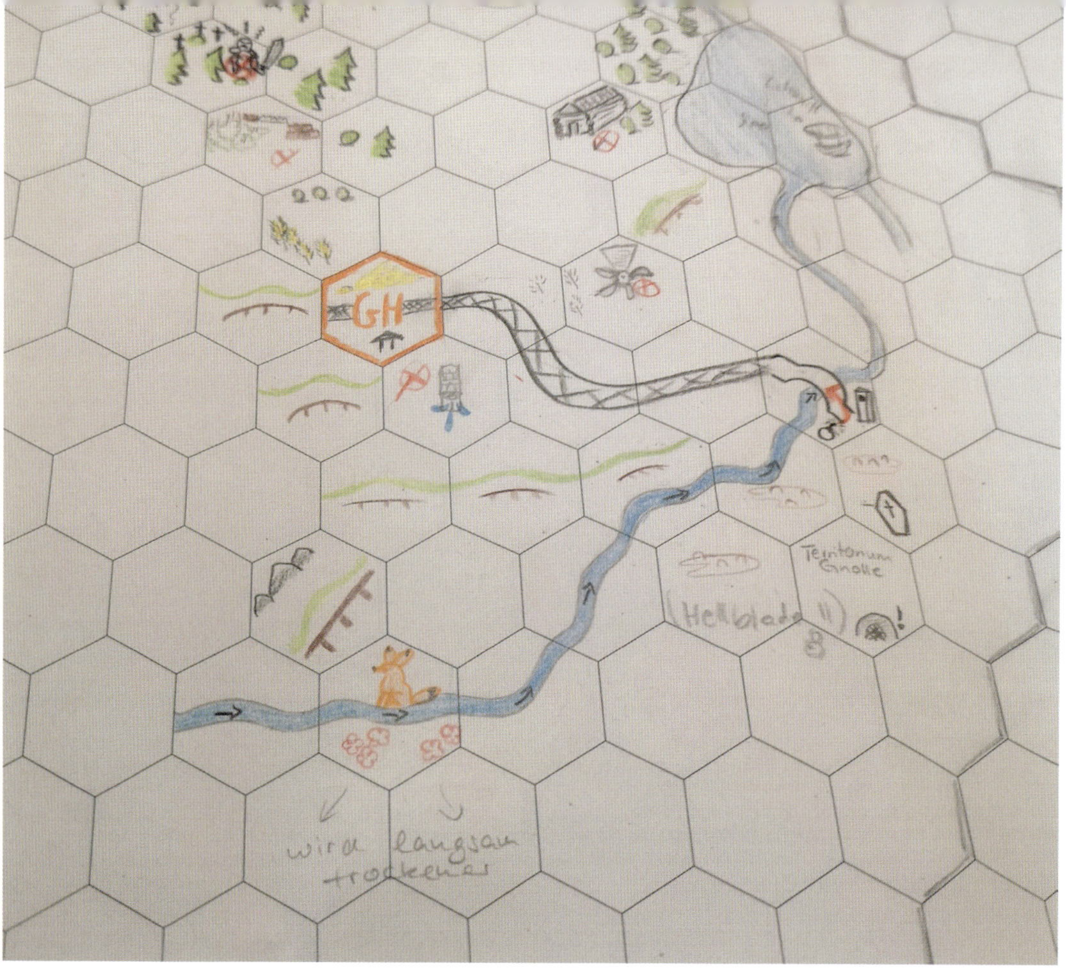

Handgezeichnete Westmarches-Karte

die Spielenden ihr Dorf weiterentwickeln konnten. Wollten die Spieler*innen zum Beispiel Zugriff auf Heiltränke im Laden haben, mussten sie zunächst eine **Kräuterfrau** finden, die diese Tränke für sie braut. Machten sich die Spielenden auf den Weg zu einem Ort, dann mussten sie zunächst würfeln, ob sie diesen überhaupt wiederfinden. Wenn sie sich verliefen, nutzte ich **Zufallstabellen**, um herauszufinden, was den Spielenden zustößt. Daraus entstanden extrem **unerwartete Geschichten**, die ich dann kurzerhand improvisiert habe. Als die Spielenden in einem verwunschenen Wald auf Gräber stießen, musste ich mir spontan überlegen, wer denn in diesen Gräbern lag. Daraus entwickelte

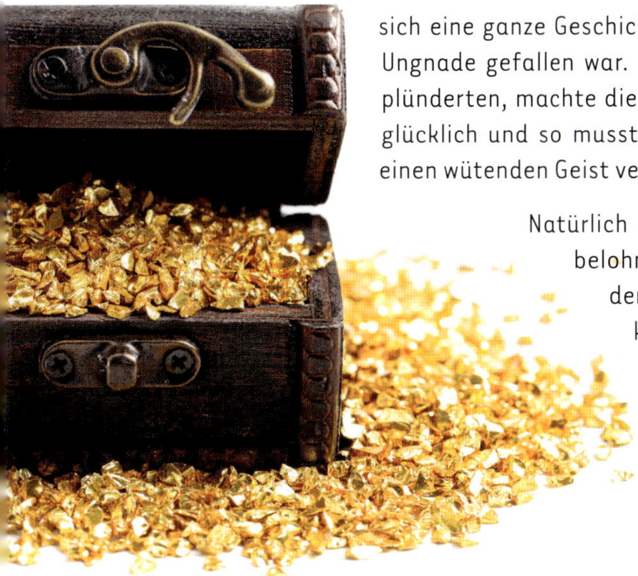

sich eine ganze Geschichte rund um ein altes Adelsgeschlecht, das in Ungnade gefallen war. Die Tatsache, dass die Spielenden die Gräber plünderten, machte die Geister der begrabenen Ritter nicht so richtig glücklich und so mussten meine Spielenden plötzlich ihr Dorf gegen einen wütenden Geist verteidigen.

Natürlich wollte ich die Eigeninitiative der Spielenden belohnen, gleichzeitig aber niemanden bestrafen, der aufgrund von Terminstress nicht teilnehmen konnte. Deshalb ergänzte ich das Belohnungssystem von Dungeon World um weitere Möglichkeiten, **Erfahrungspunkte** zu verteilen. Zunächst wollte ich alle belohnen, die eine Spielsession organisieren. Diese Spielenden bekamen von mir schon einmal grundsätzlich einen Erfahrungspunkt. Die Person, die das Protokoll für den Abend schrieb, erhielt ebenfalls einen weiteren Erfahrungspunkt. Weitere Erfahrungspunkte bekamen die Spielenden bei gutem Rollenspiel und für die Ziele, die vom Dungeon World-Regelwerk zum Erhalt von Erfahrungspunkten angegeben werden.

Sicherlich ist diese Art der Kampagne nicht für jede Gruppe geeignet. Man sollte schon Spaß an der Erkundung von unbekannten Gebieten haben. Außerdem müssen eure Spielenden wissen, was sie erwartet. Bei uns hat das Ganze aber fantastisch funktioniert. Auch wenn wir die Kampagne aus Zeitgründen nicht zu Ende gespielt haben, hatte ich die Möglichkeit, die Kampagne mit insgesamt zwölf Spielenden über 22 Abende zu spielen, und wir hatten alle sehr viel Spaß. Das Ganze kann man auch weiter nach oben skalieren, wenn man genug Leute hat.

X-Karte

Kopiert diese X-Karte und druckt sie euch beliebig oft aus, falls ihr sie als Safety-Tool benutzen möchtet.

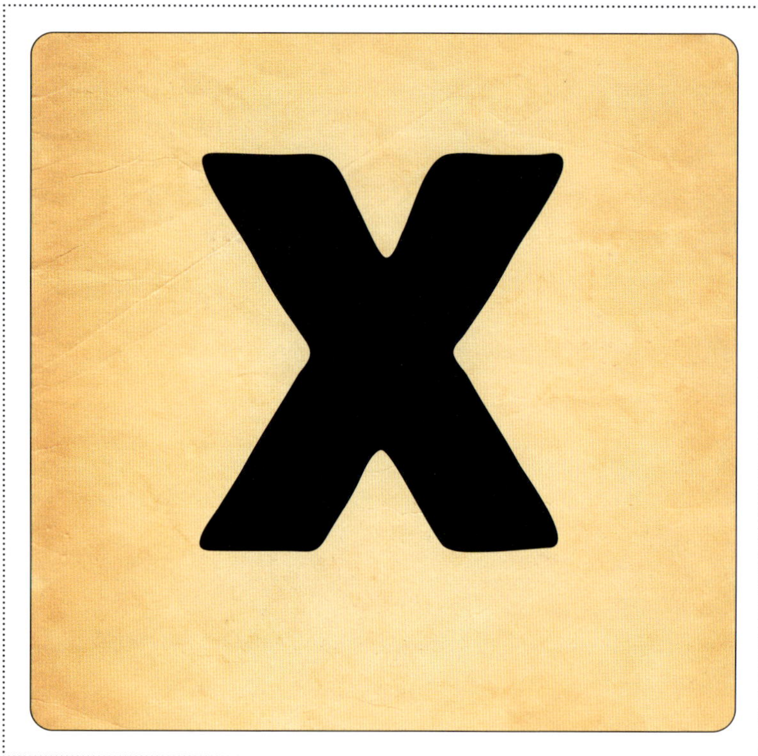

Y

YouTube ... und Twitch

Seit einigen Jahren scheinen Pen & Paper-Rollenspiele – und speziell Dungeons & Dragons – deutlich an **Popularität** zu gewinnen. Dies hat einerseits mit prominenten Platzierungen in Filmen oder Serien wie **Stranger Things** zu tun, aber auch mit der größeren Popularität von vielen Nerd-Themen in den Medien und der Gesellschaft. Ein großer Turbo für diese Aufmerksamkeit war und ist das weite Feld der Webvideos und Livestreams. Oder kurz: **YouTube** und **Twitch**.

Logo von YouTube

Deshalb fangen wir mit einer knappen Übersicht über YouTube an. Als die Videoplattform am 14.02.2005 an den Start ging, war der Slogan »Broadcast Yourself« Programm. Es ging immer darum, eine Plattform für Menschen zu bieten, die sich selbst oder ihre Lieblingsthemen der Öffentlichkeit präsentieren wollten. Spätestens nach der Übernahme durch Google im Oktober 2006 expandierte YouTube massiv. Heutzutage haben wir eine Medienplattform, die nach eigener Aussage insgesamt **2,3 Milliarden aktive Nutzer** besitzt. Fast 52 % aller Internetnutzer*innen sollen YouTube mindestens einmal im Monat besuchen und gerade für jüngere Zielgruppen ist der Content auf YouTube zu einem Ersatz zum klassischen Fernsehen geworden. Die Chance auf dieser Plattform, sich selbst zu präsentieren, haben aber natürlich nicht nur Influencer*innen oder Werbemarken für sich genutzt, sondern auch Fans von Pen & Paper-Rollenspielen setzten sich vor ihre Kameras und produzierten Content in unterschiedlicher Form. Dabei muss man allerdings sagen, dass der **große Hype** um Dungeons & Dragons wahrscheinlich erst **2015** ausgelöst wurde.

Schauen wir uns doch erstmal den deutschsprachigen Bereich an. Während die ganze Welt zu Lady Gagas Pokerface abzappelt, sieht es mit Content für Pen & Paper-Fans auf YouTube im Jahr 2009 noch etwas düster aus. Viele Tipps und Spielrunden werden hauptsächlich über **Foren** und **Messageboards** geteilt, auch wenn es schon die ersten Versuche gab, das Ganze auf die Videoplattform

Logo von Orkenspalter TV

zu bringen. Einer der ersten Kanäle, die sich auf das Themenfeld spezialisierten und auch heute noch aktiv sind, ist **Orkenspalter TV**. Der Kanal von **Mháire Stritter** und **Nicolas Mendrek** befasste sich zunächst hauptsächlich mit dem Thema LARP (Live-Action-Rollenspiel, ein Thema, zu dem man wahrscheinlich ein weiteres Buch schreiben könnte). Allerdings liegt der Fokus mittlerweile auf Pen & Paper-Rollenspielen sowie Comics und Literatur. Dabei fing der Kanal zunächst mit klassischen Rezensionen von Rollenspiel-Publikationen an, erweiterte aber das Angebot schnell um **Tipps und Tricks** zum Spielleiten und **Actual Plays**, also der Abbildung von tatsächlichen Spielrunden. Damit ist Orkenspalter TV bis heute einer der erfolgreichsten und langlebigsten Kanäle für Rollenspiele auf YouTube. Für mich war Orkenspalter TV lange der erste Anlaufpunkt, wenn ich etwas über ein neues Rollenspiel erfahren wollte, und ich habe mir über die Jahre viele Tipps von Mháire und Nico geholt. Entsprechend kann man wohl behaupten, dass Orkenspalter TV der erste große Aufschlag für Pen & Paper-Content auf YouTube in Deutschland war.

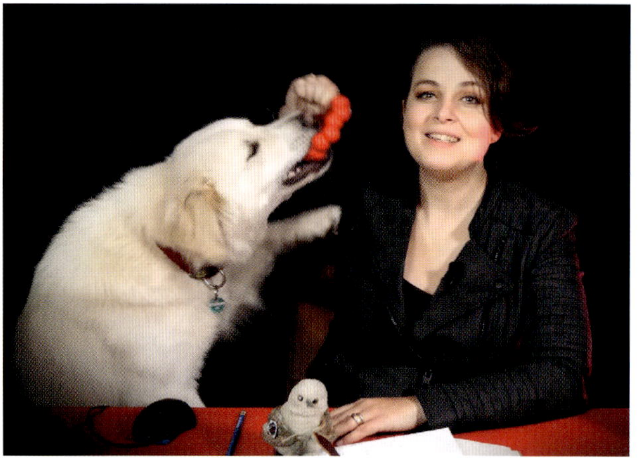

Szene aus einer Sendung von Orkenspalter TV

Die nächste große Welle für Pen & Paper-Content in Deutschland wurde 2014 von **Rocket Beans TV** losgetreten. Ich will jetzt hier gar nicht so viel Werbung dafür machen, denn letztendlich ist dies hier ein Buch, das zusammen mit Rocket Beans TV herausgebracht wird. So oder so muss man festhalten, welch **großen Einfluss** Rocket Beans TV mit den Pen & Paper-Sendungen auf die deutsche Szene gehabt hat. Begonnen hat es alles im **März 2014** mit **T.E.A.R.S.**, einer Sendung in der Spielleiter **Hauke Gerdes** unsere Moderatoren Etienne, Nils, Budi und Simon durch ein **postapokalyptisches Abenteuer** schleuste. Dabei stellten sich die vier Spieler sicherlich nicht sonderlich gut an, aber

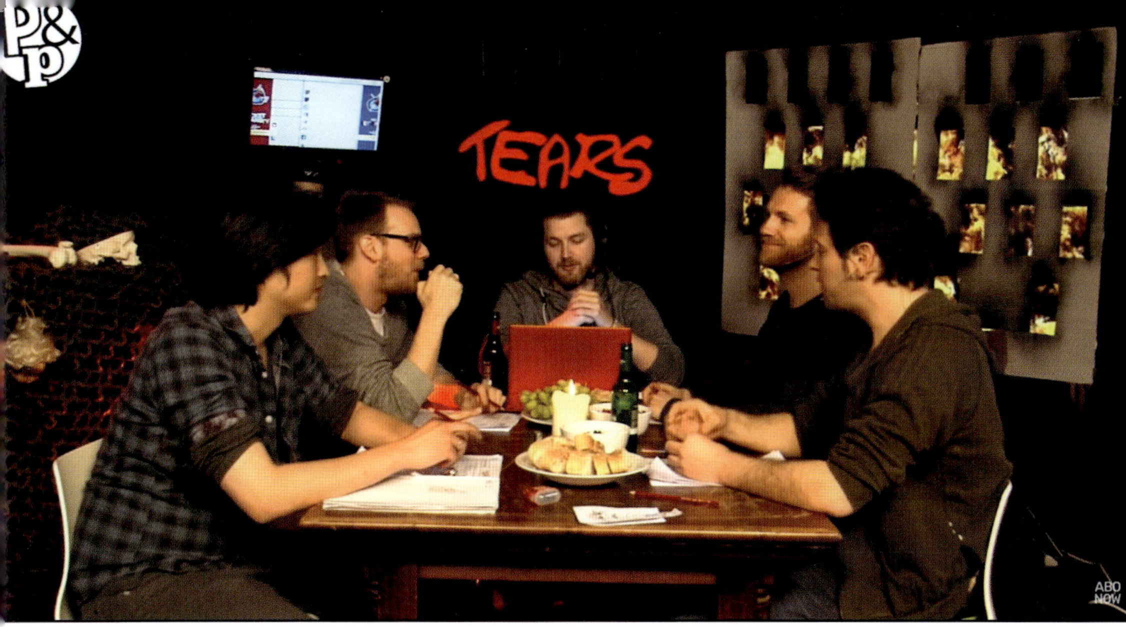

Szene aus TEARS

keiner der vier hatte davor nennenswerte Erfahrung mit dem Hobby. Auch wenn viele eingeschworene Pen & Paper-Fans die Runde eher belächelten, viele Fans von Rocket Beans TV fühlten sich entweder an die eigene Kindheit mit DnD oder DSA erinnert oder hatten so viel Spaß beim Ansehen der Sendung, dass sie selbst anfingen Rollenspiele auszuprobieren. Bis heute gehören die Pen & Paper-Sendungen zu den beliebtesten Sendungen auf Rocket Beans TV und zu den meistgeklickten im deutschsprachigen Raum. Allerdings schlief die Konkurrenz aus Übersee nicht lange und speziell ein Name ist bis heute bei vielen im Gedächtnis geblieben: **Critical Role**.

Wahrscheinlich hat keine Marke den aktuellen Dungeons & Dragons-Hype so angefacht wie Critical Role. Dabei dachten sich die Gesichter der Sendung am Anfang wahrscheinlich nicht viel dabei, als sie das erste Mal die Kamera anwarfen. Falls ihr zu den wenigen gehört, die noch nie von Critical Role gehört haben, hier eine kurze Zusammenfassung: Critical Role besteht aus Spielleiter **Matt Mercer** und befreundeten Synchronsprechern aus dem Videospiel-Bereich. Sie setzten sich zunächst privat zusammen und spielten **Pathfinder** in einer heimischen Runde. Als schließlich der YouTube-Kanal und die Produktionsfirma **Geek and Sundry** darauf aufmerksam wurden, machten sie das Angebot, die private

Logo von Critical Role

Runde der Gruppe als **Livestream** und YouTube-Video anzubieten. Gesagt, getan und so flimmerte am 12.03.2015 die erste Folge über die heimischen Bildschirme. Auch wenn am Anfang noch alles etwas improvisiert wirkte und man mitten in die laufende Kampagne der Gruppe geworfen wurde, überzeugte Critical Role schnell durch einen fantastischen Spielleiter, durch liebenswerte und gut gespielte Charaktere und eine epische Geschichte. Spätestens nach Beginn der zweiten Kampagne war der Erfolg nicht mehr aufzuhalten und seit 2018 ist Critical Role komplett eigenständig. Der Erfolg ist sogar so groß, dass sie einen neuen Hype um Dungeons & Dragons losgetreten haben, der bis heute andauert. Und die Medienmarke Critical Role entwickelt sich immer weiter, sogar in Form von animierten Serien bei Amazon Prime.

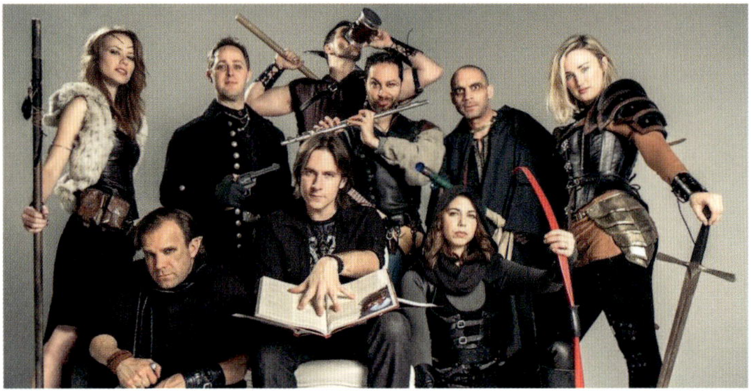

Cast von Critical Role

Neben den oben genannten Formaten gibt es mittlerweile dutzende, wenn nicht hunderte weitere Projekte im Internet, die das Thema Pen & Paper in irgendeiner Form aufgreifen. Von tausenden Tipps-Videos zu Dungeons & Dragons, über Systemvorstellungen und interaktiven Livestreams gibt es mittlerweile alles, was das Herz begehrt. Das hat viele Vorteile: Noch nie war es so einfach wie heute, sich über das Hobby zu informieren und es kennenzulernen. Allerdings ist es manchmal schwierig, sich im Wust der Inhalte zurechtzufinden. Einige von euch sind vielleicht eingeschüchtert, wenn sie sich selbst mit Matt Mercer und seinen Spielenden vergleichen. Ein Tipp dazu von mir: Vergleicht euch nicht, sondern habt Spaß. Sicherlich kann man viel von professionellen Spielleitenden wie Matt Mercer lernen, ihr solltet aber nicht vergessen, dass diese Personen das meist beruflich machen und entsprechend viel mehr Zeit investieren können als ihr. Also macht euch selbst keinen Stress, sondern versucht euren eigenen Stil zu finden.

Zaubern

Zaubern ist aus vielen Fantasy-Rollenspielen nicht mehr wegzudenken. **Feuerbälle** fliegen durch den Himmel, Gegner werden **in harmlose Tiere** verwandelt oder **Untote** erheben sich auf Geheiß eines Nekromanten. Doch selbst Rollenspiele aus modernen Settings wie »Shadowrun« oder »Vampire« lassen Magie in ihr Spielsystem einfließen und vielen Spielenden scheint das sehr zu gefallen. Deshalb möchte ich euch kurz erklären, welche Arten Zauber es überhaupt gibt und welche Regelmechaniken zum Zaubern in Rollenspielen genutzt werden.

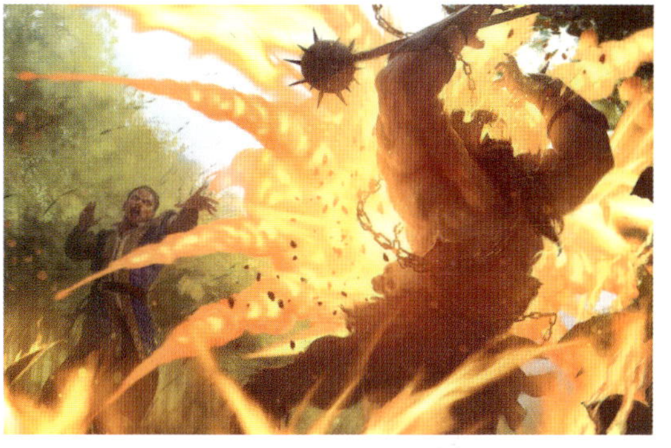

Ein Feuerball aus »Dungeons & Dragons«

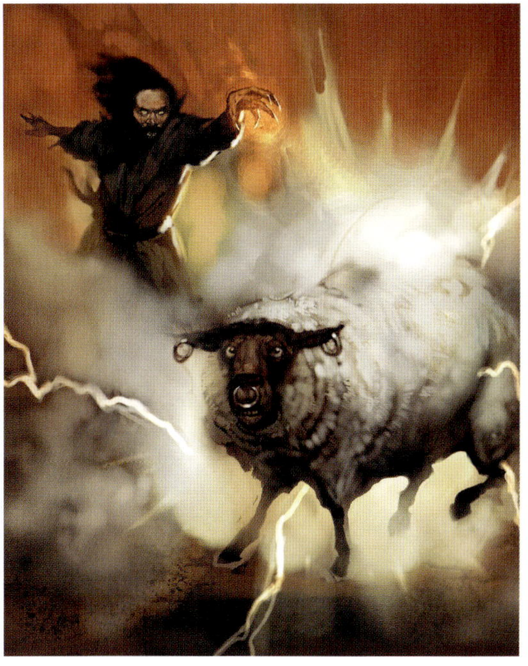

Ein Polymorph-Zauberspruch aus Hearthstone

Grundsätzlich gibt es zwei Varianten, die wir als Magie bezeichnen würden: einmal die **fantastische Magie**, die aus dem Nichts Dinge erschaffen kann und die Regeln der Physik bricht, und die **mundane Magie**, die vor allem auf Taschenspielertricks und der Täuschung des Gegenübers basiert. Letztere finden wir auch in unserer echten Welt. Sie basiert auf einer Mischung aus Charme, Schauspielkunst und Fingerfertigkeit. Beide Arten lassen sich wunderbar ins Rollenspiel einbauen, obwohl man vielleicht beim Zaubern in Rollenspielen erstmal an die fantastische Variante

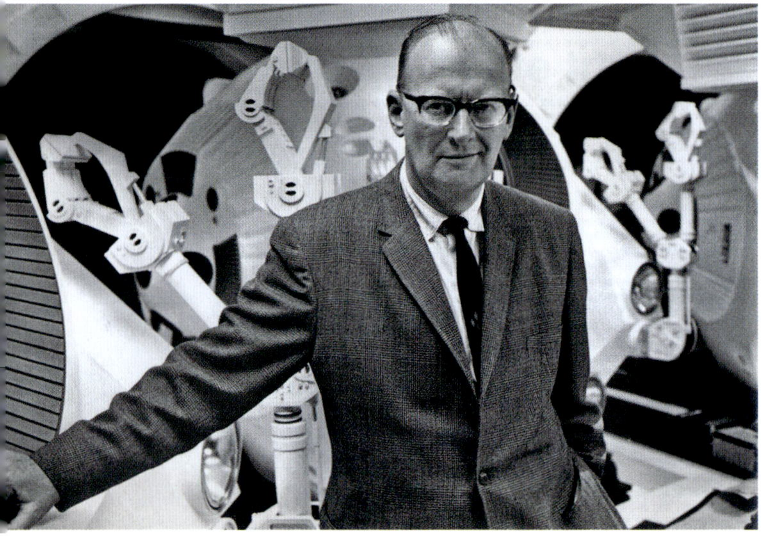

Arthur C. Clarke

denkt. Dehnt man den Begriff etwas, könnte man auch den Einsatz von sehr fortschrittlicher Technologie als Magie bezeichnen. Zu diesem Thema prägte der britische Science-Fiction-Autor **Arthur C. Clarke** in seinem Buch »Profiles of The Future« den folgenden Satz: »Jede hinreichend fortgeschrittene Technologie ist von Magie nicht mehr zu unterscheiden.« Darauf basiert zum Beispiel auch die »Magie« aus dem Rollenspiel »Numenera«. Letztendlich werden viele Menschen in eurer Spielwelt nicht unterscheiden können, ob ein Feuerball durch magische Energie erzeugt wird oder durch Nanoroboter, die sich selbst erhitzen. Falls ihr also eine eigene Spielwelt mit Magie schreiben wollt, überlegt euch einmal, worauf eure Art der Magie basiert.

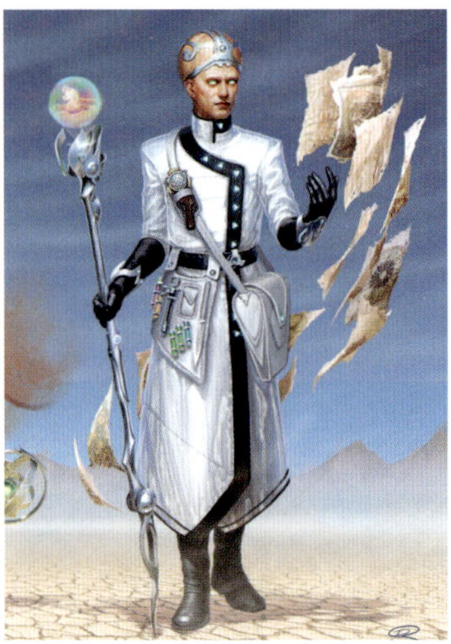

Magier aus dem Rollenspiel »Numenera«

Außerdem stellt sich immer die Frage, wo die Magie in eurer Spielwelt herkommt. Auch hierzu gibt es viele verschiedene Varianten in unterschiedlichen Rollenspielen. Oft unterscheidet sich die Art der Magie anhand der ausgewählten Charakterklassen oder Zauberschulen, denen ein Charakter angehört. Bei klassischen Fantasy-Zaubernden kommt die magische Energie meist entweder aus dem Charakter selbst oder aus der Umgebung. Magie ist dort eine Art unsichtbare Energie, die Zaubernde lernen zu gestalten und zu lenken. Zu dieser Kategorie gehören klassische **Magier*innen**, aber auch naturverbundene Zauberklassen wie **Druiden**, die Energie aus der naheliegenden Natur ziehen können. Selbstverständlich kann ich euch hier nicht alle Fantasy-Welten mit Magie

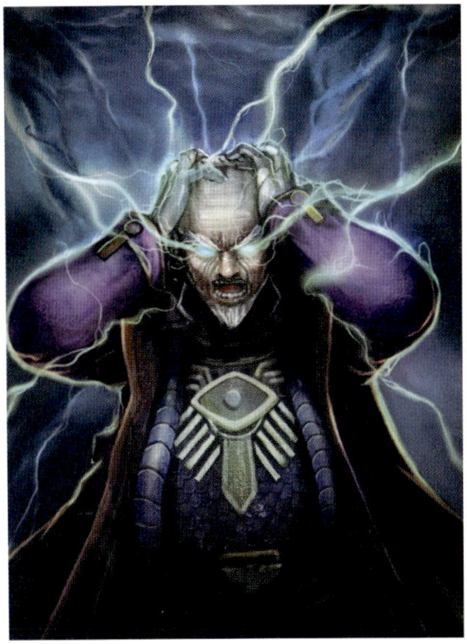

Psyker aus
Warhammer 40.000

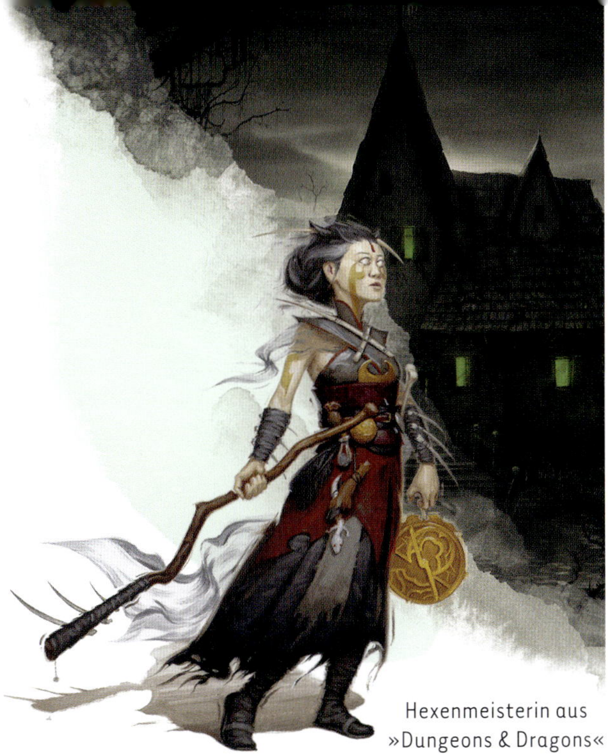

Hexenmeisterin aus
»Dungeons & Dragons«

vorstellen. Von Setting zu Setting kann sich vieles im Detail unterscheiden. Bei **Warhammer** kommt die magische Energie zum Beispiel aus der Warhammer-Version der Hölle, dem sogenannten Warp. Sie ist in der Regel mit bösen Dämonen verknüpft, die den Anwender langsam abhängig machen oder in den Wahnsinn treiben. Ja, das klingt übel, aber Warhammer ist generell ein sehr düsteres Setting mit einem Hang zu Horror.

Magiebegabte können ihre Energie auch aus anderen Quellen bekommen, zum Beispiel von anderen Entitäten oder Mächten. Zu dieser Kategorie zählen klassischerweise Charakterklassen, die den **Paladinen** oder **Klerikern** ähneln. Sie erhalten ihre Energie durch Gebete oder andere Akte des Glaubens von ihren Gött*innen. Es wird allerdings meist eine Art Gegenleistung verlangt, zum Beispiel das Leben nach besonderen Vorgaben oder das Einhalten besonderer göttlicher Pflichten. Neben Göttern kann es andere mächtige Entitäten in eurem Universum geben, die euren Charakteren magische Kräfte gegen eine Gegenleistung anbieten. So entstehen zum Beispiel bei »Dungeons & Dragons« die Hexenmeister*innen. Interessant wird es dann, wenn die Charaktere die Vorgaben der anderen Seite nicht mehr einhalten können oder wollen. Aus diesen Konflikten entstehen oft spannende Abenteuer, die viel Raum für Charakterentwicklung bieten. Allerdings solltet ihr immer Rücksprache mit euren Spielenden halten, wenn ihr deren magische Fähigkeiten schwächen oder sie entziehen wollt. Außerdem kann magische Energie von Gegenständen auf die Magiebegabten übergehen. Fans von **Warcraft** erinnern sich sicher an das verfluchte **Schwert Frostmourne**, das Arthas Macht verlieh, ihn aber auch langsam korrumpierte.

Magie im Rollenspiel kann in sehr unterschiedlichen Regelsystemen abgebildet werden. Einige dieser Systeme möchte ich euch vorstellen, auch wenn es noch viele weitere Möglichkeiten zur Nutzung von Magie im Rollenspiel gibt.

Eine der wohl bekanntesten Möglichkeiten zur regeltechnischen Abbildung von Magie in einem Rollenspiel ist der **Magiepool**. Nein, dabei regeneriert man in einem blubbernden Whirlpool nicht die Manareserven. Vielmehr werden bei diesem System Magiepunkte in einem ähnlichen System dargestellt wie Lebenspunkte. In vielen bekannten Videospielen, wie zum Beispiel **World of Warcraft**, wird auf dieses System zurückgegriffen. Der Vorteil des Magiepools ist, dass man Zauber

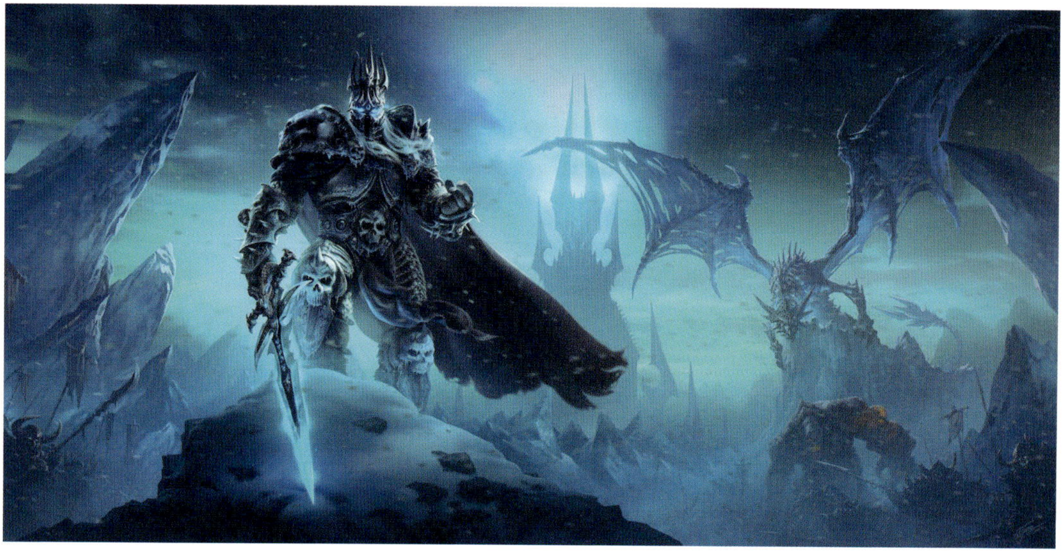

Arthas mit dem verfluchten Schwert »Frostmourne« aus Warcraft

recht genau durch ihre Kosten abstimmen und feinjustieren kann. Ob ein Zauber fünf oder sieben Magiepunkte kostet, kann schon einen großen Unterschied machen. Der große Nachteil ist, dass man über die ausgegebene Magie ziemlich genau Buch führen muss. Bekannte Rollenspiele, die dieses System nutzen, sind **Das Schwarze Auge** (Astralpunkte) und **Call of Cthulhu** (Magiepunkte).

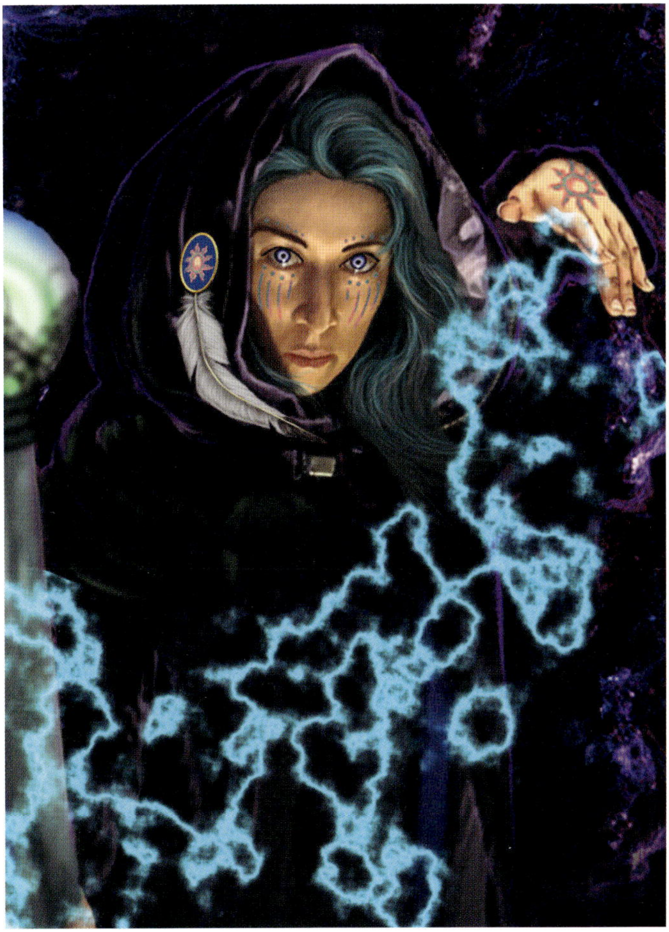

Magierin aus »Shadowrun«

Falls ihr schon einmal »Dungeons & Dragons« oder ein darauf basierendes Rollenspiel gespielt habt, werdet ihr sicherlich wissen, was **Zauberslots** sind. Anstatt Magiepunkte genau nachzuverfolgen, teilt man die Zauber in Zauberstufen von null bis neun ein. Dabei gilt: Je mächtiger der Zauber, desto höher ist die jeweilige Stufe. Magiebegabte Charaktere haben abhängig von ihrem Level unterschiedlich viele Zauberslots entsprechend der jeweiligen Stufen. Ein Zauberer der Stufe Drei hat zum Beispiel vier Zauberslots der Stufe Eins und zwei Slots der Stufe Zwei. Der Charakter muss immer einen Slot der entsprechenden Zauberstufe ausgeben, wenn ein Zauber gewirkt werden soll. Zaubersprüche können auch auf höheren Stufen gewirkt werden, um stärkere Effekte zu erreichen. Zauber der Stufe Null können immer gesprochen werden. Einige Rollenspiele vereinfachen das Ganze noch weiter, indem Zauber einfach in einer bestimmten Anzahl gewirkt werden können, bis sich die zaubernde Person ausruhen muss. Der Vorteil des Systems ist, dass es die Buchführung etwas reduziert, ohne dabei groß an Komplexität einzubüßen. Gerade für Einsteiger*innen kann das System aber schnell komplizierter wirken, als es eigentlich ist.

Manchmal reicht es nicht, magische Energie für einen Zauber auszugeben, manche Magie erfordert **Opfer** von den Zaubernden. Diese Magiesysteme kommen meist in Rollenspielen vor, in denen Zaubern selten und gefährlich ist. Welches Opfer erbracht werden soll, kann sehr unterschiedlich sein. Bei »Shadowrun« sind Charaktere, die Zauber wirken, danach erschöpft. Schaffen sie es nicht, der Erschöpfung zu widerstehen, kann es sein, dass sie Schaden erleiden. Man kann so oft zaubern, wie man möchte. Die einzige Limitierung ist die eigene Widerstandskraft. Auch »Call of Cthulhu« nutzt neben den Magiepunkten eine Art Opfer, da Zauber meist langsam die geistige Stabilität der Charaktere negativ beeinflussen. Deshalb ist »Call of Cthulhu« auch ein Sonderfall, was den Magiepool betrifft.

Natürlich muss Magie nicht immer künstlich durch Zauberslots oder Magiepunkte beschränkt werden. Gerade bei Systemen, bei denen Magie im Fokus steht, kann es durchaus sein, dass lediglich ein Würfelwurf entscheidet, ob ein Zauber gewirkt wird oder nicht. Das **freie Zaubern** ermöglicht ein ziemlich freies Spiel, das man wiederum durch ein paar Einschränkungen begrenzen kann. Bei »Dungeon World« gibt es zum Beispiel keine Magiepunkte oder Ähnliches. Bei einem schlechten Würfelwurf kann der Zauber allerdings vergessen werden und erst nach einer Rast wieder zur Verfügung stehen. So verzichtet man auf die Buchführung über Zauberslots oder Manapunkte, hat aber gleichzeitig ein Element, das Magie zumindest etwas einschränkt.

Nachwort

Wenn ihr gerade mit dem Rollenspiel anfangt und von all den Informationen in diesem Buch jetzt total erschlagen seid, möchte ich euch zum Schluss noch einmal beruhigen. Ihr müsst nicht alles, was in diesem Buch steht, beherzigen oder kennen, um Spaß am Rollenspiel zu haben. Sucht euch die Themen aus, die euch interessieren oder mit denen ihr Probleme habt, und probiert, euren eigenen Weg in unserem fantastischen Hobby zu finden. Denn das Wichtigste ist, dass ihr und eure Gruppe Spaß haben! Und ich hoffe, dass euch dieses Buch und unser fantastisches Hobby lange begleiten werden.

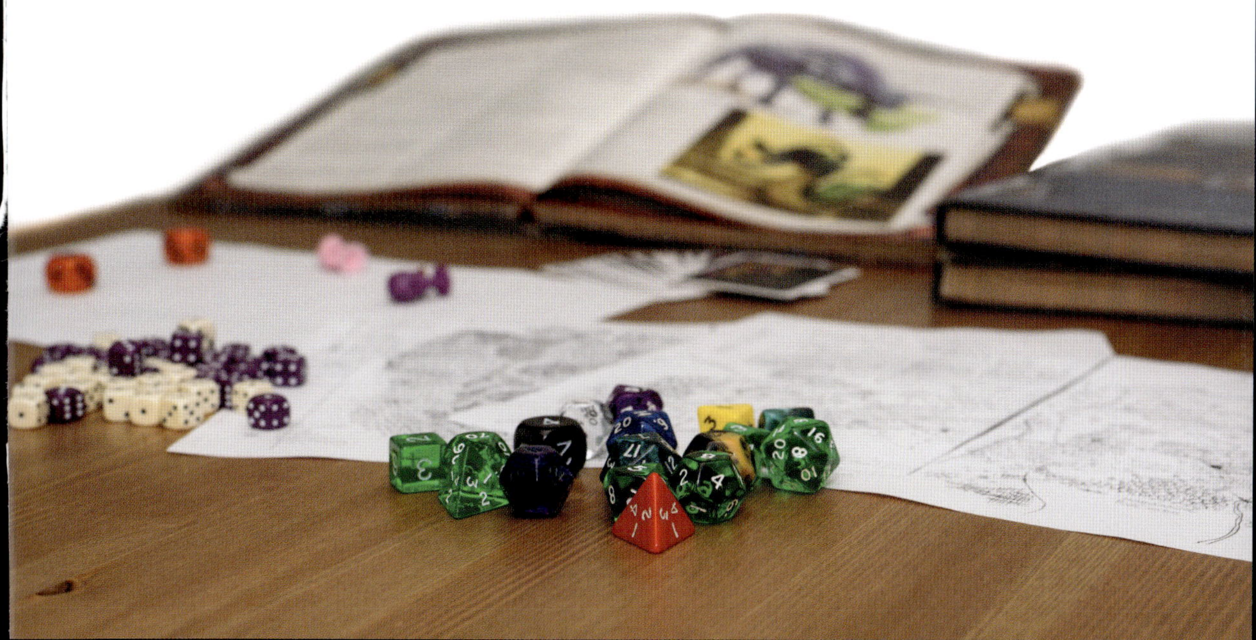

Bildnachweis

S. 5, Shutterstock, Tarocco Designs, 2023; S. 6, © privat S. 7, Shutterstock, NZudaire, 2023; S. 9, Shutterstock, Perfect_kebab, 2023; S. 10, Heyne, Douglas Adams, 2001; S. 11, li: Steffen Grziwa, 2023; re: Wizards of the Coast 2022; S. 12, Steffen Grziwa, 2023; S. 13, oben: Shawn Tomkins, System Matters, 2021; unten: Steffen Grziwa, 2023; S. 14, by Diacritica – Own work, CC BY-SA 3.0, https://commons.wikimedia.org/w/index.php?curid=12233627; S. 15, oben: Ulisses Spiele, 2004; unten: Shutterstock, 3d-sparrow, 2023; S. 16, oben: Shutterstock, ChaiyonS021, 2023; unten: shutterstock, Casimiro PT, 2023; S. 17, Shutterstock, N. Steele, 2023; S. 18, Shutterstock, T Studio, 2023; S. 19, https://commons.wikimedia.org/wiki/File:Dan_Harmon_Story_Circle.png, Jameswerver, Oktober 2021; S. 20/21, Shutterstock, Lilanakani, 2023; S. 22, Shutterstock, Stefano Buttafoco, 2023; S. 23, oben: Shutterstock, Visanu Pongsuansri, 2023; unten: Shutterstock, TinoFotografie, 2023; S. 24, Shutterstock, Gorodenkoff, 2023; S. 25, by Airman 1st Class Timothy Kim - https://www.airforcemedicine.af.mil/News/Photos/igphoto/2000986255/, Public Domain, https://commons.wikimedia.org/w/index.php?curid=82223947, 2015; S. 26, Steffen Grziwa 2023; S. 27, oben: Inkarnate LLC, 2023; unten: Eric Dietsch, CC BY-SA 4.0, 2023; S. 28, Hasbro, Avalon Hill, 2022; S. 29, Heroforge, Sky Castle Studios, 2023; S. 30, li: Wizards of the Coast, Hasbro, DnDBeyond, 2023; re: Shutterstock, Fer Gregory, 2023; S. 31, Steffen Grziwa, 2023; S. 32, li: System Matters, 2023; re: Shutterstock, Kiselev Andrey Valerevich, 2023; S. 34, oben: Shutterstock, paulzhuk, 2023; unten: Steffen Grziwa, 2023; S. 35, Shutterstock, Warm_Tail, 2023; S. 36, Consider_the_Consequences!_-1930_-_book_jacket By artist unknown - httpssiderite.devblogconsider-consequences-by-doris-webster-and-mary-al#9f2dec5d-0bbf-4db4-a9b1-625e1af6eccb, März 2023; S. 37 oben: Ian_Livingstone,_Paul_Gambaccini_-_Bafta_Awards_2006.jpg, CC BY-SA 2.0, https://commons.wikimedia.org/w/index.php?curid=6512991, März 2023; unten: Author: Edward Packard, Illustrator: Barbara Carter, First Published: 1976 (Vermont Crossroads Press original), März 1978 (Archway paperback reprint); S. 37, li: Scholastic Verlag, Juni 2023; re: R.A. Montgomery, Valerio Chiola (Illustrator), 2021; S. 38, oben: Cover by Sam Lamont, Fair use, https://en.wikipedia.org/w/index.php?curid=65854691, 2014; unten: by Weird Tales, Inc., 1938; S. 39, oben: by Lucius B. Truesdell - Original publication: 1934 Immediate source: http://www.hplovecraft.com/life/gallery.aspx, Public Domain, https://commons.wikimedia.org/w/index.php?curid=36315129; März 2023; unten: Shutterstock, Krikkiat, 2023; S. 40, Shutterstock, Ysbrand Cosijn, 2023; S. 41, Shutterstock, scampini, 2023; S. 43, Shutterstock, Everett Collection, 2023; S. 44, oben: https://de.wikipedia.org/wiki/Gary_Gygax, 2007; unten: Shutterstock, AlexLMX, 2023; S. 45, oben: Philip Mitchell, CC BY-SA 3.0 <http://creativecommons.org/licenses/by-sa/3.0/>, via Wikimedia Commons, 2003; unten: Steffen Grziwa, 2023; S. 46, Shutterstock, Dave Z, 2023; S. 47, DreamBurglar, 2023; S. 48, Ulisses Spiele 2018; S. 49, Ulisses Spiele, Klaus Holitzka, Schmidt Spiele, 1984; S. 50, oben: Werner Fuchs, 1984; unten li: Ulisses Spiele, Steffen Grziwa, 2023; unten re: Ulisses Spiele, 2007; S. 51, Ulisses Spiele, 2015; S. 52, Ulisses Spiele, 2023; S. 53, Steffen Grziwa, 2022; S. 54 und S. 55, Hunters Entertainment, Renegade Games, 2022; S. 56, Shutterstock, QatlasMaps, 2023; S. 57, Shutterstock, Warpaint, 2023; S. 58, oben: System Matters, Evil Hat Productions, 2021; unten: Shutterstock, kumachenkova; S. 59 und S. 60, Pro Indie, Thore Hansen, 2023; S. 61, Shutterstock, Zinemo, 2023; S. 62, Shutterstock, Elena.D, 2023; S. 63, Shutterstock, flower travelin man, 2023; S. 64, oben: by Moroboshi - Own work, CC BY-SA 3.0, https://commons.wikimedia.org/w/index.php?curid=24231105, 1999; unten: by Matthew Kirschenbaum - https://twitter.com/mkirschenbaum/status/815032700209860609, CC BY-SA 4.0, https://commons.wikimedia.org/w/index.php?curid=73909273; 2016 S. 65, Gen Con 2020; S. 66, TSR, jetzt Wizards of the Coast, Inc., 1973; S. 67, Hekaforge Productions, Gary Gygax, Januar 2000; S. 68, Cover Art by Jeff Easley, Author: Gary Gygax, TSR, 1985, https://en.wikipedia.org/wiki/Unearthed_Arcana#/media/File:Unearthed_Arcana.jpg; S. 69, by derivative work: Alan De Smet (talk)Gen_Con_Indy_2008_-_Gary_Gygax_memorials_02.JPG: myself (User:Piotrus) - Gen_Con_Indy_2008_-_Gary_Gygax_memorials_02.JPG, CC BY-SA 3.0, https://commons.wikimedia.org/w/index.php?curid=4940370; 2008; S. 70, DMsGuild, 2023; S. 71 und S. 72, Steffen Grziwa, 2023; S. 73, oben: Jasmine Yang, Drifters Game Workshop, 2023; unten: Steffen Grziwa, 2023; S. 74, Homebrew Klasse von Matt Mercer, Matt Mercer, DnD Beyond, Joma Cueto, 2023; S. 75, Shutterstock, enterlinedesign, 2023; S. 76, Shutterstock, Take Photo, 2023; S. 77, oben: Shutterstock, Ivelin Radvov, 2023; unten: Shutterstock, Geza Kurka_Hungary, 2023; S. 78, oben: Shutterstock, IG Digital Arts, 2023; unten: Shutterstock, breakermaximus, 2023; S.79, Shutterstock, Kanea, 2023; S. 80, Shutterstock, yavyav, 2023; S. 81, oben: Shutterstock, dodotone, 2023; unten: Shutterstock, Monkey Business Images, 2023; S. 82, Shutterstock, Warm_Tail, 2023; S. 83, Steffen Grziwa, 2023; S. 84, beide Abb. und S. 85: Shutterstock, Warm_Tail, 2023; S. 86, Chaosium Inc, 2014; S. 87, Kanka.io, Steffen Grziwa, 2023; S. 88, World Anvil, Steffen Grziwa, 2023; S. 90, li: Wizards of the Coast, 2019; m: Pegasus Spiele, Chaosium Inc, 2022; re: Ulisses Spiele, Ralf Berszuck, 2010; S. 91, oben: Wizards of the Coast, 2014; unten: Shutterstock, Eugene Onischenko, 2023; S. 92, Rocket Beans Entertainment, 2023; S. 93, oben: by Carlos A, Smith from Jamaica, USA - Ennie Awards (Gen Con) 2012, CC BY-SA 2.0, https://commons.wikimedia.org/w/index.php?curid=23357851; unten: Shutterstock, FXQuadro, 2023; S. 94, Shutterstock, LightField Studios, 2023; S. 95, Shutterstock, paulzhuk, 2023; S. 96, Shutterstock, Hatteviden, 2023; S. 97, oben: Covenant (c) 20th Century Fox; 2017; unten: Paramount Pictures, 2008; S. 98, oben: Shutterstock, TPYXA Illustration, 2023; unten: Fria Ligan, Uhrwerk Verlag, 2020; S. 99, oben: CD Project Red, 2015; unten: Shutterstock, Iakov Kalinin, 2023; S. 100, oben: Tabletop Audio, 2023; unten: Shutterstock, Anna Photographer, 2023; S. 101, oben: Erdenstern, 2008; unten: Ubisoft, 2010; S. 102, Warner Music, 2003; S. 103, Paizo Inc., 2023; S. 104, oben li: Chaosium Inc., Pegasus Spiele, 2022; oben re: Wizards of the Coast, DnD Beyond, 2021; unten: Paizo Inc. 2023; S. 105, oben: Rocket Beans Entertainment, 2020; unten: Paizo Inc. 2023; S. 106, Goodman Games, System Matters 2021; S. 107, Free League Publishing, 2021; S. 108, by R.E. Howard, Art by Norman Saunders from 1953. The other side of the tete beche book is the Sword of Rhiannon, art by Robert E Shultz, https://commons.wikimedia.org/wiki/File:Ace_double_D-36_1953_cover_%28one_side_of_tete_beche%29.jpg; S. 109, li: Free League Publishing, 2018; re: Flatland Games, 2019; S. 110, ToLuLu, 2023; S. 111, Elgato, Corsair Gaming, Inc., 2022; S. 112, Foundry Gaming LLC, 2023; S. 113, Berserk Games, Steffen Grziwa 2023; S. 114, Bouncyrock Entertainment, 2023; S. 115, Owlbear.rodeo, 2023; S. 116, by https://www.kickstarter.com/projects/aryusruma-dawn-of-empire-rpg, Fair use, https://en.wikipedia.orgwindex.phpcurid=54421474, 2010; S. 117, Sage Kobold Productions, RNDM Games, 2012; S. 119 und S. 120, Steffen Grziwa, 2023; S. 121, Son of Oak Game Studio, Modiphius Entertainment, 2017; S. 122, https://www.amazon.de/Avatar-Last-Airbender-Art-Animated/dp/1595825045 S. 123, oben: Wizards/Hasbro, (http://www.wizards.com/magic/images/mtgcom/fcpics/features/wizards-logo.gif), 1998; li: Paizo Inc. 2019; unten: Paizo Inc., 2018; S. 124, oben: Owlcat Games, Paizo Inc., 2018; unten (2x): https://ulisses-spiele.de/game-system/pathfinder-2/; S. 125, https://ulisses-spiele.de/downloads/, © 2020 Ulisses Spiele; S. 126, Paizo Inc., 1987; S. 127, CD Project Red, 2015; S. 128, oben: Wizards of the Coast, DnD Beyond, 2019; unten: Blizzard Entertainment, 2023; S. 129, oben: Wizards of the Coast, DnD Beyond, 2019; unten: 20th Century Fox Television, Comedy Central, 2013; S. 130, PlayStation PC LLC, 2022; S. 131, Critical Role Productions, 2015; S. 132, Shutterstock, FotoHelin, 2023; S. 134, (2x) Rocket Beans Entertainment, 2021; S. 134, oben: Rocket Beans Entertainment, 2022; unten: Rocket Beans Entertainment, 2020; S. 135, Shutterstock, Niferure, 2023; S. 136, Shutterstock, VladisChern 2023; S. 137, oben: Catalyst Game Labs :: shadowrun4.com, 1989; unten: Shutterstock, Pushkin, 2023; S. 138, li: by Publicity material from movie distributor © 1999 Warner Bros. Entertainment Inc. (US, Canada, Bahamas and Bermuda), Fair use; re: by Publicity material from movie distributor © 1999 Warner Bros. Entertainment Inc. (US, Canada, Bahamas and Bermuda); © 1999 Village Roadshow Films Limited. (All Other Territories), Fair use, https://en.wikipedia.org/w/index.php?curid=3664863; März 2023 S. 139, (2x) Pegasus Spiele; Catalyst Game Labs 2022; S. 140 und S. 141, Pegasus Spiele, Catalyst Game Labs; 2019; S. 142, oben: Shutterstock, Jose Miguel Sanchez, 2023; unten: Wikimedia Commons, 2023; S. 143, li: William Dear 1984; re: by Becker 1999 - https://www.flickr.com/photos/becker271/50284558357/, CC BY 2.0, https://commons.wikimedia.org/w/index.php?curid=114949351, 2020; S. 144, Detroit Free Press, 1984; S. 145, Pat. A. Pulling, 1984; S. 146, Daily Trojan, 1981; S. 147, Shutterstock, Fotema, 2023; S. 148, Monte Cook Games, 2019; S. 149, oben: Shutterstock, Punyaruk Baingern, 2023; unten: Shutterstock, fizkes, 2023; S. 150, Shutterstock, Brian A Jackson, 2023; S. 151, Wizards of the Coast, DnD Beyond, 2023; S. 152, (2x) Wizards of the Coast, 2023; S. 153, oben: Shutterstock, Forgem, 2023; unten: Cubicle 7, Games Workshop, 2017; S. 154, oben re: Pro Indie, 2023; oben li: Cavalry Games, 2023; unten: Shutterstock, Maderla, 2023; S. 156, oben: Pinnacle Entertainment, 1996; unten: Evil Hat Productions, 2013; S. 157, Steffen Grziwa, 2023; S. 158, Monte Cook Games, 2018; S. 159, Monte Cook Games, 2019; S. 160, Shutterstock, Milla77, 2023; S. 161, White Wolf Publishing; 1991; S. 162, oben: Shutterstock, Ironika, 2023; unten: Mödiphius Entertainment, 2018; S. 163, oben: Troika Games, Activision, White Wolf Publishing, 2004; unten re: White Wolf Publishing; unten li: Paradox Interactive; 2023; S. 164, by Niccolò Caranti - Own work, CC BY-SA 4.0, https://commons.wikimedia.org/w/index.php?curid=44745547, 2015; S. 166, Games of Antiquity 2023; S. 167, oben: by Sarah Joy from United Kingdom - Mongolian game, CC BY-SA 2.0, https://commons.wikimedia.org/w/index.php?curid=47658699, 2023; unten: by Diacritica - Own work, CC BY-SA 3.0, https://commons.wikimedia.org/w/index.php?curid=99768017, 2023; S. 168, oben: Cat in the Dice Bag, https://catinthedicebag.com/, 2023; unten: BOCbco, Amazon, Steffen Grziwa, 2023; S. 169, Impact! Miniatures, Amazon, Steffen Grziwa, 2023; S. 171, oben: Shutterstock, Roxana Bashyrova, 2023; unten: Shutterstock, Stokkete, 2023; S. 172, Steffen Grziwa, Inkarnate LLC, 2023; S. 173, oben: Shutterstock, animix, 2023; unten: Shutterstock, Terablete, 2023; S. 174, Steffen Grziwa, 2023; S. 175, Shutterstock, P Maxwell Photography, 2023; S. 177, Youtube, Google Inc. 2005; S. 178, (2x) Orkenspalter TV, 2022; S. 179, oben: Rocket Beans Entertainment, 2015; unten: by Critical Role Productions - The official YouTube channel for the show (www.youtube.com/channel/UCpXBGqwsBkpvcYjsJBQ7LEQ)., Fair use, https://en.wikipedia.org/w/index.php?curid=65810185; 2015; S. 180, Geek & Sundry, Critical Role Productions LLC, 2015; S. 181, li: Blizzard Entertainment, 2023; re: Wizards of the Coast, 2023; S. 182, oben: by ITU Pictures - https://www.flickr.com/photos/itupictures/16636142906, CC BY 2.0, https://commons.wikimedia.org/w/index.php?curid=64344486, 2023; unten: Monte Cook Games, 2013; S. 183, li: Games-Workshop, 2023; re: Wizards of the Coast, DnD Beyond, 2023; S. 184, Blizzard Entertainment,2023; S. 185, Catalyst Game Labs, 2019; S. 187, Shutterstock, Blackregis, 2023;